书山有路勤为径，优质资源伴你行
注册世纪波学院会员，享精品图书增值服务

企业培训系列教材

主　编　蒋　勇　冯志新
副主编　许林虎　熊新明

班组长
如何抓管理
（第2版）

电子工业出版社
Publishing House of Electronics Industry
北京·BEIJING

图书在版编目（CIP）数据

班组长如何抓管理 / 蒋勇，冯志新主编. —2 版. —北京：电子工业出版社，2023.10
企业培训系列教材
ISBN 978-7-121-46268-9

Ⅰ．①班… Ⅱ．①蒋… ②冯… Ⅲ．①班组管理－中国－职业培训－教材 Ⅳ．①F425.6

中国国家版本馆 CIP 数据核字（2023）第 167673 号

责任编辑：刘淑丽
印　　刷：北京七彩京通数码快印有限公司
装　　订：北京七彩京通数码快印有限公司
出版发行：电子工业出版社
　　　　　北京市海淀区万寿路 173 信箱　邮编 100036
开　　本：720×1000　1/16　印张：17.5　字数：325 千字
版　　次：2018 年 1 月第 1 版
　　　　　2023 年 10 月第 2 版
印　　次：2025 年 9 月第 5 次印刷
定　　价：69.00 元

凡所购买电子工业出版社图书有缺损问题，请向购买书店调换。若书店售缺，请与本社发
行部联系，联系及邮购电话：（010）88254888，88258888。
质量投诉请发邮件至 zlts@phei.com.cn，盗版侵权举报请发邮件至 dbqq@phei.com.cn。
本书咨询联系方式：（010）88254199，sjb@phei.com.cn。

编 委 会

主　编：蒋　勇　　冯志新

副主编：郭　瑁　　许林虎　　熊新明

顾　问：李飞龙

执行委员会

主　任：蒋　勇

副主任：李　强　　许林虎

委　员（以下成员按姓氏拼音为序）：

戴万平　　多剑华　　黄晓鸥　　蒋金龙

孙　诚　　孙红丹　　童　梅　　王　军

王玉黔　　熊新明　　张　勇

▎▶ 前　言

在中华民族伟大复兴的进程中，中国要从制造大国转变为制造强国就必须做强实业，必须提升制造业的现场管理水平！说到现场管理，就绕不开奋战在一线的班组长。作为基层管理者，他们是现场执行第一人，每天遇到的各种管理问题层出不穷，但他们的管理水平却参差不齐。如何提升班组长的管理水平，如何对他们进行系统的培训就成为企业的永恒课题。

北京电子科技职业学院科技处冯志新处长、继续教育学习的郭瑨老师从北京经济技术开发区企业的实际出发，提议编写适合制造业班组长培训的专用教材，并做了大量企业调查和编写组织工作，还参与了大纲的制定和具体的编写、修订工作。

给孩子吃半片成人药是不对的，用培训中高层管理者的内容培训企业基层的班组长显然也不合适。为此，编写组的专家根据自己长期进行咨询和培训的经验，围绕班组长的现场生产环境和人文环境，总结了班组长在工作中最需要的理论知识和实际管理技能，将全国班组长培训的前沿理论和实践成果融入其中，使本书既体现了理念的先进性，又有广泛的实操性。本书分为上、中、下三篇。上篇（第1~3章）围绕着班组长自身的成长主线展开，从班组长的基层管理作用入手，强调责任意识、组织意识、问题意识的培养，从做人过硬、技术过硬到管理过硬，帮助班组长完成从"精兵"到"强将"的转换。中篇（第4~7章）以班组长如何管理员工为主题进行讲解，首先是对人性的正确把握，其次是班组长最需要提升的人际关系技能，最后落脚在如何培养员工和带团队的关键点上。下篇（第8~13章）分别讲解了班组长现场管理中的三大基础（安全、6S、设备）和三大任务（质量、成本、交货期与生产率）。下篇所涉及的内容都是生产运营管理的要点，突出了班组长在现场管理的特点，重在执行层面的落实和管理。为使本书适合培训、便于阅读，收录了大量过往用于培训的案例和优秀班组长提供的管理经验。

感谢李飞龙顾问的指导，从最初教材框架的讨论，到写作过程中的鼓励和指示，他以近20年班组长培训的经验，给编写组提供了最宝贵的支持。感谢深圳立正管理咨询有限公司宋涵总经理，她对初稿的结构和内容给出了很多中肯的修改意见，帮助完善了本书。

　　本书由蒋勇（第 1、10 章）、冯志新（第 2、3、11、12 章）、郭瑨（第 4 章）、许林虎（第 5、9 章）、孙诚（第 6 章）、多剑华（第 7 章）、王军（第 8 章）和熊新明（第 13 章）八人撰写，全书由蒋勇负责统稿。

　　由于水平有限，加之编撰时间比较仓促，本书中难免有不少有待改进的地方，希望读者朋友多提宝贵意见，可以通过电子邮箱 jyjyjy2004@126.com 与作者联系。

教材编写委员会

▎▶ 目　录

上 篇
让班组长立起来

▌▶ 第1章
班组长的三大作用

为何每家企业都有班组长？企业希望班组长发挥什么作用？作为"带队伍"的排头兵，班组长应率先垂范，用正确的言行影响、带动本班组的所有员工。胜任的班组长通过现场管理，能够发挥一线指挥的作用。作为班组的灵魂，班组长在员工心目中的威望决定着班组长管理班组的最终效果，班组长要成为员工的良师益友，才能够带领员工共同进步。

1.1　当好言行标兵

企业制度执行得好不好、管理是否到位，不由办公室决定、不由文件决定、不由现场墙上的标语口号决定，而是由基层的排头兵——班组长决定的。员工队伍是靠班组长一天一天带出来的，他们的率先垂范为员工树立了榜样，他们的严格要求保障了现场的正常秩序。

1.1.1　严字当头

1. 先严格要求自己

打铁首先自身硬！班组长天天与员工一起工作，对员工的言行影响最大、最直接，所以说班组长是员工的言行标兵。在日常工作中，员工如何判断什么事可做，什么事不可做？哪些言行对，哪些言行不对？他们眼中的依据未必是企业的规章制度，更多的是班组长的日常言行。班组长的言行会成为员工心中无形的标尺。这把标尺立得住，员工才能行得端，走得正，班组才可能有正气。所以，班组长的第一个作用就在于率先垂范。

身教胜于言传，作为权力最小的管理者，班组长用自己的言行影响着所有的

> 理念　打铁首先自身硬

员工，起着示范性的带头作用。只有班组长对自己严格要求，员工才能有积极向上的表现。

案例 1-1　行走了一夜的王海

"五型班组管理"模式的创建者王海班长之所以把班组管理得这么好，全凭着打铁首先自身硬的过人功夫。他曾向员工正式承诺："如果有人看到我在上夜班时打盹，他就可以撂平了睡觉。"君子一言，驷马难追。王海说到做到。

有一次，他白天照顾住院的母亲，无法休息，晚上还坚持上夜班。刚接班时还可以坚持，但到了后半夜，人实在困得不行，他无法坐着工作，就在屋里不停地走动。后来，还是不行，他就拿着工具，到室外巡检。这个夜班他硬是靠不停地走动，坚持到了天亮。

⊃【点评】

班组长是基层的排头兵，他的言行是员工眼中的是非标准！班组长的率先垂范作用能引领员工积极向上。反之，不正确的言行也会使员工斗志涣散，造成班组士气的倒退。王海为了兑现自己的承诺，如此严格地要求自己，难怪他能成为新时期优秀班组长的楷模。

2. 严格要求员工

与其说员工是被班组长"管"出来的，不如说是靠班组长"带"出来的。在一次培训中，有位老班长总结得好："我们不是用命令让员工干活，而是用我们的背影召唤员工一起工作！"强将手下无弱兵，"严"字当头，班组长首先要对自己严格要求，管好自己，才能管好员工。

严是爱，松是害。一个班组要想取得良好业绩，就必须事事认真。只有这样，才能保障生产安全，才能保证产品质量。下面的案例道出了其中的道理。

案例 1-2　冯班长的固执

若不是身上的工作服，你很难把文静、书生气十足的冯班长与煤矿掘进工作联系起来，更想象不出他当班长的固执。

"冯班长要较起劲来，谁都倔不过他"，班里的老员工刘长海最有体会。一天，上零点班，为了赶进度，刘长海的锚杆有一根外露长度比规定尺寸长了 5 厘米，冯班长发现后不仅扣了刘长海 15 分的安全分，还非让他再补打一根。

"只有这一根多出一点，不碍事的。"刘长海不服气地嘟囔起来。

"是不是多了5厘米？且不说影响质量标准化，更可怕的是会影响将来采煤时的顶板安全。"说罢，冯班长就动手补打锚杆。刘长海见此，只好过来一起补打锚杆。大家都知道在安全问题上谁也拗不过冯班长，他的固执是出了名的！

⊃【点评】

冯班长很固执、很较真，好像很不入流，认准的事一点儿也没商量的余地，但正是他的固执，才使他在担任班长的十年里从未发生轻伤以上的事故。这种固执是严格的体现，是对员工真正的关爱。

1.1.2 模范作用

1．排头兵

"立正！向右看齐！"是军训中站队列常用的口令，也是班组长管理作用的真实写照。班组成员会潜移默化地向班组长看齐，班组长是全体组员的排头兵。班组长往好的方向带，员工就积极；如果往不好的方向带，员工就消沉，班组就丧失了战斗力。

经验分享 1-1　勇挑重担的带头人[①]

（1）勇于担当干在前。作为一名班长。我始终保持着旺盛的工作热情，同班组成员一道努力完成各项生产任务。凭着满腔热情、精湛的技术、奋力拼搏的斗志，我们班成长为一支敢啃硬骨头、敢打硬仗、勇挑重担的"钢铁"小分队。根据生产指标考核要求和生产变化情况，我们及时调整、完善各项考核指标；根据每天的实际工作需求及时调配施工人员，加强日常的生产管理，保持了生产的稳定运转，从而使生产效率得到不断提升。员工的凝聚力增强了，生产业绩也芝麻开花节节高升。在基层班组，榜样的力量是无穷的，有敢担当的班长才有敢担当的员工。班组长必须以高标准做好自己的本职工作，只有这样才有影响力，员工才服你，才能把班组带好。

（2）钻研技能学在前。班长不仅要"以理服人"，还要"以技服人"，集众人之长补己之短。我常常利用工作间隙不断学习、努力钻研，使自己的技术始终处于车间内的领先水平。

（3）协调配合想在前。作为班长要尽可能地把问题考虑周全，已经发生的问题要及时解决，更重要的是要在问题发生之前做出预判，尽量避免问题的出现。

---

① 改编自刘国鹏发表于2014年第9期《现代班组》上的文章《班长就是挑重担的带头人》。

要解决各种问题，要协调方方面面的关系，良好的沟通能力就显得尤为重要。对待员工必须真诚，无论是在生产还是在生活中，员工遇到什么困难我都会热心帮助他们解决，了解他们的真实想法，化解他们的烦恼，让员工轻装上阵，干好工作。

（4）敢于拼搏冲在前。我们班全年不停班，全天现场必须有人。作为班长，我常常是刚走到下班的路上，就被叫回厂里。对于我来说，只有时刻准备着，只要工作需要，就随时进厂工作。现在工作已成为我生活的主题和精神依托。班组员工在我的带领下，也得到了长足的进步，成为优秀的员工。

⊃【点评】

干在前、学在前、想在前、冲在前，这四个"在前"把班组长的模范带头作用讲得很透彻。再看每段内容的具体讲解，更是细致入微，让我们班组长受益匪浅。

2. 向我看齐

当好班组长是一件很不轻松的差事。在思想意识上，要做到打铁首先自身硬；在工作上，每天都要精神饱满地投入工作，成为员工行为的标尺。要求全体员工做到的，自己必须首先做好，然后才能要求大家向自己看齐，在行为上不出偏差。这样才能维持生产的安全，保证按时按量地完成各项生产任务。

1.1.3 督导员工

1. 高飞的领头雁

一个班组就像一群大雁，班组长就像领头雁。要想飞得高、飞得远，班组长自己立意要高、志向要远大。没听说过班组长自己没什么抱负，班组却虎虎生威的。所以说，班组长不能满足于只当一名好员工，技术好、勤勉工作就行，而是要把整个班组带起来，让大家都飞起来。

2. 全员共同进步

班组要在企业的舞台上展示才能，作为领舞的班组长就要带领班组的全体成员共同进步。一花独放不是春，万紫千红春满园，只有员工进步，才能体现班组的价值。班组长要督导员工遵规守纪，帮助他们养成良好的工作习惯，培养他们的责任心，为他们的职业成长铺平道路，让班组成为大家共同进步的团队。

1.2 胜任一线指挥

班组是企业最小的管理单元，其负责人——班组长要能够胜任一线指挥的角色，能够有效地调配"人、机、料、法、环"这五大类生产要素，并同员工一起控制好生产过程，最终按时、按量地生产出高质量的产品。

1.2.1 协调好生产要素

1. 胜任岗位的员工

第一个要素是班组的人员。人员是最具有活力的要素，其他要素均在人员的支配下发挥作用。只有调动了人员的积极性，生产水平才能提高。班组长是一线生产人员的直接指挥，因此其管理水平的高低与班组人员生产积极性发挥的好坏有着直接的关系。

2. 完好的设备条件

第二个要素是生产设备。设备是生产中重要的物质基础和手段。保养好设备，合理地使用设备是现场管理的重要内容。其中尤其要重视设备的维护工作。可以这样说，要想生产一流的产品，就要有一流的设备维护水平，全体员工要像爱护自己的眼睛一样爱护设备，采取"预防为主"的管理措施，如做好班前的点检和加油保养等工作，及时发现设备的潜在隐患，最终实现设备"零故障"运行。

3. 现场的物料管理

第三个要素是物料，包括原材料、辅助材料和其他材料。合理使用原材料是降低生产成本、提高企业竞争力的重要环节。在生产现场，物料管理主要表现在原料和半成品的搬运、转移、出库和入库过程中，不仅要井然有序，更要保证不遗漏、不损坏、不浪费。

4. 生产方式

第四个要素是生产方式，主要包括生产工艺、流程等。生产方式不仅决定效率，更决定结果。生产工艺流程、员工操作方法都是质量和效率的重要保障。相关的《作业指导书》、工艺卡片就是现场的法律准则，必须严格遵守。

5. 工作环境

第五个要素是生产环境。这里既包括"6S"（整理、整顿、清洁、清扫、安全、素养的简称）等人文环境，也包括生产的工艺环境，如温度、湿度、洁净度等。良好的工作环境可以让员工心情舒畅，精力充沛，安心作业；相反，恶劣的环境，会使员工心情郁闷、烦躁，从而难以保证产品质量，生产效率也会因此下降。

1.2.2　生产过程的控制

1．生产进度

按时、保质、保量地完成生产任务是班组生产管理的主要任务。一个企业要通过若干班组的协调才能生产出合格的产品。工业的现代化程度越高，生产节奏越快、越紧。班组长必须协调好内部的生产要素，帮助员工按时完成各自的生产任务，进而完成整个班组的生产任务。

2．生产质量

产品质量是企业的生命，产品是由员工制造出来的。这就要求员工在生产过程中，严格遵守工艺要求，控制好关键工序的关键参数。只有这样才能源源不断地生产出让客户满意的产品，提高企业在市场上的竞争实力。

3．生产成本

生产成本的管控效果也反映在企业竞争力上。班组是企业创造利润的源头，班组现场的生产成本管控也成为班组长必须关注的焦点，降低生产成本成为贯穿班组现场管理始终的课题，成为班组长要学习和掌握的方法和技能。在现场管理中灵活运用生产成本管控的方法并提升班组绩效是班组长的主要任务之一。

1.2.3　班组长的现场管理

对于服务型企业来讲，现场可能是服务场所，如销售门店、接待大厅、柜台等。对于制造企业来讲，现场主要指生产现场、包装现场、测试与检验的场所。班组长作为现场的一线指挥，要率领整个班组完成生产任务，任务的执行场所为生产现场，故班组长的业务管理也称为现场管理。图 1-1 所示的现场管理屋清楚地向我们表明，现场管理包括安全管理、6S 管理和设备管理三大基础和对质量、成本、生产率三大业绩指标的管理。

表 1-1 将现场管理三大基础的内容，从高层、中层、基层及员工四个层面入手，就各层面管理的侧重点进行了对比，从中我们可以看出从制度到管理再到落实的整体脉络。

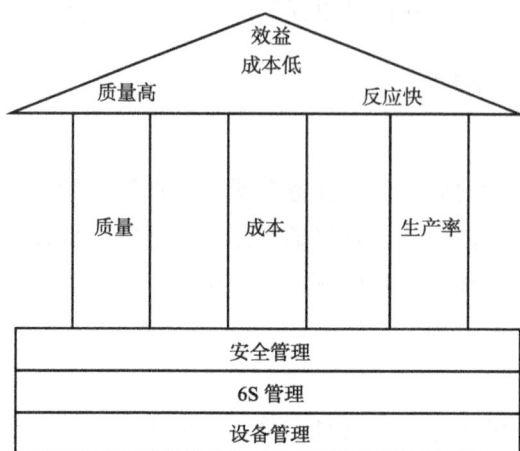

图 1-1　现场管理屋

表 1-1　现场管理三大基础的内容

层　级	管理侧重	安全管理	6S 管理	设备管理
高层	制度层面	方针、体系	实施策略	决定设备的地位
中层	管理层面	建章立制	布置、监管	设备管理制度
基层	执行层面	具体执行	落实、每天进行	现场设备维护
员工	具体操作	习惯养成	渐渐起变化	每日设备点检

表 1-2 对管理的三大业绩指标进行了说明，从中我们可以看出各层领导和员工在其中的具体作用。

表 1-2　现场管理三大业绩指标

层　级	管理侧重	质　量	成　本	生产率
高层	制度层面	方针、体系	实施策略	管理策略
中层	管理层面	建章立制	布置、监管	落实具体手段
基层	执行层面	QC 小组	具体执行	现场实施
员工	具体操作	产品的质量	每日生产中的成本控制	积极配合

1. 维持生产现场的正常运转

班组长的现场管理具有两种功能：维持生产现场的正常运转和现场的持续改善。维持生产现场的正常运转就是保持现有技术，严格按照生产工艺、生产流程控制生产过程，使生产能够正常进行。当出现一些小的状况时，班组长要能够采取应对措施以保证生产现场的正常运转。比如遇到员工临时请假、设备突然停机等不正常状况时，要能够及时处理。

2. 现场的持续改善

现场的持续改善则是以改进、提升现有生产能力、质量，降低成本为目标的创造性活动。现场改善又分为创新性改善和改良性改善。"变革"是创新性改善；改良性改善则强调在现有条件下，凭借员工努力、团队士气、群策群力对现场实施相对温和、渐进且持续的改进、改良。

1.2.4　现场管理八项原则

班组长要想管好现场的生产，就必须遵守以下八项现场管理原则。

1. 必须完成生产任务

现代化生产中各个生产环节间相互制约的程度很高，班组长必须完成当日、当班的生产任务，并保证生产进度的有效推动。

2. 努力服务好客户

客户既包括外部客户，即企业产品的用户、经销商及供应商等；又包括内部客户，即企业内部接受其他个人和部门服务的个人和部门。生产运营是一个连续的过程，要为外部客户提供满意的产品和服务，就要先服务好内部客户，为下道工序提供方便。

3. 杜绝浪费

对于现代制造业企业来说，在面对质量竞争的同时，也面临着巨大的成本竞争压力，生产一线一定要杜绝各种浪费。

4. 严格执行标准化作业

要想生产稳定，就必须按照相关的规定进行标准化作业。标准化作业既能保证少出差错，又能保证生产处于正常的状态。

5. 突出有价值的工作

生产的过程也是创造价值的过程，班组长要多做创造价值的工作，减少无价值的时间消耗，提高生产率和生产的有效性。

6. 控制作业周期

为提高对客户需求的反应速度和缩短周期，班组长要控制生产作业的相应周期，为多品种、少批量生产提供保障。

7．不断提高产品质量

为提升竞争力，不断适应客户的新需要，在生产过程中要不断提高产品质量。只有做好持续改善，才能赢得客户的认可，才可以保证企业的持续经营。

8．积极应对变化

当今世界唯一不变的就是变化。班组长只有终身学习，不断更新观念，才能适应这个充满变革的年代。在生产现场，班组长要有应对变化的能力，事先做好一些准备，如制订一些突发事件的应急预案，做到有备无患。

1.2.5 现场管理的四大法宝

班组长的业务管理主要在生产现场，其特点为"三现"，即现场、现物和现实。搞好现场管理，通用的四大法宝为标准化管理、可视化管理、看板管理和定置管理。

1．标准化管理

标准化的主要作用是把企业积累的技术、沉淀的经验通过固定的方式保存并传承下来，而不因人员流动、部门调整而失去这些技术和经验。标准化包括制定标准、执行标准、完善标准三个步骤，标准化管理实际上就是制定标准、执行标准、完善标准的循环过程。

现场管理涉及两类标准：一类是管理标准，即管理员工所必需的行政管理标准，包括管理规章、人事规定及政策、工作说明书等；另一类是作业标准，即员工具体操作时必须遵守的工作标准，如《作业指导书》、工艺标准、图纸等。

班组长要逐渐形成一个观念：现场管理就是维持及改进标准。这意味着班组长必须遵守已有的管理标准、作业标准，按照"标准—执行—检查—行动"（Standard-Do-Check-Action, SDCA）的循环工作程序来管理现场。在此基础上，可以提出改进的意见，并完善现场的标准。

案例 1-3　我到底听谁的？

江苏常州一家企业有一个织布车间。一天，车间主任向管理顾问提了一个问题，他觉得四位班组长讲的巡检路线都有道理，但不知道最后到底该听谁的。原来，这家企业分别从广东、福建、江苏和浙江请了四位有经验的织布师傅来当领班的班组长，刚开始生产还挺顺利，后来为了提高产量，车间进了很多新人，主任将原来的班组进行了重新组合。这一下，问题就出来了，四位班组长带的新人，拧线的方法不太一样，这还不是最麻烦的，关键是巡检的走法，一人一个样，四位班组长都在忙于纠正刚调入本班组的"老人"的毛病。

管理顾问分别找四位班组长了解情况，让他们把原来工作过的企业的设备布置图画出来，并标清楚巡检路线，发现这四个人的方法都没有错，对他们原来所在的企业来讲，都是最优路线。了解原因之后，管理顾问与车间主任把四位班组长集中到一起，并叫了几名新进厂的员工一起研讨。首先把拧线的方法进行了优化，接着车间主任把本车间的设备平面图放大，让大家一起分析如何巡检最节省时间，对员工来说最省力，效果最好。四位班组长根据原企业的经验，相互协商，最终确定了本车间的"巡线标准"。

⮑【点评】

结合具体实际，先优化，再形成相对固定的标准。

2. 可视化管理

当各种地区、各种语言的人在一起工作，尤其是在生产现场一起工作时，色彩、符号、图标远比语言更容易传递信息和被理解。可视化管理就是指利用形象直观、色彩适宜的各种视觉感知信息来表达和传递管理内容和管理要素，以提高劳动生产率的一种管理方法。生产现场主要用到的可视化管理内容有：

（1）用不同的颜色和线条进行区域划分。对于物料、加工、半成品、成品、返修品、设备区、通道、应急通道等区域用线条进行区分。将各种动力管道用不同的颜色加以区别。

（2）用不同的图标对类别、等级、功能进行区分。此类区分最常见的莫过于男女厕所的标识，以及交通道路上各种表示提示、禁止的图标。

（3）用各种符号对不同状态加以区别。工作中经常用"○""×""△"等符号做标记，对不同的结果与状态加以区分。

3. 看板管理

"看板"由两个日本汉字组成，意为"信号"或"可视记录"。看板管理由日本丰田汽车公司首创，是生产现场物流控制的一种系统管理方法，通过看板的传递或运送来控制物流的正常运行。

广义的看板在生产现场的管理中具有更加广泛的应用，它能非常直观地传递数据、信息等相关内容，量化管理项目，尤其适用于信息的透明化管理。它通过各种形式，如标语、现况板、图表、电子屏等介质，把文件、计算机、现场中隐藏的信息及时揭示出来，以便相关人员可以迅速掌握管理现状、了解必要的信息，从而能够快速制定并实施应对措施。简单地说，凡是能够用眼看而且用于显示生产管理活动信息的板状物都可以是看板，甚至包括车间的宣传栏、光荣榜等。

看板不仅有生产管理的功能，还有改善的功能。通过看板，可以发现生产中存在的问题，从而采取改善措施，以不断提高生产率。看板在实现适时适量生产的过程中具有极为重要的意义。

4. 定置管理

生产现场是员工的工作场所，要想工作有效率，就必须对所用的各类物品"有规矩"地放置与存取。定置管理就是指研究人、物、场所的状况及它们之间的关系，并通过整理、整顿、改善生产现场条件，促进人、机器、原材料、制度和环境有机结合的一种方法，做到"人定岗，物定位，危险工序定等级，危险品定存量，成品、半成品、材料定区域"，寻找改善和加强现场管理的对策和措施，最大限度地消除影响产品质量、安全和生产率的不良因素。定置管理的内容是确定定置物的位置，划分定置区域，并做出明显的标志。定置管理的范围包括生产现场、库房、办公室、工具柜（箱）、资料柜、文件柜等。根据定置管理的不同范围，可把定置管理分为五种类型：

（1）全系统定置管理，即对整个企业的各系统、各部门实行定置管理。

（2）区域定置管理，即按工艺流程把生产现场分为若干定置区域，对每个区域实行定置管理。

（3）职能部门定置管理，即各职能部门对各种物品和文件资料实行定置管理。

（4）仓库定置管理，即对仓库内存放的物品分门别类地实行定置管理。

（5）特别定置管理，即对影响质量和安全的薄弱环节实行更特殊的定置管理，特别是对易燃易爆品、有毒物品等的定置管理。

1.3 成为基层领导

管理者是组织任命的，有下属的人就是管理者，管理者主要运用职位的权限从事管理工作。班组长是基层管理者，有一定的职权，比如劳务分配。领导者的领导力不仅取决于职位，更取决于自己的领导才能、品德、学识、人格魅力。班组长在成为基层管理者之后，更应该加强个人修养，成为员工的良师益友，赢得员工的信任，让员工从内心敬佩你、愿意追随你，最终成为班组的灵魂，成为合格的基层领导。

1.3.1　带人先带心

　　班组长的管理权力是组织赋予的，但是，能否成为员工心目中的基层领导，由员工说了算。员工是否从心里信服你、愿意跟随你，要看班组长的管理水平与个人影响力。要想赢得员工的信任，班组长首先要关注、关心、关爱员工，正所谓带人先带心。

1. 关注员工行为

　　人是有感情和情绪的，不良的情绪会影响工作和生活。从早会开始，就要注意每位员工的日常表现，观察他们是否有什么情绪的变化，发现问题要及时了解和沟通，能排解的情绪就要及时排解，保证员工在安心、高效、安全的状态下从事生产。

2. 关心员工生活

　　班组长要把对员工的关爱从工作现场向八小时之外延伸，及时了解员工在生活上的困难，建立相互帮助、和谐友爱的班组氛围。在力所能及的条件下，解除员工生活上的后顾之忧。遇到特别的困难，要及时向上级反映，争取得到一些帮助。

3. 关爱员工成长

　　让员工融入班组这个小集体，技能上相互学习和帮助，思想上相互促进，不仅是对员工目前的工作负责，更能为员工今后的发展奠定坚实的基础。

1.3.2　员工的良师益友

1. 员工的良师

　　现场的新技术层出不穷，班组长要尽快掌握新技术，成为班组里的技能高手，并把技术传授给班组内的所有员工。尤其是新入职的员工，要帮助他们尽快掌握岗位技能，尽早达到独立上岗操作的要求。这样，既对班组管理有利，又对新员工成长有利。以下是一位刚刚走上工作岗位的新员工眼中的好班长。

2. 员工的益友

　　如果把员工当作管理对象，或许越管越难。如果把员工当作朋友、事业伙伴，跟他们交心，班组管理就会轻松很多。不管员工能在班组待多久，班组长都应与他们真诚相待，生活上关心他们，工作上帮助他们，学习上鼓励他们，努力成为员工的益友。

📄 **经验分享 1-2　新员工心目中的好班长**

离开学校，步入社会，进入公司，突然觉得很陌生。但我遇上了一位好班长。不了解我们班长的人会觉得他很严厉，其实他是一位外冷内热的人。他不仅把我们当下属，还把我们当弟弟妹妹来对待，工作中手把手教我们学操作，生活中嘘寒问暖，使我们很快地适应了新的工作环境。

工作中，班长对操作的要求非常严格。谁要是不按《作业标准》操作，他会马上指出来，并要求你立刻改正。当然，有不明白的地方他也会毫无保留地告诉你。在他的带领下，我们班的质量考核总是车间第一名。

生活中，班长对我们的关心无微不至。入秋了，天气很干燥，他从家里拎来了一兜苹果分给我们，下班时叮嘱我们要多穿衣服，注意身体。他怕我们想家，下班后就同我们聊天，还问我们对工作的想法和对他有什么意见。一次，我生病在宿舍休息，班长买了我爱吃的点心来看我，使我这个离家上百公里的异乡人非常感动。班长给我们的温暖变成我们工作的动力，使我们班这个小集体成了一个温暖的大家庭！

➲【点评】

工作内外，刚柔相济；班长、员工情同手足。和谐的班组一定会成为富有战斗力的团队。用脑去工作，用心来生活，你也会成为案例中的好班长！

1.3.3　班组的灵魂

作为基层管理者，班组长一定要有威望，这个威望指的是威信和声望。由于是管理者，企业赋予班组长一定的职权，班组长行使职权就必须公平、公正，只有这样，员工才能信任你，有了信任，才谈得上威信。声望与职位的关联度不大，而是建立在自己的个人品格、技术专长、沟通协调、人际关系等因素之上的。有了威望，才能让员工认同与追随你，成为员工心目中的基层领导。

1. 具有人格魅力

班组长要有良好的品行，具备一定的文化学识，对员工有感染力。也就是网络流行语说的"明星范儿"，让员工乐意成为你的粉丝，大家愿意追随你。要想做到这一点，班组长就要努力修炼自己，使自己具有人格魅力。

2. 成为凝心聚力的引路人

胜任的班组长是整个班组的领头雁，要想飞得高、飞得远，班组长还真得有点"领袖"风采，不仅要以身作则成为员工的言行楷模，还要善于管理，带领员工共同进步。通过践行企业的核心价值观，传递正能量，班组长要成为凝心聚力的引路人，带领员工积极向上。

延伸阅读 1-1

班组长"带兵"十法

（1）做好表率。班组长是员工言行的标尺，企业的规章制度、企业文化能否起到积极的促进作用，能否让员工在工作现场全身心地投入工作，主要在于班组长的日常言行与表现。班组长要通过言传身教来"告诉"员工，哪些事可做，哪些事不可做，可做的应该如何去做。因此，班组长首先要做好表率，做员工日常工作中的言行标兵。

（2）承担责任。班组长要主动承担起整个班组的管理责任，并培养员工的责任心，让每位员工知晓自己的责任，做负责任的员工，在生产中完成任务。将班组的总目标分解落实到每个人头上，使每个人都必须在目标控制下进行工作，让每个环节都不出现责任真空。

（3）及时检查。班组长作为现场指挥，如果不进行监督检查，就会对现场管理失去控制。检查是管理工作的重要环节，只有及时检查，管理才能形成闭环，才不会产生远离目标的偏差。越重要的工作，检查越要频繁；越难的工作，检查越要细致、深入，必要时还要及时帮助和辅导员工。

（4）奖惩分明。制度一旦制定就要严格执行，得不到落实的制度还不如没有制度。对执行的结果要及时给予评价，做得好的要给予肯定，做得不好的要给予批评和惩罚。但一定要公平，员工最关心的不是奖惩，而是能否做到公平、公正。

（5）管好两头。一般来说，"极好"与"极差"的人数都不多。班组长要学会抓两头，带中间，鼓励大家向优秀、上进的员工学习。对于相对落后的员工，班组长要多花些时间和精力，帮助他们进步，不让个别人拖全班组的后腿。

（6）班务公开。班组内部的事项要向全体员工公开。只有公开才能保证公正，才能激起大家参与的热情。班组内发生问题也没有必要遮遮掩掩，公开是证明公正、清白的最佳手段。

（7）民主管理。平时多听大家的意见，遇事多与骨干员工协商，变堵塞为疏导，让大家多参与班组的管理。越是大家参与的决策，越好执行。班组长应乐于接受员工的监督，尽可能让每位员工参与班组管理。

（8）乐于助人。当员工遇到需要解决的问题和困难时，切忌置之不理。班组长要乐于帮助员工，以热心换诚心，形成一种相互帮助、共同进步的好风气。

（9）做好记录。好记性不如烂笔头，遇到关键数据要及时记录下来。做好交接班记录、设备故障维修记录。要善于积累有用的资料。

（10）说服为上。班组长有一定的职权，可以批评甚至训斥员工，但要达到较好的管理效果，应尽量少采取这种方式。训斥虽然一时会有效果，但员工往往口服心不服，甚至会产生对立情绪。最好的办法是通过沟通和激励及时鼓励员工。利用班前会、班后会及时表扬员工的优点，让大家学习优秀榜样。物质激励虽是有效的管理手段，但班组长往往无力采用，弥补这一缺陷的有效办法就是说服。

3. 用企业文化塑造"三观"

班组的灵魂是班组长，企业的灵魂是企业文化。班组长仅凭任劳任怨、吃苦在先等朴素的思想进行管理，在如今现代化的企业中已经远远不够了。班组长首先要理解、接受、认同企业文化的内涵，进而向员工宣讲，并在自己的日常工作中践行企业文化，用企业文化塑造"三观"，即价值观、人生观、世界观。

成功的企业，倡导的企业文化内容与企业文化的实际表现相吻合，失败的企业则不然，甚至会大相径庭。那么企业文化内容与实际表现的吻合又体现在哪里呢？恰恰体现在企业中榜样的身上。例如，一个企业推崇正直诚信，但多数人却在议论某个人利用职权中饱私囊。出了这种事，没人去举报，反而有人希望自己也可以像他一样捞取个人好处，这就是企业文化内容与实际表现的背离，终将导致企业的失败。如果大家所推崇的人通过自身努力获得成功，获得企业的认可，大家都以他为榜样，这就是企业文化内容与实际表现相吻合，就会有更多人去学习和效仿，企业就会走向成功。班组长必须把企业文化的宣讲与落实放在首要位置，要尽力去建设和谐、上进的团队文化，只有这样才可以使班组立于不败之地，使班组成为车间乃至整个企业的榜样。

🗲 管理知识 1-1　企业文化及作用

企业文化主要是指企业的指导思想、经营理念和工作作风，包括价值观、行业准则、道德规范、文化传统、风俗习惯、典礼仪式、管理制度及企业形象。它不仅包括思想和精神方面的内容，还包括社会心理、技能、方法和企业自我成长的特殊方式等各种因素。

良好的企业文化能够对企业的战略执行产生强大的推动作用，能够消除或缓解矛盾和冲突，促进企业内部协调一致，统一企业内部意志，并对企业行为起着引导作用。

企业形象是企业文化的外在反映，可以通过对外宣传、员工表现等方式向社会展示。要想树立完善的企业形象，企业内部的价值观、道德规范、管理制度都要起到积极作用。

班组长作为基层的管理者，其言行就是对企业文化的最好注解。班组长要有意识地学习、理解、接受并传播企业文化，用企业文化的向心力凝聚员工，用各种规章制度规范员工的行为。

企业文化的第一个作用是产生向心的凝聚力。企业文化能够让员工了解企业的社会意义，让员工明白企业及自己的未来。凝心方能聚力，企业经营也会遇到风风雨雨，经济萧条时还可能减薪，只要有了凝聚力，即使发生这种情况，员工也会留下来与企业共渡难关，因为他们已经把企业当作自己的职业发展平台。

企业应该为班组长做好职业生涯规划，让他们看到每年或每个阶段能够达到的目标。有了这种向心力，大家就会踏踏实实地为企业工作。

企业文化的第二个作用是驱动力。上下同心，无往不胜。当员工真正理解了企业的意义，就会焕发出无穷的智慧和力量，会为了未来的美好愿景去奋斗、去拼搏。企业的活力只能来自员工，来自员工的积极性。只有员工的积极性被激发出来，企业才有动力。这个动力才是企业前进的原动力，而不是外在的、物质的动力。

企业文化的第三个作用是对员工行为的约束力。外在约束靠法律，内在约束靠文化。统一员工的价值观，规范员工的行为，正是企业文化的落脚点。企业对员工的内在约束是依靠《员工行为准则》《操作规范》《作业指导书》等一系列企业内部管理制度来实现的。

➔ 本章小结

作为全体员工的排头兵，班组长想让大家做到的，首先自己要做好！打铁首先自身硬，在要求别人之前，先严格要求自己。王海对自己的严苛，换来了员工的尊重与效仿。冯班长的固执，保证了生产的真正安全。从简单操作到进行现场管理，班组长要能够调配好各个生产要素，娴熟地保证生产的正常运行。班组长的思想高度，决定了对员工思想的影响力。要以正能量来引导员工进步，用企业文化塑造员工的价值观、人生观和世界观。

↳思考与实践

1. 对照王海，我们的差距在哪里？今后如何改进？

2. 冯班长的固执有必要吗？如果员工不认真执行规程，我们应该怎么办？

3. 作为员工的排头兵，自己平时做得如何？以后想怎么做？

4. 你认同班组长是基层管理者吗？为什么？

5. 遇到突发状况，我们如何能够保证生产的正常运行？

6. 如何看待企业对员工的再塑造？

7. 如何用正能量引导员工，在班组营造良好的氛围？

8. 为什么说班组长的思想高度决定了对员工思想的影响力？

9. 如何用企业的核心价值观来逐渐影响员工的价值观、人生观、世界观？

10. 你如何看待"打铁首先自身硬"？自己做得如何？今后如何做得更好？

┃▶ 第2章

班组长的三大意识

意识决定人的思考方式与行为，从优秀员工成长为班组长，作为基层管理者，一定要铸牢责任意识，从原先只对自己负责上升到对班组管理负责、对企业和员工负责。企业为了提升工作效率，要进行内部分工，但分工不分家，提升企业整体竞争力才是目的。班组长要培养组织意识，带领班组融入企业的整体运营。管理就是要解决各类问题，管理者与普通员工最大的区别在于问题意识，要善于观察和发现问题，进而能够解决问题。

2.1 铸牢责任意识

人的行为是受思想和意识支配的，员工要有遵章守纪、爱岗敬业的意识才可能干好本职工作。从优秀员工成长起来的班组长，作为基层管理者要注意培养自己的责任意识，首先要勇于承担管理责任。

2.1.1 承担管理责任

1. 对班组管理负责

不管班组长是否脱产对班组进行管理，自当上班组长之日起，就要对班组的管理结果负责。责任

> 理念 责任使人快速进步

就是担当！事前有勇气、有义务、有决心、有办法，准备把事情做好；事中有能力根据情况的变化进行处置，能够及时采取各种措施把事情做好；事后敢于对结果负责。作为生产岗位的员工要对每天的生产数量和产品质量负责，作为班组长要对每天班组的安全、生产、人员管理负责。

2. 对企业负责

管理者要对所在的组织负责，班组长要对所在的企业负责。班组是企业的基

石，班组管理是对企业战略的具体实施，是企业管理的基础。

班组长要想很好地完成生产和管理任务，就必须管理好现场。早期的现场管理重点在于质量（Q：Quality）、成本（C：Cost）和交货期（D：Delivery），后来又增加了现场安全（S：Safety）和提高员工士气（M：Morale），并将产量（Production：P）进化为生产率（Productivity：P）。QCDSMP这六个方面构成了班组长必须承担的现场管理任务。

管理者不仅要付出，还要忍受不少委屈。管理者的度量就是由委屈撑大的，能容下多少委屈，就能成就多大事业。

🖊 管理寓言 2-1　忍辱负重讲担当

一座深山里的寺庙因珍藏一串佛祖戴过的念珠而闻名。念珠放置的地方只有老住持和他的七位弟子知道。这七位弟子都很有悟性，老住持觉得将来把衣钵传给谁，都能弘扬佛法。

不想，一天念珠不见了。老住持向七位弟子说："不管是谁拿了念珠，只要放回原处，佛祖都不会怪罪他的。"

几天过去了，念珠还是不知去向。老住持又说："只要拿出来，念珠就归他。"弟子们都摇头。

老住持很失望地感叹道："明天你们就下山吧。拿了念珠的人，如果想留下就留下吧。"

第二天六位弟子下山走了，只有一位弟子留下来。

住持让留下的弟子把念珠拿出来，他却说："我没有拿！"

住持又问他："那你为什么留下？"他坦然回答："只有这样，这些天的猜疑才能终结。师兄弟们才能清白地下山去传道。"

住持看着面前这位敢于担当的弟子，赞叹道："你们七个悟性没差多少，而你有这般的担当，让我放心了！"

说罢，住持从怀中取出念珠，庄重地挂在了这位弟子的胸前。

3．对员工成长负责

班组长应该是员工的良师益友。要让员工安心工作，首先要打消他们生活上的顾虑，班组长在生活上要关爱员工。尤其是新来的员工，他们远离亲人，对周围环境还不熟悉，这种情况下，班组长更要把关爱延伸到八小时之外的生活中去。在工作上也要帮员工胜任本职工作，教他们技术，让他们成为合格的员工。

2.1.2 责任是驱动进步的最大动力

1. 责任意识

要想胜任班组长的管理岗位，就必须培养责任意识。班组长的责任意识就是在班组长的管理岗位上，自觉地承担相应的义务。在生产任务面前敢于承担责任，在突发事件面前能够冲在前头，在困难面前迎难而上。有了责任意识，遇到困难就不会总想着回避、总想着绕着困难走，而是敢于面对困难，想方设法去解决问题、化解矛盾。

2. 责任使人进步

在工作的几十年中，是什么推动个人成长呢？是情商或智商吗？都不全面，真正推动个人成长的是责任，是担当！当一个困难摆在大家面前时，你把它克服了，就能增长才干，取得进步。一个优秀的班组长如果不断扩大自己的责任，不断迎接新的挑战，他就能不断成长，他的才干就会不断增长，久而久之，他的进步就不是一般人能够比拟的了，这种不断扩大责任的意愿就是上进心。

如果能够持续地有上进心，把岗位当成自己的梦想舞台，这就是事业心。中国经济正处在转型之中，需要企业家有企业家精神，一线员工有工匠精神，将中国制造真正变成中国智造。这就需要一大批能够与企业一起长期发展的能工巧匠，把工作当作事业来干，以事业心成就自己，成就企业。

2.1.3 培养员工的责任心

1. 让员工学会对自己负责

现在的生活条件比过去好多了，温饱问题基本已经解决。于是，有些新员工对待工作就像穿衣服一样，想要就要，不想要就丢了，这是不对的。班组长有义务帮助他们端正观念。工作了，就要对自己负责，就要对自己的工作负责。有些员工这山望着那山高，觉得自己的工作没意思。其实，千里之行，始于足下，世间的事，一事不成，事事不成。员工不应浪费自己的时间，浪费时间就等于浪费生命。员工要自尊、自爱，首先要对自己负责，要对得起自己的时间，与其抱怨，不如先干好当下的工作。班组长要通过帮助员工端正态度，使他们胜任工作岗位，让员工能够对自己负责。

经验分享 2-1　工作中没有补考

一位当过人力资源总监的培训师，应某民办大学的邀请去讲"人力资源管理"

的课。在讲课中他列举了很多同学没有接触过的企业真实案例，同学们感觉这些案例对自己未来的工作很有帮助。有一位同学在课间拿出一份自己的《求职简历》交给培训师，想请老师帮助修改一下。培训师看了一下，然后与这位同学商量："这样吧，大家都快毕业了。如果你愿意，我把你的《求职简历》投在大屏幕上，让大家一起来点评，对其他同学也有启发和帮助。"

"可以。"这位同学爽快地答应了。

于是，培训师把这位同学的《求职简历》投在了大屏幕上。同学们认真地看着。有一位同学脱口而出："很不错！"

"他是我们班最棒的！"不少同学起哄道。

"……"

培训师严肃地回应大家："找工作是你们毕业后的第一件大事，《求职简历》是你们求职的敲门砖。这份简历不管通过什么渠道，甚至可能通过父母的关系，好不容易递到人力资源部经理的手上。如果我是人力资源部经理的话，就不认可这份简历，也不会录用他！"

一下子，教室里安静了下来，同学们面面相觑，很茫然。

"为什么？"一位女生问道。

培训师说："先不说这位同学简历的内容，也不管他编排的格式与字号，大家先看看有没有错别字？"

于是，全班同学都瞪大眼睛盯着《求职简历》，一行一行地查找错别字。

"找到一个。"

"又找到一个。"

"我找到了第三个。"

培训师接着说："同学们，写东西首先要文通字顺，没有错别字。这份求职简历总共两页纸、千把字，竟出现了三个很不应该的错别字，还有一两个句子不通顺。你让用人单位怎么看你的能力和水平？"

他接着说，"大家也许会说，改一下，重新交上去就行了。但是，我想告诫大家的是，工作中没有补考的机会。出了差错，你就必须承担后果！"

培训师把"工作中没有补考"七个字大大地写在黑板上，最后说："今天没有别的作业，只有这道思考题，请大家用日后的工作给出答案吧。"

⊃【点评】

在学校，考试未通过可以补考。但是，在工作中，没有补考，员工必须认真做事，对自己负责，对工作结果负责。所谓自尊，就是既不要妄自菲薄又不要盲目自大。所谓自爱，就是要对自己的名声负责，承担工作中的所有结果。

中国人目前的平均寿命为 70 多岁。在员工的一生中，减去接受教育的 20 来年，再减去退休后的 20 来年，员工在工作岗位上度过的宝贵时光也不过 30 年，而且是人生最精华的 30 年。浪费了这段时光就等于浪费了自己生命中最宝贵的时光。

2. 工作岗位是员工的职业舞台

对于员工来说，班组，尤其是工作岗位就是员工的职业舞台。员工在自己的工作岗位上为社会创造财富，获取应得的报酬，由此获得社会认可，从而实现人生价值。企业要让员工在班组这个舞台上尽情地展现自己的才华。

企业的经营环境正在发生巨大的变化，员工也会根据自己的生存与发展需要综合考虑在企业工作时间的长短。事实上，企业已经形成了"铁打的营盘流水的兵"的用工模式，企业像营盘，员工则进进出出，不断流动。在这种情况下，如何兼顾员工与企业的利益呢？通过对员工进行职业化培养，既能让员工在本企业胜任工作，又能为其今后的发展奠定基础。

管理知识 2-1　员工的职业化

企业不再为员工提供终身就业的岗位，但能否为员工提供终身就业的能力？解决问题的方向就是员工的职业化，对员工进行职业化培养，使员工不仅能在就职的企业完成本岗位的生产任务，还能积累自己的工作能力，为立足社会打下基础。

首先是职业道德的培养。如北京同仁堂，正是几代人恪守并传承了"炮制虽繁，必不敢省人工；品味虽贵，必不敢减物力"的制药人道德，才使这家历经几百年沧桑的老店能够持续发展。

其次是职业技能的培养。大家都会做饭，但都不及厨师做得色香味俱佳，这种差异的背后就是职业技能的不同。所谓"干一行，钻一行"，"钻"的就是职业技能。

再次是职业素养的培养。职业对人有再造的功效。长期从事教育的人往往温文尔雅，做警察的人会果敢敏捷，做技师的人则会谨慎细心。千万不要干什么不像什么，毁掉自己的立命之基。

最后是对职业形象的培养。人的仪容和仪表可以通过着装来体现，言谈举止则要通过修炼渐渐养成。企业搞 6S 管理的落脚点就是提升全员素养。

2.2 培养组织意识

企业要想有较强的竞争力，在内部就要有很好的组织力。从战略的实施，到每日的生产有条不紊地进行，班组长作为基层管理者，要有大局观，要渐渐培养自己的组织意识。

2.2.1 企业管理的构架

管理就是充分、有效地利用资源，组织他人共同完成任务的过程。企业管理是企业管理者为实现企业目标进行的企业生产经营活动。企业目标自上而下进行分解，企业管理也从上至下分成五个层级，其重心与特质各不相同。图 2-1 将企业管理的五个层级及其重点和特质进行了对比。

> **理念** 班组是企业的基础，基础不牢，地动山摇

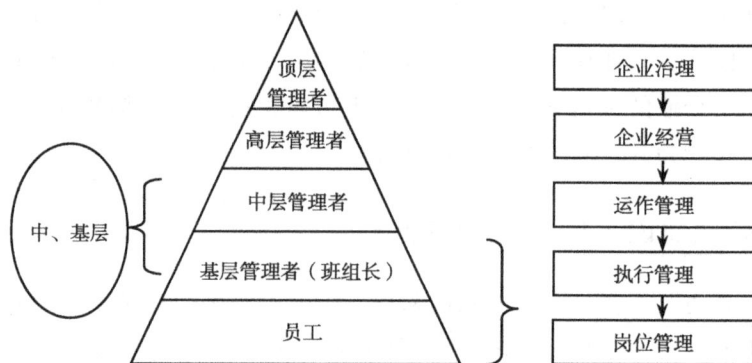

图 2-1　企业管理的五个层级及其重点和特质

1. 顶层的企业治理

随着企业的发展，其规模会渐渐扩大，企业的经营权往往要与所有权分离。企业治理是企业针对经营者和所有者之间可能出现的利益冲突而构建的一套规则和秩序，主要目的是确保企业在不断变化的外部市场环境中能够持续、稳定的发展。

2. 高层的企业经营

企业经营是把企业整体看作一个生命体，使之能持续生存和发展。经营是开放性的企业管理，要适应外部市场环境，整合内部资源，通过产品和服务去满足市场消费者的需求。

3. 中层的运作管理

运作管理重在将企业战略目标分解并实施，包括就部门职能体系的建设与日

常运作进行管理，在部门内部进行团队建设与管理等。其管理内容和中层经理所处的位置要求中层经理必须具备系统思维能力、战略理解能力、目标分解能力、管理方案的制订与实施能力、团队组建培养能力及持续改进能力。中层运作管理的核心功能是充分发挥职能部门的作用，保证人力资源系统、研发系统、生产系统、财务管理系统、质量系统、职业安全卫生系统、环境保护系统等系统的建设与运作。

4. 基层的执行管理

企业战略最终要在基层得到贯彻落实。一线班组的管理，由基层管理者即班组长直接进行。班组长的个人素质和管理水平直接决定了任务目标落实的质量和效率。

5. 员工的岗位管理

一线员工是所有运营计划的具体执行者，员工通过对自我的管理和对设备、工作方法、原辅料、环境等岗位职能要素的管理实现岗位目标。企业聘用员工的目的是为企业提供人力资源，实现企业的经营目标。员工在用自己的知识、技能为企业创造财富的同时，也得到自己的劳动所得。一位新员工从入职培训到岗位培训，再到最终能够独立顶岗操作，企业要为其提供培训、工作环境、劳动保护等条件，员工也必须按照企业所提供的岗位要求，完成每天的生产任务。稳定员工队伍，让员工对企业产生认同感和归属感，与企业共同发展，已经是新形势下创造和谐雇佣关系的新要求。

将上述五个层级各自的管理特质汇于表 2-1，可以看出，由于所处的位置不同，管理重点、解决的主要管理问题以及对下属的管理要求均不相同。层级之间、部门之间要能够顺畅地沟通与协调，最终形成企业内部的组织力。这就要求每个层级的管理者具备相应的组织意识、组织能力。班组长作为基层管理者要有大局观，要主动培养自己的组织意识，锻炼自己的班组管理能力。

表 2-1　企业各层级的管理特质

层级	管理特质	管理重点	解决的主要管理问题	对下属的管理要求
顶层	企业治理	资本运营	所有权与经营权的分离	配班子，监控
高层	企业经营	获取利润	外部市场环境下的资源整合	领导，定目标
中层	运作管理	平稳运行	建立职能体系、建设部门团队	辅导，定指标
基层	执行管理	行为管控	按规定执行，带领员工完成任务	引领与督导
员工	岗位管理	工作质量	具体操作，完成生产任务	无

2.2.2 管理者必须具有组织意识

1. 组织意识

企业作为一个经济组织，内部要形成合力，对外才有竞争力。班组长虽为基层管理者，但也要有组织意识。班组长的组织意识就是能够维护企业的整体利益，能够服从上级的指挥，自觉带领本班组努力工作。企业内部为了提升工作效率，进行内部分工，但分工不是目的，分工之后要彼此配合，形成整体竞争力才是目的。不要只从本班组、本部门出发考虑问题。班组内部也是如此，每位员工都有自己的工作岗位，但班组作为一个集体，班组内部也要讲配合，要有补位意识，要相互帮助，把整个班组做强。

📝 **经验分享 2-2** 公司大目标"着陆"小班组

某电力公司为提升公司的竞争实力，年初提出了创建"一个和谐的大家庭""一所终身学习的大学校""一支能打硬仗的队伍"的"三个一"工程。班组长小董与组员共同努力落实公司的决策，将平时的工作与创建"三个一"工程的实践相结合，让公司的大目标踏踏实实地"着陆"到自己小班组的日常工作之中。

1. 班组"小家"暖人心

小董的自动化班是由六名员工组成的"小家庭"，作为这个家的"当家人"，他首先做到了"一心三硬三公"：拥有一颗宽容关爱之心；思想作风过硬、组织协调能力过硬、生产技能过硬；为人处世公平、公正、秉持公心。真正尊重、理解和真心实意地关心每一位员工，把一班人凝聚起来，让班组像一个家庭那样充满亲情，充满友谊。

在班组这个小家庭里，为培养"团队讲齐心、工作讲细心、互助讲爱心、处事讲公心"的和谐氛围，小董坚持讲真情，做到情理交融促和谐。坚持"三访"，即对班组成员家有困难必访、红白喜事必访、生病必访。6月，新调入这个班组的小李婚假还没休完就来上班了。不巧几天后他岳父因病住院做手术，这使小李心神不定。于是，小董带领全班抽出时间前往医院探视慰问，使新同志刚到班组就感受到了家庭般的温暖。

虽说班组长是班组的当家人，但当家人不等于"家长"，不能搞一言堂的家长作风，不能事无巨细都自己说了算。在每周的班组会上，小董把工作中的重点、焦点和难点提出来让大家共同研究讨论，鼓励员工积极参与班组民主决策、民主管理和民主监督，让大家体会当家做主的责任感和荣誉感。在一次班组会上，小李提出了利用业余时间学习计算机操作的建议，大家都觉得有道理，于是就被采纳了。

2．生产现场作课堂

为适应电力工业飞速发展的需要，小董引导班组员工树立了四种理念：一是学习是生存和发展需要的理念；二是终身教育、终身学习的理念；三是工作学习化、学习工作化的理念；四是不断创新的理念。

小董十分注重班组成员的学习和培训，特别是新员工。他制订了年、月学习计划，既有班组计划，又有个人计划，还特别为去年年底新入职的一名大学生和今年调入的两名新成员开设"小灶"，并优先安排他们外出学习。一年来，3 人累计外出培训 6 次，这些学习和培训使他们较快地适应了工作，掌握了基本工作技能，很快就能够独当一面。

特别值得一提的是，小董以省公司组织的技术帮扶为契机，全面提升班组成员的综合素质。在专家组组长叶继方和赵建国的帮助下，班组举办了 8 场专题技术报告，修订完善了 12 份管理规章制度、10 册标准化作业书，创建了调度自动化班组网页。其间每月开展一次技术帮扶测评，并将测评结果向公司全体员工通报。同时，利用设备调试和消缺的机会，联系现场实际向专家学习相关技术。在与帮扶专家的零距离接触中，班组成员不但学到了专业的理论知识，还接触了较为先进的管理理念，迅速提高了班组成员的技术水平和管理意识。

3．齐心协力打硬仗

平时班组里非常注重班组"小家庭"的建设，大伙的工作配合非常默契，又通过生产现场这个大课堂练就了全体成员过硬的技术本领。养兵千日，用兵一时，2008 年 7 月该班组打了一场攻坚战。由于时间紧迫，110 kV 新变电站投运前，有 4 项任务需要同时开展。一是 110 kV 变电站远动设备及后台调试；二是相连的 220 kV 变电站侧安装调试；三是集控站系统与 110 kV 变电站的接入调试；四是主站系统与 110 kV 新变电站的接入调试。艰巨的任务摆在全班组面前，班组成员个个士气昂扬。小董首先对班组目标任务进行分解，细化量化，根据班组 6 名成员的工作能力和特点分配任务，使每项工作都有专人负责，每台设备都有专人管理，每项缺陷都有专人排除。在项目进行中，大家非常默契地相互配合，协同作战，遇到问题相互支援，4 项工作合理展开，班组成员加班加点，连续奋战，充分发挥了整个班组的合力，使原本需要一周时间完成的工作，只用了两天时间就圆满完成，保证了新站按时投运。班组的和谐及平时的技术准备，为关键时刻打硬仗打下了坚实的基础。年终，该班组得到了公司的嘉奖。[1]

---

[1] 改编自童希平发表于 2008 年第 4 期《现代班组》上的同名文章。

➲【点评】

胜任的班组长能够将整个班组的工作置于企业全局中考虑，拥有全局观念，并将这种观念传递给每位员工，使每位员工发挥自己的才干，从而使整个班组发挥巨大的潜力。胜任的班组长是企业的优秀基层管理者，是员工心目中的"小领导"。企业需要这样的班组长，企业也应该为培养胜任的班组长创造必要的条件。

2. 当一名胜任的基层管理者

有些班组长不把自己看作管理者，觉得自己只是比普通员工多付出、多工作而已。这种看法不对，从企业管理的构架来看，班组长作为基层管理者，作用很大。从优秀员工转换到基层管理者，其实这个跨度也很大。中层以上的管理者，由于明确了管理地位，各种培训应有尽有，而往往针对班组长的培训非常薄弱。企业要加强对班组长的培养，让班组长确实承担起基层管理的责任。

📋 **经验分享 2-3　庄重的晋升仪式**

企业把现场的人力、物力和财力资源都交给班组长管理，班组长对企业来说就成了一线管理的代表。A 公司每年都为新晋升的班组长举行宣誓仪式。

总经理亲自将新班组长的聘书发给他们，并领读《宣誓词》：

我自愿承担班组长的管理之责。

感念公司的厚爱与同事的信任，心存感激，牢记责任。

忠诚于公司的事业，牢记使命，为实现公司的愿景贡献自己的力量。

为胜任班组长的岗位，我将努力学习，带领全体班组成员共同进步。

在工作中，做上级的助手，做员工的楷模。

宣誓人：×××

×年×月×日

晋升仪式之后，A 公司还将新晋升的班组长的照片张贴在公司的展窗里，刊登在公司的内刊上。这些活动渲染了气氛，将班组长管理的使命感不仅传递给新晋升的班组长本人，还传递给他们的班组及整个公司，既增加了新班组长的荣誉感，又增强了他们的责任感。

➲【点评】

要让班组长有责任感，就要让他们感觉当班组长是一件光荣的事。以上这家公司搞的仪式，不仅让班组长感到庄严、光荣，也让整个公司的人都为他们鼓劲、加油。

2.2.3　班组长与基层管理

班组是企业的基石。班组涉及的人员最多，班组管理的内容最丰富，没有班组管理，企业管理就无从谈起。要想搞好班组管理，必须培养胜任的班组长，班组长是班组的灵魂。班组长不合格，不仅仅是一个岗位失效，而是整个班组的管理和工作业绩都会受到影响。

1. 企业的基层管理

从企业管理的构架可以看出，企业的基层由班组长与员工共同组成。企业的基层管理，从人员管理来看，就是要通过选拔、培训，使用和留用合格的班组长，使他们成为胜任的基层管理者，进而带领员工共同进步。从业务角度分析，基层管理主要是内部管理，是生产现场的"三现"管理，涉及安全生产、现场环境、设备、质量、成本、生产率等诸多管理内容。

2. 班组长的积极作用

一个班组好不好，首先要看负责管理的班组长能力强不强。班组长能力强，各项工作都能顺利完成；班组长能力弱，班组内各种问题层出不穷。一名合格的班组长，首先自己要强大，要能够在员工面前起模范带头作用，能够把全体组员团结起来，进而推动班组内各项工作的开展。班组长是班组的灵魂，从思想上影响着全体组员，从行为上督促、约束着组员的日常行动。组员管好了，现场的管理就有了基础，就能够完成企业下达的各项生产任务。

图 2-2 班组长的作用模型说明了班组长如何发挥基层管理者的作用。班组长作为一名"精兵"要向"强将"转变。首先，打铁必须自身硬，班组长通过发挥做人和做事的表率作用，在班组内形成良好的风气和工作氛围。其次，做好员工管理，突破管人的瓶颈，学会与人打交道。最后，带领员工共同完成现场管理的任务，在生产一线创造佳绩。

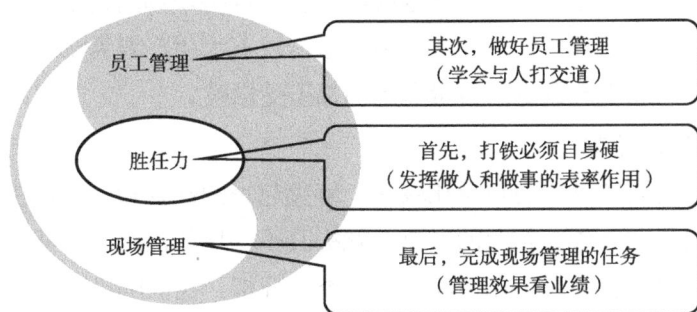

图 2-2　班组长的作用模型

📄 **经验分享 2-4　创建班组长俱乐部**

B 公司生产规模比较大，班组长人数比较多，为了让班组长能够相互交流管理经验，结合实际尽快提升管理技能，公司成立了班组长俱乐部。俱乐部为公司高层与基层干部的对话创造了机会。俱乐部由企业班组长自行管理，公司提供必要的经费等物质条件，人力资源部负责协调和监督。结合公司的战略主题和培训安排，俱乐部在年初制订全年的活动计划，共同探讨班组长们在工作中遇到的共性问题。俱乐部还为公司未来中层干部的后备人选做了储备，公司可以在俱乐部中发掘具备组织才能的后备干部。

➲【点评】

班组长的管理技能有很强的实操性，除了加强培训和学习，为班组长之间相互学习与交流创造一些条件是非常必要的。这种俱乐部值得仿效。

2.3　树立问题意识

没有了问题，管理者也就失去了价值。发现问题、解决问题是管理者的重要工作内容。班组长在进行基层管理时要有问题意识，掌握解决问题的思路与方法，灵活运用各种资源，切实提高解决问题的能力。

2.3.1　管理者的价值就是解决问题

1. 维持生产正常运行

作为一线指挥，班组长经常遇到一些突发的问题和不平衡的状态，比如员工因疾病临时不能出勤、设备临时故障造成停机等。这时候班组长要处理的问题比较明显，就是要将不正常的突发问题解决掉，以维持现场的正常运行。应对这类问题，要求班组长对现场的人、机、料、法、环五大生产要素都非常熟悉，能够灵活应对，以确保生产数量、质量和周期都不受影响。

2. 实施现场改善

需要改善的问题可能隐藏得比较深，解决起来的确要费一番周折、花一些气力，但这类问题解决了，企业的竞争力就提升了。比如面对生产质量不稳定的问题，班组长要组织相关人员在现场展开调查、分析，找到解决问题的方法。

图 2-3 给出了现场改善的基本步骤，根据企业的总体要求，确定具体的现场改善课题，然后进行分析，做相关实验，找出关键因素，确定改善办法，达到现

场改善的目的。

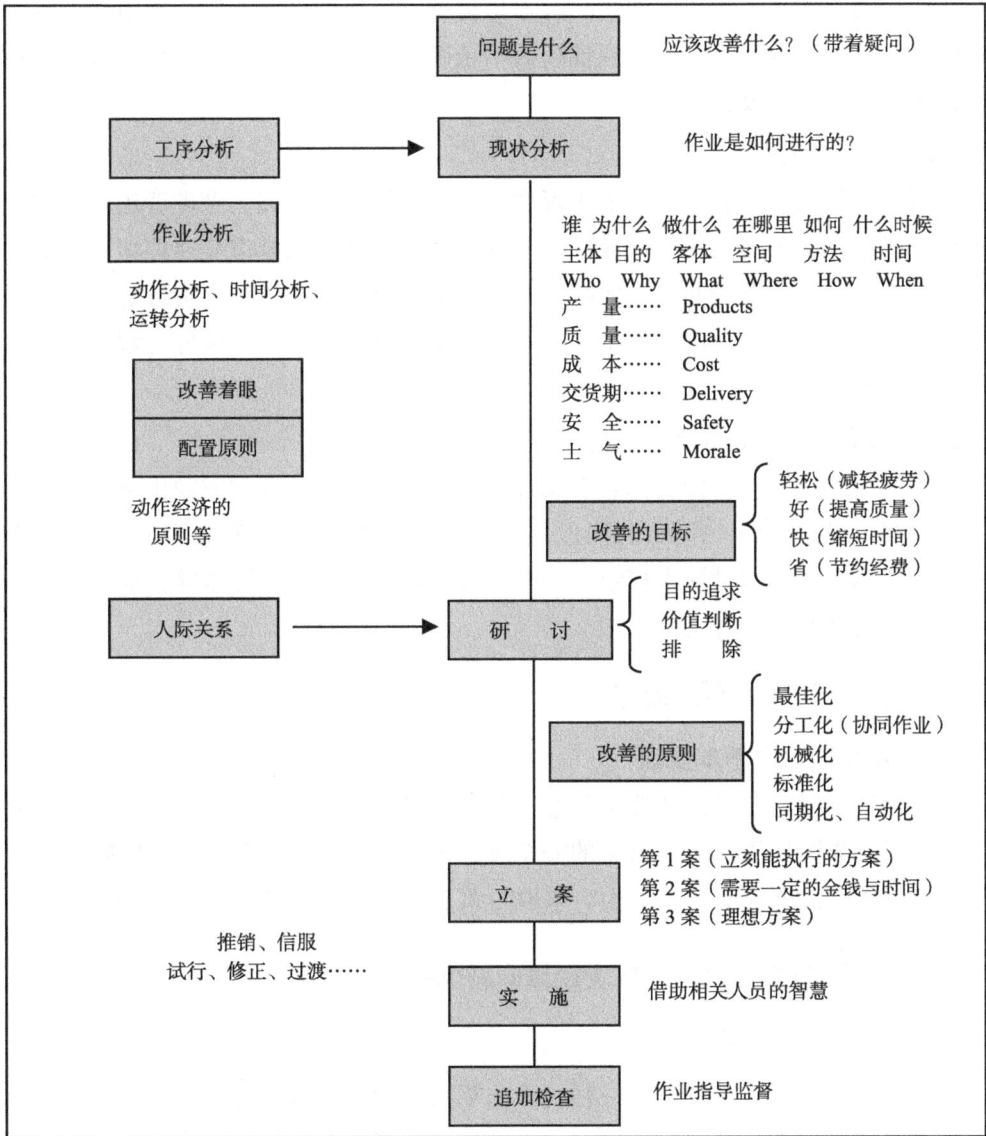

图 2-3　现场改善的基本步骤

2.3.2　问题意识是管理者的磨刀石

解决问题是管理者的重要工作，带着问题意识去发现问题，甚至创造问题，更是管理者不同于一般员工的重要特点。尤其是在今天这样一个变革的时代，更加需要每个管理者发挥革新精神去创造性地开展工作。

1．问题意识

不惧怕问题，能够正确面对问题才是管理者应有的良好心态。班组长的问题意识就是能够以敏锐的眼光发现现场的不正确状态，并以足够的好奇心和进取精神，主动思考如何改进工作。

2．善于发现问题

有了责任意识就会愿意多承担管理的责任，但这还不够，管理者还要有问题意识，能够主动发现问题，养成思考问题的习惯。现在大城市交通拥堵，造成的出行困难、环境污染的问题如何解决呢？减少道路上的车辆是个很好的出发点，于是顺风车、共享单车应运而生。这些都是从问题意识出发，很好地解决社会中的问题的好例子。

3．没有问题才是最大的问题

长期在现场工作，什么都熟视无睹了，对一些反复出现的问题也麻木了，这样很不好。没有问题，每天得过且过，才是最大的问题。这样的班组长会被企业淘汰，这样的企业容易被人打败。要想方设法地把重复的问题根除，通过发现问题、解决问题不断改进工作。

2.3.3　解决问题与现场改善

1．解决问题的基本步骤

班组长要对自己的现场非常熟悉，能够处理各种突发问题。对于小的问题要能够及时、果断处置。对于重大的安全突发事故要有预案。对于一些影响生产数量、质量的顽症要能够分析原因、采取对策。

经验分享 2-5　解决现场问题的七个步骤

第一步：把问题描述清楚

就像医生给病人进行诊断一样，首先要找出病人的各种症状。要获得足够的描述信息，才不至于把问题弄错。比如症状、部位、发作间隔等信息。

第二步：厘清问题

一个现象背后可能有很多成因。比如病人发烧，可能是因为受寒，也可能是因为病毒感染。要把现场出现问题的原因分析清楚。

第三步：寻找问题的真实原因

同一个现象与各种不同的原因常常交织在一起，这时就要针对现象罗列出各种可能的原因，关键是要抓出主要现象的主要原因。可以先从部位、区域、类别（水、电、气、机械、控制等）下手，将可能的原因都列举出来，再根据现场经验试着寻找不同的种类的原因。

第四步：追问五遍"为什么"

拿出打破砂锅问到底的劲头，不断地追问"为什么"，就能渐渐地找出本质原因。追问五遍"为什么"的方法，其特点是就问题直接发问，回答也只需要就问题直接回答，回答的结果又成为下一个问题。像这样直接追问下去，连续五次就可以找出问题发生的本质原因。

一个人骑单车摔了一跤（下坡路上）

为什么摔跤？　　　　　（答：车速太快）

为什么车速太快？　　　（答：刹不住车）

为什么刹不住车？　　　（答：刹车失灵）

为什么刹车失灵？　　　（答：轧皮架不动）

为什么轧皮架不动？　　（答：固定螺母掉了……真正原因找到了！）

第五步：采取措施

找到了原因就可以对症下药，采取在现场可行的措施解决问题。由于产生问题的原因不同，采取的措施也不同。针对相同的原因也可以用不同的措施、方法。

第六步：评估措施的成效

各种措施实施以后，成效到底如何，要用事实、数据说话。要从解决问题的效果、便利性、经济性这几个方面综合考量。

第七步：将措施标准化

解决问题的新措施取得成效后，要把相关的流程、参数、工艺等经验沉淀下来，形成相应的文件，使成果得以巩固。

2．杜绝问题再次发生

重大问题发生之后，管理者要做的不只是简单地让责任人承认错误，而是分析原因，采取措施，确保这类问题不会再次发生。相关责任部门在发现不良现象之后，应立即采取临时措施，使不良现象处于受控状态。然后认真查找产生不良现象的根本原因，针对这个根本原因，找到解决问题的若干具体措施，逐条落实。最后，要将那些行之有效的措施标准化，也就是文件化，写入规格书或作业指导书。在做这些工作的同时，责任部门要认真地填写《杜绝问题再次发生报告》（见表 2-2）。并经上一级领导确认后，交给主管部门，这样，才能保证这个重大问题不会再次发生。

表 2-2　杜绝问题再次发生报告

<table>
<tr><td>登记</td><td rowspan="2"></td><td>报告部门</td><td></td><td rowspan="2">执行者</td><td></td><td rowspan="2">负责者</td><td></td><td rowspan="2">部长</td><td></td><td rowspan="2">发表日</td><td></td></tr>
<tr><td></td><td>防止部门</td><td></td><td></td><td></td><td></td><td></td></tr>
<tr><td colspan="4">题目</td><td colspan="8"></td></tr>
<tr><td colspan="4">不良现象
（异常内容，按 5W1H 原则填写）</td><td colspan="8"></td></tr>
<tr><td colspan="4">不良现象的消除
（临时措施，应包括原因的初步诊断）</td><td colspan="8"></td></tr>
<tr><td colspan="4">解析及诊断
（原因的确定，按 4M1E 原则填写）</td><td colspan="8"></td></tr>
<tr><td rowspan="3">再发防止</td><td colspan="3">再发防止措施</td><td colspan="8"></td></tr>
<tr><td colspan="3">再发防止措施效果确认</td><td colspan="8"></td></tr>
<tr><td colspan="3">标准化</td><td colspan="8"></td></tr>
</table>

➔本章小结

班组长从优秀员工成长为基层管理者，这个人生跨度看似很小，其实很大，从被人“管”到“管别人”这个转变不可轻视。只有观念转变才能够引起思维方式、处事方法的转变。这就要求班组长铸牢责任意识，培养组织意识，树立问题意识。

↘思考与实践

1. 你是如何看待责任的？你认为自己平时做得如何？
2. 如何把教会员工工作与员工今后的发展联系起来？
3. 为什么说岗位是员工的职业舞台？如何让员工珍惜当下的工作？
4. 你如何看待基层管理？自己能够身体力行吗？今后如何改进？
5. 为什么说企业组织力强，竞争力就强？
6. 什么是问题意识？
7. 如何处置突发事故，使生产尽快恢复到正常状态？
8. 班组如何进行现场改善？
9. 如何结合创新与创造来进行工作？
10. 三个意识之间有什么关联？

┃▶ 第 3 章

班组长的三个过硬

　　班组长要在管理上把大写的"人"字立起来，"一撇"根植于诚信与正直人品之中，做人要过硬；"一捺"则立足于技术，不断探索和钻研，技术要过硬。班组长要完成从精兵到强将的转变，在管理实践中不断反思、不断领悟、不断探索管理门道，渐渐地从管理的门外汉成长为基层的管理专家，最终做到管理过硬。

3.1　做人必须过硬

　　班组长要想长期胜任基层的管理岗位，必须做强自己，将自己从技能型的"精兵"转变成技能与管理相融合的"强将"。从内心做强自己，做人必须过硬。

> 理念　管理的效果不在于知多少，而在于行的效果

树立终身学习的理念，将学习融入自己的管理实践，使自己始终走在企业的前列。

3.1.1　从精兵到强将

1. 突破纯技能型人才的束缚

　　班组长或因做事踏实，或因业务出众而被领导相中，可以说是员工中的精兵。多数班组长作为业务骨干，具有精通技术、钻研业务的优势。但是，也会因此陷入"唯业务""唯技术"的误区，导致思考问题的方式过于简单、偏执，缺乏人际协调的能力，不善于与人打交道。但是，要想长期胜任班组长的岗位，就必须完成从"精兵"到"强将"的转变，突破纯技能型人才的束缚，在保持业务优势的同时，补齐管理的短板。

2. 乐于与人打交道

　　多数班组长是从业务能手成长起来的，习惯于钻研业务难题，而不善于带领团队；喜欢身先士卒，而不善于调动他人积极性；能吃苦，但不太善于鼓动和激

励他人。作为技术能手，习惯事必躬亲。然而，作为基层管理者，就意味着要从亲自处理事情，变成领导一个团队共同处理事情。这恰恰是多数班组长不擅长的地方。班组长要想获得成功，就要学会与人打交道，乐于琢磨事情背后人的因素和问题，不断反思其中的道理和规律，渐渐地使自己乐于与人打交道。

3. 喜欢思考管理问题

班组长每天遇到的各种管理问题非常多，只是多数班组长没有系统学习过相关的管理知识，但这并不妨碍班组长去思考，从中悟出管理经验。管理不在于

> **理念** 安全促进生产，生产必须安全

"知"多少，而在于"行"的效果。所以，班组长只要善于反思，善于总结，就会有收获、有进步。结合自己遇到的管理问题，有针对性地学习相关管理知识，使自己不仅知其然，还能够知其所以然，慢慢养成喜欢思考管理问题的习惯。

经验分享 3-1   王班长的每日三思

小王当班长不过一年多，但员工和领导都觉得他进步很快，说话办事非常稳妥。车间李主任让王班长给新晋升的班组长介绍经验，听过之后大家明白了王班长的用心。

刚当班长的时候，小王也觉得遇到问题无从下手，感觉很为难，又没人商量，就把年轻时写日记的习惯用到了管理上。先是写一些自己的苦闷和看法，写着写着，慢慢理出了思路。把平日自己做得好的、做得不好的都写下来，然后试着分析原因，好的就坚持，不好的争取下次改进。

每天上班之前，他会先理一下思路，把班前会给大家讲什么，会上强调什么都想好。大家都开始工作了，就把自己一天要干的事情罗列出来，按时间管理的办法分为 A、B、C 三类，A 类是最重要且紧急的事情，一定要做；B 类是重要的事情，也争取做完；C 类为不重要的事情。中午再想想早上罗列的事情都干完了没有，提醒自己抓紧安排下午的工作。晚上回到家，抽一点时间写工作日志，把管理的感悟记录下来。

经验介绍会上，车间李主任表扬小王做得好，他谦虚地说："曾子不是说'吾日三省吾身'嘛，我不过是照着每日三思罢了。"

○【点评】

这位班长是一位管理上的有心人，他比其他班长进步快是因为他每日不停地思考和注意管理经验的积淀。

3.1.2　管理者的胜任力

1. 管理者的素养

班组长在完成从"精兵"到"强将"的角色转换过程中，既要保持精兵的实干本色，又要从胜任基层管理岗位的要求出发，提升自己的管理素养。或许性格不易改变，但性格必须服从角色。班组长承上启下，必须学会承受来自各方面的压力，提升自己的心理素质。心态决定态度，心态好则态度端正。在价值观、人生观、世界观上要与企业的核心价值观趋同，以积极向上的正能量激励自己。要意识到管理者的责任，个人成长的意愿越强烈，责任感越重，工作的动力就越足。

2. 管理知识的学习

班组长要乐于学习管理知识，并在实践中加以应用和验证，以班组为管理平台不断实践并积累管理知识和管理经验。

不同于在校接受系统教育时的知识学习，班组长在基层管理岗位上的管理知识的学习是以应用为目的的知识积累过程。能够系统学习管理学固然很好，但结合具体工作活学活用，不断将管理知识内化成自己的管理能力尤其重要。多数班组长要边工作边学习管理知识，如果能够花上两三年的时间系统地学习"管理学""组织行为学""企业管理"等课程，必将受益终身。为便于自学，可以选用企业管理教材。

3. 管理才干

在实际管理工作中，班组长要懂管理原理，理解企业的原则，以此为据开展工作，会少走很多弯路，解决问题时就不失水准。企业的规章制度、工艺文件、作业手册都是班组长管理时的依据，在现场巡视中如果发现有员工不遵守这些规定，就要及时纠正。

美国管理大师彼得·德鲁克在《管理的实践》中有句名言："管理是一种实践，其本质不在于'知'而在于'行'，其验证不在于逻辑，而在于成果，其唯一权威就是成就。"班组管理成效的大小取决于班组长本人胜任力的强弱。班组长胜任力强，班组管理就规范，班组的工作业绩就好；班组长胜任力弱，班组管理就混乱，班组就无法顺利完成各项生产任务。

3.1.3　将学习融入工作

1. 学以修身

移动互联时代是信息技术突飞猛进的变革时代，知识更新的速度异常惊人。

学习力决定竞争力，要想跟上时代的发展，必须树立终身学习的理念，掌握适合自己的学习方法，优化自己的知识结构，以工作中出现的问题为课题，将学习能力转换成职场竞争的核心竞争力。通过不断学习，使自己的思想跟上时代的进步，使自己的能力跟上企业的发展。

中国的先哲强调"修身、齐家、治国、平天下"，对于今天的班组长来讲，"修身"就是培养自己的良好品格，以德树威；"齐家"意味着管理好自己的班组；"治国"意味着用管理技能提升班组的绩效，使企业得到发展；"平天下"就是为实现中华民族伟大复兴的梦想而奋斗。

班组长的学习要以提升管理能力为目的，不断地吸收新知识、新观念，形成新的工作方法，不断提高自己的学识和修养。

📃 经验分享3-2　某企业家谈读书

我读书既有兴趣取向，又有需求取向，我读的书中，有的是知识学习和休闲娱乐性质，有的是社会研究、理论性质，也有实用的，还有专题研究性质的。其中许多是普及型的基础知识，有些知识是一辈子可能都用不上的，却不能不知道；有些知识要在工作中经常使用却掌握得不够深入，仍需不断地学习与补充；有些知识虽然不能直接使用，却会对认识问题有所帮助，比如哲学与逻辑学的知识，并非可专门当作工具用于解决实际工作中的问题，却是认识问题、解决问题、分析判断的工具之一，有助于由表及里地把握问题的实质，帮助发现那些藏在现象背后的实质问题。

有些书是阅，略而知其在则可；有些书是读，要诵而知其声；有些书是研，重复学习多次而深知其意；有些书是学，不仅需知其果，而且需深究其因、通晓其理；有些书只是翻翻；还有些书知其头尾即可晓其大意。不同的书针对不同的阅读需求，没必要在休闲娱乐类书上下太多功夫。

没有不可读的书，只有不会读书的人。书太多而无法都读，故选择也很重要。有选择地读书会节省大量的阅读时间，而这仅靠个人筛选是无法做到的，因此我们成立了许多的读书会，总有几个朋友的圈子在互相推荐不同类别的书目让大家可以共享。读书会的成立会让每个人都从中受益，也许你能及时地了解当前社会最被关注的事件、理论和观念。

2. 把工作问题当课题

工作问题就是磨刀石，它可以磨砺班组长的才干，它可以倒逼班组长去想各种办法、去学习，只要敢于解决各类问题，包括管理问题，才干就会自然而然地磨炼出来。要以问题为导向，敢于用一些新观点、新思维分析解决工作中出现的新问题。通过一次次的摸索实践，寻找更为便捷的方法实现工作目标。通过工作学习化，不断提升学习向实践转化的效果。

3．在"善用"上多下功夫

学习的根本目的在于应用，作为班组长，只有切实提高解决实际问题的能力，才能收到学习实效，学习才有意义。在现实中，有的班组长对学习既存在不勤学、不真学、不深学的问题，又存在不善用的问题，学而不用，学用脱节，理论说得头头是道，解决实际问题时则束手无策。为此，班组长要在"善用"上下功夫。坚持干什么学什么，缺什么补什么的原则，学用结合，以学促干，以用促学，要善于结合自身工作，不断提高自己的知识、能力。要有针对性地运用所学的管理知识，掌握班组长所必备的各种知识和本领，努力成为基层管理的行家。

3.2　技术必须过硬

中国要从制造大国迈向制造强国，变中国制造为中国创造，中国企业就必须培养一大批高技能人才。时代呼唤工匠精神，企业需要能工巧匠。班组长要保持技术上的优势，有过硬的技术，要成为专业上的行家里手。

3.2.1　弘扬工匠精神

1．时代呼唤工匠精神

中央电视台纪录片《大国工匠》播出之后，引起了社会强烈反响，时代呼唤工匠精神。班组长作为奋战在一线的技能高手，更应该传承和发扬工匠精神。

中国北斗、中国高铁是中国的两张名片，也是中国制造的杰作。在火箭、卫星、高铁列车这些高端产品的背后，是一大群优秀的中国技术工人。

经验分享 3-3　高技能楷模高凤林

高凤林是火箭总装厂的一名普通焊工，中专学历，却能获得国务院政府特殊津贴，中国多次火箭发射的核心焊接技术是高凤林带队完成的，他是如何从一名员工成长为首席技能专家的呢？

高凤林不到 20 岁就参加了工作。在车间实习期间，他发现现有的电焊操作缺乏系统、规范的操作工艺，由于主要靠经验，电焊的质量会随着人员的变动而波动，这对于一般的产品没有关系，但对于航天火箭这种高精尖产品，质量波动有可能带来致命的隐患。为此，高凤林决心攻克难关，他通过大量观察和实践，反复实验，总结出焊接技术"稳、准、匀"的基础要领。为了实现这三个字，他端过砖头，甚至在焊枪上绑上铅条进行练习，形成自己独有的焊接技术，在某运载火箭的研发中立下奇功。

面对成绩，高凤林没有自满，而是深深感到自己理论知识的不足，恶补专业理论知识。单位领导积极支持高凤林的行为，为他创造实验的条件，并送高凤林参加各种专家研讨交流会，高凤林很快成长起来，逐步成长为既有高超技能又有专业理论知识的高级技师。

2006年，受诺贝尔奖获得者丁肇中教授邀请，高凤林作为航天专家，参加了由世界16个国家参与的反物质探测器项目，他提出的生产制造方案，得到了各方专家的认可，解决了反物质探测器项目的制造难题，获得了美国国家航空航天局的认可。同年，高凤林被国家评为"中国高技能人才十大楷模"，成为航天制造的"明星"。

◑【点评】

高凤林总结心得："工匠不仅需要一双'熔融绘制'的手，还需要创新的头脑。"让创新成为常态，工作才能事半功倍。

工匠精神讲求钻研，推崇极致。我们在工作中也是这样精益求精的吗？

改革开放后，经济发展很快，不少人得了"浮躁病"，总想一夜暴富，干什么不钻研什么。经济进入新常态，只有追求工匠精神的员工才能立足，才能走在时代的前列。

2. 精湛的工匠技艺

中国在传统上是非常重视工匠技艺的。但近30年来，"浮躁病"蔓延。今天，我们改革进入了深水区，经济进入了新常态，也到了根治"浮躁病"的时候了。步子放慢一点，心态放静一些。企业从追求数量转变到追求质量和效益上来，员工则要立足岗位，钻研技艺。不管是哪个行业的人，都要干什么就想什么，就钻研什么。否则，就会被社会淘汰。精湛的技艺，就个人来讲能立身；就企业来讲能立命；就国家来讲能立强！

班组长作为现场技术的能手，应该坚持技术为本，不断钻研技术，提高技艺，持之以恒地追求精湛的工匠技艺，成为员工的技术楷模。

3.2.2　学习移动互联网等新技术

1. 从工业革命到科技革命

第一次工业革命以蒸汽机的广泛使用为标志，建立了铁路网、高速公路网。人类的"腿"变长了，大大方便了人们的出行与交往。期间英国崛起，成为"世界工厂"。第二次工业革命，以电力的广泛应用为代表，电器的普遍使用，使人类的"手"更有了力量。期间美国崛起，称霸全球。第三次科技革命大大提高了人们的数据处理能力，而随着移动互联网等新技术的发展，借助智能手机，实现了全球的实时联络，彻底改变了人类的"大脑"、思维方式、情感交流和生活方式。

2. 适应移动互联网的发展

自"互联网+"的理念被倡导以来，引起了各级政府、各类企业、众多研究机构和中外媒体的高度重视和强烈反响。中国经济的转型升级要运用"互联网+"的思维，充分利用信息技术发展，推动产业技术革命，让创新驱动我国经济向更高水平发展。

微信被广泛使用后，很多班组利用它建立班组群，使组员间的沟通更加方便。有了视频通信，同行业的异地班组可以相互切磋维修技艺。这些新技术给我们的日常生活带来巨大的改变，只有与时俱进，适应移动互联网的发展，利用好新技术，才能更好地工作、生活。

3.2.3　岗位成才

1. 聚焦于技术进步

中国已经是世界第二大经济体，也是一个制造大国，但还不是制造强国。从员工层面来看，我们还存在很大差距，主要表现在敬业精神和员工技能上面。员工要以岗位为职业舞台，学一行，精一行。没有技术，不掌握技能的员工是没有未来的。

班组长要成为班组里新技术的引领者，随着企业的自动化程度越来越高，操作越来越复杂，越来越需要学习新技术。在调结构、促转型的大背景下，更要聚焦于技术的进步，而不至于被新时代所淘汰。

2. 成为岗位专家

很多人会觉得自己的工作太平凡，岗位很一般，甚至没什么技术含量。其实不然，每个人都能做到岗位上的第一。比如，秘书复印文件，就比总经理要快要好，还能进行简单的复印机维护。否则，总经理自己干复印，秘书的岗位就没有存在的必要了。其他岗位也是如此，只要做到在这个岗位上，企业里没有任何人比自己更强，就可以在岗位上立足。班组长更要成为本岗位的专家，使自己在技术、管理上做到最好！

3.3　管理必须过硬

作为基层管理者，能否通过自己的管理才干带好班组，对班组长是很大的挑战与考验，是从"精兵"转变为"强将"的过程中很不容易跨越的门槛。能否积累管理经验，能否找到行之有效的管理方式、方法，能否形成新的管理模式，不同的答案反映班组长不同的管理水平和管理境界。

3.3.1　积累管理经验

1. 在反思中感悟管理

多数班组长未必接受过班组长培训，也未必有机会系统地学习管理知识，那该怎么办呢？只能靠积累，靠管理实践中的积累，在积累中不断反思管理现象和管理问题，在反思中感悟管理道理，提升自己的管理实战能力。

谁都不是天生的管理者。班组长只要善于观察，肯于思考，勤于实践，最终就会成为胜任的基层管理者。

> 理念　总结是进步的开始

班组长每天工作在生产一线，所接触的管理现象是最多的，所接收的管理信息量最大、最直接。养成思考的习惯，在思考中感悟管理的道理，就能使管理水平得以升华。

📝 **经验分享 3-4　一名班长的管理心得**

作为一名基层管理者，首先要有宽阔的胸怀，能容忍别人的不足之处。生产一线的管理者要想成功，首先要研究你的员工。根据个人特长，分配不同的任务，这样员工干活会很开心。工作能否做得好，管理只是一个方面，主要靠自觉。只有拥有好的心态才能把工作干好，要对自己所做的事情进行总结，找出差距，取长补短。班长要在生产中能与员工融为一体，作为生产一线的管理者，千万不能摆出清高自大的样子，这样与员工之间会产生一种距离，很不利于沟通，更谈不上成功了。

虽说是基层管理者，也要以公司利益为出发点，多为公司利益着想，多为员工负责。作为班长，很多时候会感到很无奈，需要别人的理解。我们基层管理者所做的事，对于高层管理者来说只是一点小事，但是我们所做的工作需要他们的全力支持。在员工眼里，我们不用干活，只是在指挥别人干活，工资还照样拿，员工容易产生误解。但我对工作有一个原则，只要我认为出发点是对的，我就一定会坚持到底。与员工协调沟通时，我不会以领导的口气来压迫他们，协调是解决问题的最佳方法，尊重不取决于职位的高低。

我希望公司领导能为我们员工多着想，为员工多做点实事，更希望个别人的官僚主义好好改一下。

⊃【点评】

这篇管理心得是培训结束后，培训师"逼"着一名班长学员写出来的。他当时已经三十多岁了，当了十几年的班长，公司上上下下也认为他的管理能力不错，员工都很服他。但他自从出了校门以后就再也没有拿过笔写过东西，他熬了整晚写出了以上心得。通过培训他意识到自己是个管理者，也总结了自己作为员工与公司之间桥梁的作用。培训最后，他还嘱托培训师给公司领导传话，提醒现场已经失效的抽风机需要修好。

2. 在总结中提升管理能力

在基层管理中，班组长遇到的管理现象非常丰富，他们的管理内容非常全面。只要班组长养成"每日三省"的习惯，不断琢磨其中的管理道理和规律，就能迈进管理的大门。比如批评员工，有时他们能接受，有时却口服心不服，为什么？这涉及管理的双方，认真分析下去，就能体会到管理的乐趣，把这次经历分析明白，就积累了管理经验。经历的次数多了，就有了感性认识，所谓"经验"，无非是经历与验证。积累的经验多了，管理能力也就自然而然地提升了。

经验分享 3-5　写下身边的小案例

一位哲人说过："智慧是不能被人告诉的。"智慧是内在经验，只有通过自己不断地摸索和总结经验、教训，不断地观察世界和更新观念，人的智慧才能被发掘出来。

每天上班，只要细心观察，就会看到很多管理上的冲突。上至公司决策，下到班组内员工争吵。加上背景、人物关系、冲突内容，就构成了一个小小的案例，将这些小案例记录下来。刚开始，我觉得记录这些案例给我很多启发，提升了分析问题、处理问题的能力。

后来，我结合学习的管理知识，将记录的案例进行理论上的分析，对我管理能力的提高很有帮助。

➲【点评】

从启发中感悟管理的真谛，这位班长从身边的小事中得到启发，养成了记录身边管理小案例的习惯，并感悟到了其中的道理。这些小案例的整理过程就是消化、吸收的过程，更是一个自我能力提升的过程。有心的班组长也可以试着写一些身边的小案例。

3.3.2　提升管理方法

1. 探索管理规律

管理涉及人，要比物理变化、化学反应复杂得多，但管理依然有规律可循。班组长要探索、寻求管理现象背后的内在联系，发现其中的规律，把握管理本质，进而对班组实施有效的管理。

2. 形成管理方法

管理经验或许为一家之言。不断地进行"实践—检验—再实践"的循环，把管理经验变成可以传授和推广的管理方法，不仅对于班组长本人有意义，还可以通过与他人交流，并成为企业的管理财富。

📄 经验分享 3-6　班长要抓的六个管理要点

我当了多年的班长，总结出六个管理要点。第一，向员工说清楚要求，就是管理上讲的目标管理，一定要让每个员工有明确的产量目标、质量目标、安全目标。第二，让大多数员工愿意达到要求。班组内搞民主管理，遇事大家一起商量，布置工作不留死角，没有未被分出的工作，也没有人手上无事可做。第三，让每个员工都知道自己岗位的具体要求。个别人如果达不到要求，就要耐心地教他。告诉员工安全操作中哪个地方最容易出事故，时常提醒，每天不间断地在现场巡视，防止个别人因大意出事。第四，让每个员工都能达到岗位的要求。现在人员流动性大，不达标的新人不能让其独立顶岗操作，宁肯老员工多承担任务，也不能出次品。第五，班组业绩的评比不含糊，做得好的要奖励，做得不好的要罚。通过一奖一罚，大家就上心了，管理水平就上去了。第六，班组内部管理要不断完善。有的人受罚了，心里不好受，我就下班和他谈心，做通思想工作，下个月只要进步大，我们就给他发进步奖。就这样，一轮一轮地评比下来，不断完善评比方案，大家就都进步了。

⊃【点评】

上述六个管理要点的总结有一定的科学性，对其他班组长也更有参考价值。班组长一定要跨越朴素的感性的束缚，从自身的管理体会中提炼管理经验。

3.3.3 探索管理模式

1. 班组卓越管理模式

好的管理模式不仅能够在企业内部进行推广，还能在行业、区域内进行宣传和推广，进而推动中国管理的提升和改善。比如当年海尔提出的"日清日高"管理法就是如此。

ISO 9000 是企业的质量管理体系标准，按照这个标准持续地改进企业的质量管理体系，企业产品的质量就会不断提高。但这个标准并不能保证企业盈利。在美国，人们在更大的视野下思考企业如何才能持续经营的问题，最终提出了"卓越绩效模式"（Performance Excellence Model，PEM），并参照质量管理体系标准的方式，将其标准化，使之适合不同行业的各种企业。我国于 2004 年发布了《卓越绩效评价准则》（GB/T 19580—2004），分七个大类对企业管理的类别进行评价。在类别下分条目，再在条目下细分管理要点。为指导 PEM 的具体实施，国家还制定了《卓越绩效评价准则实施指南》（GB/Z 19579—2004）。如何将 PEM 管理落实到基层班组，某企业做了有益的尝试——卓越班组模式，将代表班组的 G（Group）字母冠于 PEM 之前，简称为 G-PEM 模式，并制定出企业内部的《G-PEM 评价准则》和《G-PEM 评价准则实施指南》，表 3-1 就是他们参照 PEM 推出的 G-PEM 的七大类考核指标。

表 3-1　某企业 G-PEM 的七大类考核指标

PEM（国标）	G-PEM
1 领导（大类）	1 引领与督导（大类）
1.1 组织的领导（条目）	1.1 班组长的引领作用（条目）
1.1.1 高层领导的作用（要点）	1.1.1 对核心价值观的理解（要点）
1.1.2 组织的治理	1.1.2 班组长的管理知识
1.1.3 组织绩效的评审	1.1.3 班组长的能力
1.2 社会责任	1.1.4 班组长的作用
1.2.1 公共责任	1.2 员工行为的督导与塑造
1.2.2 道德行为	1.2.1 员工的道德观念

PEM（国标）	G-PEM
1.2.3 公益支持	1.2.2 员工的责任意识
	1.2.3 员工的日常言行
2 战略	2 班组目标管理
2.1 战略制定	2.1 班组目标
2.2 战略部署	2.1.1 对企业战略的理解
2.2.1 战略规划的制定与部署	2.1.2 （企业）目标的分解与落实
2.2.2 绩效预测	2.2 班组计划管理
	2.2.1 计划的制订与实施
	2.2.2 计划管理效果的改进
3 顾客与市场	3 顾客与市场
3.1 顾客和市场的了解	3.1 内部顾客服务
3.2 顾客关系与顾客满意	3.2 外部顾客服务
3.2.1 顾客关系的建立	
3.2.2 顾客满意的测量	
4 资源	4 资源与基础
4.1 人力资源	4.1 员工发展
4.1.1 工作系统	4.1.1 员工岗位管理
4.1.2 员工的学习和发展	4.1.2 员工的学习与成长
4.1.3 员工的权益与满意程度	4.1.3 员工能力提升
4.1.4 员工的能力	4.1.4 员工的权益与满意程度
4.2 财务资源	4.2 物料与成本控制
4.3 基础设施	4.2.1 物料管理
4.4 信息	4.2.2 成本控制
4.5 技术	4.3 设备管理
4.6 相关方关系	4.4 IT 技术应用
	4.4.1 IT 技术的普及
	4.4.2 应用 IT 技术提升工作效率
	4.5 技术与技改
	4.5.1 技能提升

续表

PEM（国标）	G-PEM
	4.5.2 现场技改
	4.6（利益相关方）
5 过程管理	5 价值创造过程
5.1 价值创造过程	5.1 班组生产管理（价值创造过程）
5.1.1 价值创造过程的识别	5.1.1 安健环基础管理
5.1.2 价值创造过程要求的确定	5.1.2 现场质量管理
5.1.3 价值创造过程的设计	5.1.3 生产运作管理
5.1.4 价值创造过程的实施	5.1.4 生产率提升
5.1.5 价值创造过程的改进	5.2 班组民主管理（价值支持过程）
5.2 支持过程	5.2.1 班组团队建设（和谐）
5.2.1 支持过程的识别与要求	5.2.2 员工参与班组管理
5.2.2 支持过程的设计	
5.2.3 支持过程的实施与改进	
6 测量、分析与改进	6 班组绩效的测量、分析与改进
6.1 测量与分析	6.1 班组绩效的测量与分析
6.1.1 绩效测量	6.1.1 班组绩效的测量
6.1.2 绩效分析	6.1.2 班组绩效的实施
6.2 信息和知识的管理	6.1.3 班组绩效的分析
6.2.1 数据和信息获取	6.2 信息和知识的管理
6.2.2 组织的知识管理	6.2.1 数据和信息获取
	6.2.2 知识分享与管理（知识的沉淀）
6.3 改进	6.3 持续改进
6.3.1 改进的管理	6.3.1 绩效的持续改进
6.3.2 改进方法的应用	6.3.2 改进方法的应用
7 经营结果	7 管理效果
7.1 顾客与市场的结果	7.1 产品与服务的结果
7.1.1 以顾客为中心的结果	7.2 经济效益（财务结果）
7.1.2 产品和服务结果	7.3 员工成长（资源结果）
7.1.3 市场结果	7.4 管理有效性的检验（过程的有效性）

续表

PEM（国标）	G-PEM
7.2 财务结果	7.5 班组管理与 G-PEM 改进
7.3 资源结果	
7.3.1 人力资源结果	
7.3.2 其他资源结果	
7.4 过程有效性结果	
7.5 组织的治理和社会责任结果	

2．中国式基层管理模式

改革开放后，中国的国企，尤其是央企非常重视基层管理模式的探索和管理成效的提升，先后出现了白国周"安全管理十八法"和王海的"五型班组管理法"。

"五型班组管理法"是由王海首创的。1978 年王海进入中国石油抚顺石化公司石油三厂分子筛车间当工人，1984 年起担任班组长。十几年的班组长生涯使王海深切感受到，要管理好一个班组必须有一套科学规范、情理交融的管理方法。最终，他总结出班组应该具备的五种基本形态，即技能型、效益型、管理型、创新型、和谐型。这五种形态既有所侧重，又融为一体，是不可分割的综合体系。最后，公司用王海的名字命名他所在的班组，在全公司推广他的管理经验。现在"五型班组管理法"已在全国推广，成为新时期中国班组管理的新模式。

经验分享 3-7　发扬五种精神，打造"五型班组"

我们班是中国石油抚顺石化公司石油三厂分子筛车间的一个运行班组。多年来，我们继承发扬工人阶级的优良传统，坚持科学规范的班组管理，立足岗位创新增效，多次攻克生产中的重大难题，年年高质量、高水平地完成生产任务。先后荣获"全国五一劳动奖状""全国职业道德建设百佳班组""中央企业学习型红旗班组标杆"和中国石油天然气集团公司"百面红旗"单位等荣誉称号，被中国石油天然气集团公司和辽宁省誉为"企业班组建设的一面旗帜"。总结 17 年的工作体会，我觉得发扬"五种精神"是我们打造"五型班组"，创造业绩的重要保证。

1．发扬忠诚企业，爱岗敬业的钻研精神，打造"技能型"班组

我们班操作的连续化液蜡生产装置是从美国 UOP 公司引进的，技术先进，工艺复杂。为了使全班员工特别是年轻员工都能尽快胜任岗位，确保装置安稳运行，我们以技能"过三关"为基础，立足本岗，勤学苦练，努力打造"技能型"班组。

"一岗精、两岗通、三岗清"是我们班提出的岗位技能胜任目标，每个新到岗位的同志都要在 3 个月内通过工艺流程、操作控制和事故预案"三关"，否则要离岗再培训。为此，我们狠抓技术培训、岗位练兵，制作了练兵卡片，随时抽考；定期组织技术练兵活动，考核成绩与奖金挂钩；还推出重要生产岗位人员由班长负责推荐人选，全班成员打分，车间进行理论与实际双重考核制的做法。现在，我们班有 3 人胜任全部 11 个岗位，9 人具备三岗以上技能。12 年间，先后调出我班的 78 人中，有 20 多名技术状元、10 名班组长、40 多名技术骨干。

上岗"三关"考核合格后我们根据装置操作环节多、数据多、控制难点多的实际，采取单兵教练与集体练兵相结合、一岗一练与轮岗轮训相结合、一事一训与干啥学啥相结合、一日一题与点将台相结合等灵活多样的练兵形式，并将培训和考核成绩直接装进为每名员工建立的个人技术档案。

2. 发扬勇往直前，敢超一流的进取精神，打造"效益型"班组

为了降低生产成本，我们总结了一套"四勤优化操作法"：一是勤观察。在生产中密切注意仪表指示和实际参数的变化，不放过任何一个细微变化，做出稳妥正确的判断。二是勤调整。在温度、压力和进料量之间找到平衡点，在保证合格率的前提下力求高收率，进而求得平稳率。三是勤分析。对生产过程中的各种操作条件和参数进行细心观察体会，通过分析找出影响操作的症结所在。四是勤总结。总结一些规律性的东西，从理论上弄懂弄通，并学会举一反三。通过"四勤操作法"，我们始终使装置处在生产运行的最佳状态，每年增效 72 万元。

2005 年，分子筛脱蜡二套装置成为开发先进控制技术的实验装置，要求操作者具备较高的文化水平和过硬的操作技能。面对新的挑战，全班成员刻苦努力，充分发挥自身技能好的优势，取得了成功。到 2005 年年末，装置的加工损失率同比下降 17.39 个百分点。在原料加工量同比增加 5 万吨的情况下，水、电、汽、风等能耗指标均明显下降。我们还及时消化了美国 UOP 专利技术，结合车间生产工艺条件，向车间提出将蒸汽伴热改为热水伴热的新工艺，每年节约蒸汽 3 700余吨，节省资金 28 万元。

3. 发扬严字当头，精益求精的实干精神，打造"管理型"班组

作为班长，我一贯坚持严格管理、民主管理，"纪律不过关，别进王海班"。班长管班组不能靠权力，更多的是靠人格魅力，"喊破嗓子，不如做出样子"。我对自己事事处处高标准、严要求。入厂 25 年，我没有因私事缺过一次勤，误过一个班，各项工作都走在前头。

在石化企业，安全是头等大事。我们在实践中总结出了一套"安全生产管理法"："技术得过硬，流程原理通，预案常学习，安全有保证。"为了落实中国石油天然气集团公司生产受控管理规定，我们又总结出了班组生产精细受控操作"三步十二法"，即"事前操作六明确、事中操作三确认、事后操作三到位"，保证了操作行为严格受控。长期以来，我们坚持"事故剖析法"，运用同行业中出现的事故案例，把班组成员聚集到一起，对事故原因、处理过程、原理、问题与不足等进行深入剖析，提高应急处理能力。

在操作上，我们要求每个操作员"只认规程不认人"，严格执行不走样。在工艺指标管理上，建立了班组内部工艺控制指标和《班组生产变更监控汇报管理制度》，严格按照程序组织生产。

在管理上，我们建立了一套百分制考核法，把静态管理贯穿到班组的动态考核之中，即以车间下达的各项指标为依据，以企业各项规章制度为准绳，以班组日常工作为基础，以安全生产、完成指标、劳动纪律、工作表现4个方面为主要内容，按百分制的方式对班组成员进行考核，逐月公开考核评分，以得分多少计发奖金。这套方法使班组各项工作有据可查、每件事情有章可循、处理问题有据可凭，员工心服口服。

4. 发扬勇于超越，追求卓越的开拓精神，打造"创新型"班组

分子筛脱蜡装置工艺操作难度非常高，温度控制过高，就会影响产品收率；温度控制过低就会影响产品质量。为了解决这个难题，我们班组成员细心观察每一次生产调整所产生的细微变化，寻找装置运行规律，经过近一年的摸索与实践，总结出了控制产品产量、质量、收率3个99%的优化参数，分子筛装置也成为全国同类装置生产的排头兵。第二套分子筛装置开工时，我们根据多年的操作经验，大胆提出了6个单元同时进行的"倒开车"构想，并与专业技术人员共同研究、严格论证，保证了开工的圆满成功，又使装置开车时间由90天缩短到38天，降低生产成本150多万元。又提出调整装置原设计塔板温度控制指标的建议，使装置收率提高了2个百分点，年增效2 000万元。

5. 发扬团结友爱，互助共进的团队精神，打造"和谐型"班组

最优秀的企业都具有最先进的企业文化。我们班组在日常管理中十分注意将以人为本的理念落到实处，用"心"交流感情。通过"学习、自律、互助、快乐"的思想政治工作法，有效地凝聚了人心，用"家"凝聚了力量。在我们全班组员工心中，班组就是家。一人有难，大家互助已成为班风。一名青年员工患了癌症，全班同志轮流利用业余时间去护理。在他去世后，班组拿出公司发的2 000元奖金帮他母亲为儿子料理后事，使班组成为情理交融的职工小家。

各位领导，同志们，我们只是全国数以百万计的基层班组中的普通一班，我们只是努力把一个班组的日常工作做得更好，组织上却给予我们那么高的荣誉！

这是对我们的鼓励和鞭策。我们要认真学习兄弟班组的宝贵经验，按照现代企业、现代班组建设的要求，不断创新、发展，为中国石油再创辉煌，为东北老工业基地振兴做出新的、更大的贡献！

（摘自 2010 年全国班组建设会议上王海的发言稿）

➔本章小结

在经济转型的大背景下，市场竞争越来越激烈，对于企业各级管理者的要求也越来越高。班组长强，则企业强！班组长要想跟上时代的发展，必须逼迫自己不断进取！从自身的发展来讲，要加强自身的学习与成长。要善于与人打交道，要喜欢思考管理问题。技术上要做技术高手，跟上时代进步。最终使自己成长为懂管理、善管理的技术与管理相结合的复合型人才。

↘思考与实践

1. 如何突破纯技术人才的束缚？
2. 如何培养喜欢思考管理问题的习惯？
3. 如何理解工匠精神？在日常工作中应如何做？
4. 你能够把工作问题当课题吗？如何才能做好呢？
5. 如何在工作中践行终身学习？
6. 如何才能使自己的技能不落伍？
7. 如何积累自己的管理经验？
8. 谈谈自己是如何在工作中做到管理的知行合一的。
9. 如何形成自己的管理方法？
10. 你有哪些成功的管理经验与他人分享？

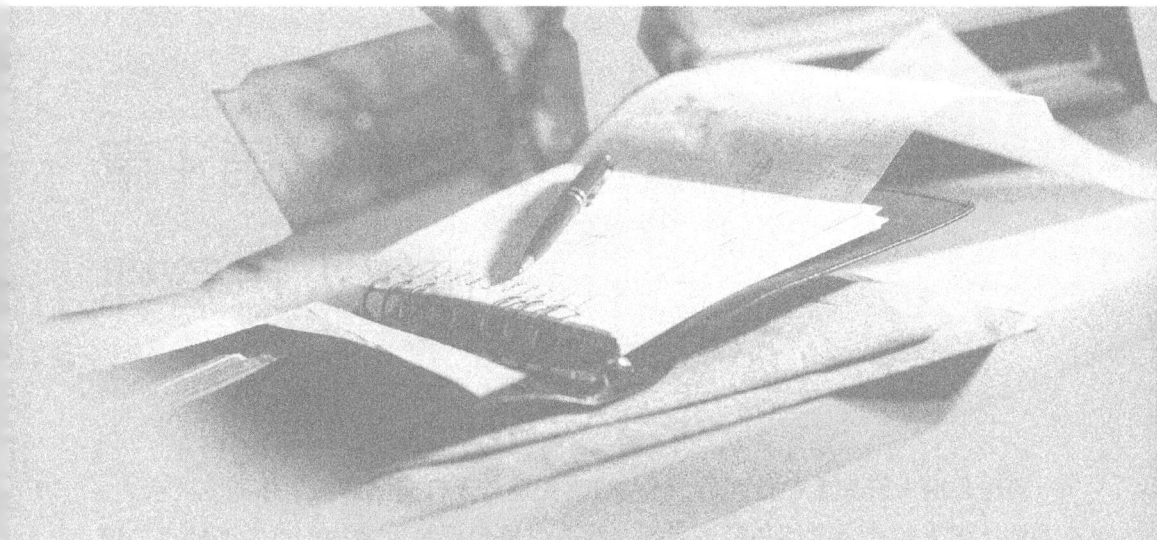

中　篇

把员工带起来

┃▶ 第4章

班组人员管理

班组长跨入管理者的行列后，最大的改变是与人打交道成为工作的主要形式。正确地认识人的社会属性和经济属性，深入了解自己带领的每位员工的特点，培养自己与人交往的能力，成为班组长做好人员管理的前提条件。

4.1 对人的正确认识

4.1.1 人的能动性和可塑性

人与人物质上的差异很容易被察觉，但主观能动性的差异很难被察觉。而主观能动性的差异才是最大的差异，才是其他差异的根源。一名员工如果自己不想努力工作，别人是很难让他进步的，只有

> **理念** 每个人都是世上唯一的生灵，与任何人都不一样

他点燃了自己内心深处的发动机，才能进步，才能取得成绩。班组长作为基层管理者更是如此，有了动力，变化会非常惊人。人的可塑性很大，当自己想做出改变时，一定能改变自己的命运。

📝 经验分享 4-1 爱和信念的力量

出生于 1969 年的国际著名激励大师约翰·库提斯刚出生就有严重的身体残疾，下肢瘫痪并做了截肢手术。刚生下来时，医生对他的父母说他活不过一周；过了一周，医生又说他活不过一个月；过了一个月，医生又说他活不过一年。然而他父母并没有放弃，只是更加悉心地照料他。周围有不少小孩嘲笑他是"怪物"，10 岁那年他被一群同班的小学生捆起来扔进了点燃的垃圾桶，差点送命，后来幸亏被一位老师发现并救了出来。更有一些同学恶作剧，在他的课桌周围撒满图钉。

生活中的遭遇曾让他一度想自杀，后被父母劝阻。

母亲对他说："你是世上最可爱的孩子，是爸爸妈妈的骄傲。"父亲告诉他："人是为责任而活着的，即使身体上有残缺，也可以创造一番事业。"

在父母爱的力量的鼓舞下，他以超人的毅力生活、学习，始终以积极的心态面对人生。面对那些在他成长过程中歧视、敌视他的人，他每天都像战士一样，时刻鼓励自己坚持下去。

他认为，生活中的冠军远比体育中的冠军光荣。真正的富有不是银行里存折上数字的多少，而是身体的健康、家庭的幸福。一个人必须给自己设立目标，并朝着目标不断向前，不要自暴自弃，不要被眼前的困难吓倒，在没有采取行动之前，不要对自己说"不可能"。

在坚强的意志和不懈的努力拼搏下，库提斯取得了即使健全人都难以企及的成就：他没有腿，却从不依靠轮椅生活，靠双手、自信为自己、周围的人撑起了一片艳阳天。

库提斯的人生经历如下。

1988 年 9 月：自己打工赚钱买了人生中第一辆车。

1992—1994 年：连续 3 年获得澳大利亚残疾人乒乓球冠军，世界排名 13。

1994 年：接受南非总统曼德拉的接见。

1996 年：开始学习举重，最佳比赛成绩为 125 kg。

2000 年：获得澳大利亚体育机构奖学金。

2000 年：获得澳大利亚全国健康举重比赛第 2 名。

2000 年：获得板球、橄榄球二级教练证书。

2001 年至今：全世界巡回演讲，已走过 190 多个国家，做了 800 多场演讲，激励着 200 多万人奋勇向前。

⊃【点评】

从库提斯的经历不难看出，人与人之间的差距其实源于每个人选择了怎样的生活态度，养成了如何看待困难的思维习惯，消极的心态和思维习惯会让一个健全人逐渐走向平庸和没落，而积极的心态和思维习惯则会让枯木开花。

无独有偶，2011 年度"感动中国"十大人物之一的无臂钢琴师刘伟拥有和库缇斯类似的经历，他同样依靠信念和行动创造了非凡的成就。这些事例将给班组长深刻的启迪。

4.1.2 人的需求

人的自然属性是指人性的天然特征，不分国别地域、不分年龄性别和文化背景，是人具有的共同特征，是不以人的意志为转移的性格特征。这方面的理论研究很多，最典型的当数马斯洛需求层次理论，了解和掌握员工不同阶段的不同层次需求，对班组长做好人员管理尤为重要。

1. 马斯洛需求层次理论

马斯洛认为，人类的需求遵循一定的客观规律，这个客观规律从低到高依次排列，分别是生理需求、安全需求、社交（情感）需求、尊重需求和自我实现的需求 5 个层次，如图 4-1 所示。只有低层的需求得到满足后，人才会产生高一层级的需求，就像上楼梯，只有上到了一楼才能继续上到二楼，遵循这个规律，我们就可以分析一个人的当前紧迫需求，制定有针对性的激励措施，达到事半功倍的效果。

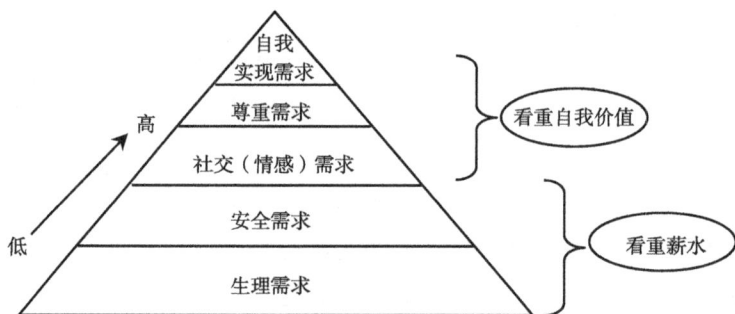

图 4-1　马斯洛需求层次理论

（1）第一层次的生理需求。这是人类维持自身生存的最基本要求，包括衣、食、住、行等方面的生理要求。如果这些生理需要得不到满足，人的生存就成了问题。从这个意义上讲，生理需求是推动人们行动的最强大、最原始的动力，这种动力是不需要激发的，是人自然而然的下意识自发行为。就班组而言，大部分员工可能是以生理上的需求为重，更加看重的是工资待遇、吃饭是否便利、能否保证基本的营养、住宿条件是否基本满足等，如果连这些基本要求都不能满足，其他的长远激励很难产生管理效益。

（2）第二层次的安全需求。这是人类要求保障自身安全、摆脱失业和丧失财产威胁、避免职业病的侵袭、远离严酷的监督等方面的需要。马斯洛认为，人作为有机体具有一个追求安全的机制，当人的衣食住行等基本生理需求得到满足后，人会自然而然地追求安全需求，这时，管理者就要考虑帮助员工建立基本的安全保障，如就业合同的签订和执行、危险工种的防护培训和购买人身意外伤害保险，使员工切实感受到安全，让员工没有后顾之忧。

（3）第三层次的社交（情感）需求。这一层次的需求包括两个方面的内容。一是友爱的需要，即人人都需要伙伴之间、同事之间关系融洽或保持友谊和忠诚；人人都希望得到爱情，希望爱别人，也渴望接受别人的爱。二是归属的需要，即人都有一种归属于一个群体的需求，希望成为群体中的一员，并相互关心和照顾。

生理和安全需求得到满足后，员工的社交（情感）需求就会变为班组管理的主要内容，班组长应当营造良好的团队氛围，为适龄员工创造同性、异性之间交往的机会，从人性的本能出发，引导并满足不同员工的社交（情感）需求，如定期联络上级组织开展员工联谊会、运动会等，既活跃了气氛，增强了凝聚力，又自然而然地为员工之间的交往创造了机会。

（4）第四层次的尊重需求。人人都希望自己有稳定的社会地位，要求个人的能力和成就得到社会的承认。尊重需求又可分为内部尊重需求和外部尊重需求。内部尊重需求是指一个人希望在各种不同情境中有实力、能胜任、充满信心、能独立自主。总之，内部尊重需求就是满足人的自尊。外部尊重需求是指一个人希望有地位、有威信，受到别人的尊重、信赖和高度评价。

中国改革开放 40 多年加之长期的独生子女政策，使得"90 后""00 后"与以往的前辈拥有几乎完全不同的成长环境和人生阅历，他们更加强调自我、更加有个性，由于从小到大祖辈、父辈的呵护有加，他们对尊重的需求更加强烈，作为班组长一定要清醒地认识到中国的现实国情，对待"90 后""00 后"的员工，尤其是家境不错的员工，要更多地用心，要花更多的时间，耐心地成为他们的朋友，如果班组长本人也是"90 后""00 后"，那就要将心比心，用更开放的心态对待他们。从这个角度出发，可能他们的需求排位是尊重需求、社交（情感）需求要先于生理和安全的需求，这是中国的特定国情决定的，是马斯洛需求层次理论的理论结合实际的应用。

（5）第五层次的自我实现需求。这是最高层次的需求，它是指实现个人理想、抱负，发挥个人的能力到最大限度，完成与自己的能力相称的一切事情的需要。就班组管理而言，就是要让员工有成就感，让员工在工作中不断进步，不断挑战自我，员工在不断挑战自我的过程中完成对过往目标的不断超越，从而增强工作的自信，而工作的自信会反过来增强生活的自信。班组长可以为班组成员设定具有挑战性的、恰当的目标，通过各种途径让员工理解工作目标不仅对工作，更对生活和人生都具有激励和帮助作用。如此良性循环，员工绩效不断提升，班组绩效自然提升，公司目标自然实现，一个优秀的班组长就能成就公司、员工和自己的三赢。

2．马斯洛需求层次理论在管理中的运用

马斯洛需求层次理论揭示了人类在社会环境中的价值取向，为班组长进行班组人员管理奠定了理论基础。需要说明的是，马斯洛需求层次理论必须活学活用，才能发挥最大效用。表 4-1 说明了不同需求层次相对应的管理措施。

表 4-1　不同需求层次相对应的管理措施

需求层次	核心需求	相对应的管理措施
生理需求	工资、健康的工作环境、福利；恋爱、家人团聚	完善工资、医疗保障制度和作息休假制度、健康福利机制，创造婚恋机会，逐步改善家人团聚政策
安全需求	工作保障和收入稳定性、意外事故防范	就业合同管理，职业技能提升培训，提供意外伤害保险，安全技能培训，健全安全事故管理机制和制度
社交（情感）需求	良好的人际关系、团队归属感、组织外的社交活动和时间	组织各种企业文化活动，鼓励并带动所有人员参与，在班组内部创建并形成同企业文化一致的班组氛围
尊重需求	公平对待、公司与上级的认同和表扬、升迁机会、适时加薪、赋予重任	令员工参与绩效管理和考核，定期表扬，完善工资奖金及晋升机制，鼓励员工承担责任
自我实现需求	工作成就、职业发展、有挑战性的工作、个人目标的逐步实现	健全决策参与制度，帮助员工进行职业规划并协助实施，设定有挑战性的工作目标，鼓励挑战

✎ **管理寓言 4-1　兔王的激励机制**

南山坡住着一群兔子。在兔王的精心管理下，兔子们过着丰衣足食、其乐融融的日子。可是最近一段时间，外出寻找食物的兔子带回来的食物越来越少。这是为什么呢？兔王发现，原来是一部分兔子在偷懒。那些偷懒的兔子不仅自己怠工，对其他的兔子也造成了消极的影响。那些不偷懒的兔子也认为，既然干多干少一个样，那还干个什么劲呢？也一个一个跟着偷起懒来。于是，兔王决心要改变这种状况，宣布谁表现好谁就可以得到他特别奖励的胡萝卜。

一只小灰兔得到了兔王奖励的第一根胡萝卜，这件事在整个兔群中激起了轩然大波。兔王没想到反响如此强烈，而且居然效果适得其反。有几只老兔子前来找他谈话，数落小灰兔的种种不是，质问兔王凭什么奖励小灰兔。兔王说："我认为小灰兔的工作表现不错。如果你们也能积极表现，自然也会得到奖励。"

于是，兔子们发现了获取奖励的秘诀。几乎所有的兔子都认为，只要善于在兔王面前表现自己，就能得到奖励的胡萝卜。那些老实的兔子因为不善于表现，总是吃闷亏。于是，日久天长，在兔群中竟然盛行起一种变脸式（当面一套，背后一套）的工作作风。许多兔子都在想方设法地讨兔王的欢心，甚至不惜弄虚作假。兔子们勤劳朴实的优良传统遭到了严重打击。

为了改革兔子们弄虚作假的弊端，兔王在老兔子们的帮助下，制定了一套有据可依的奖励办法。这个办法规定，兔子们采集回来的食物必须经过验收，然后可以按照完成的数量得到奖励。

一时之间，兔子们的工作效率大大提升，食物的库存量大大提高。

可是兔王没有得意多久，兔子们的工作效率在盛极一时之后，很快就陷入了每况愈下的困境。兔王感到奇怪，仔细一调查，原来在兔群附近的食物源早已被过度开采，却没有谁愿意主动去寻找新的食物源。

有一只长耳兔指责他唯数量论，助长了一种短期行为的功利主义思想，不利于培养那些真正有益于兔群长期发展的行为动机。兔王觉得长耳兔说得很有道理，他开始若有所思。有一天，小灰兔素素没能完成当天的任务，他的好朋友都都主动把自己采集的蘑菇送给了他。兔王听说了这件事，对都都助人为乐的品德非常赞赏。

过了两天，兔王在仓库门口刚好碰到了都都，一高兴就给了都都双倍的奖励。此例一开，变脸游戏又重新风行起来。大家都变着法子讨好兔王，不会讨好的就找到兔王吵闹，弄得兔王坐卧不宁、烦躁不安。有的说："凭什么我干得多，得到的奖励却比都都少？"有的说："我这一次干得多，得到的却比上一次少，这也太不公平了吧？"

时间一长，这种情况愈演愈烈，如果没有高额的奖励，谁也不愿意去劳动。可是，如果没有人工作，大家的食物从哪里来呢？兔王万般无奈，宣布凡是愿意为兔群做贡献的志愿者，可以立即领到一大筐胡萝卜。布告一出，报名应征者好不踊跃。兔王心想，重赏之下，果然有勇夫。

谁也没有料到，那些报名的兔子居然没有一个如期完成任务。兔王气急败坏，跑去责备他们。他们异口同声地说："这不能怨我呀，兔王。既然胡萝卜已经到手，谁还有心思去干活呢？"

⊃【点评】

在人力资源管理中，胡萝卜是什么意思呢？就是能激励员工努力完成工作任务的方法和方式。从这个意义上讲，能起到激励作用的任何方法方式都可以是胡萝卜。胡萝卜有许多种类，并不仅限于现金。作为管理者要懂得善用胡萝卜，否则使用不当，胡萝卜也会失去激励作用。对一个极度饥饿的人来说，给他第一碗饭吃是救命；第二碗饭是满足；第三碗饭则是毒药。等到他吃第三碗饭时，饭的价值对于他而言，已经完全发生了变化，他哪里还能体味"粒粒皆辛苦"的意义呢？同样的道理，兔王的胡萝卜不仅没能起到激励的作用，反而使得兔子们一个个变得骄奢淫逸起来。所以，作为管理者，应该先弄懂胡萝卜的含义，否则，不仅无法激励员工们努力工作，反而会惹出许多麻烦。

根据马斯洛的需求层次理论，只有满足一个人的需求的给予，才能成为对他的激励因素。而员工的需求等级和马斯洛需求层次理论在结构形式上是一样的。这种结构形式基于三个基本假设：第一，人要生存，他的需求能够影响他的行为，只有未满足的需求才有激励的作用，已经满足了的需求不能继续充当激励工具；第二，人的需求按重要性排成一定的次序，形成层次性的结构；第三，当人的某一级需求得到最低限度的满足后，才会追求更高一级的需求，如此逐级上升，成为推动人继续努力的内在动力。

管理者除了用现金的方式来激励员工，更要懂得运用其他不花钱的胡萝卜来进行激励。比如，在工作现场当面表扬和夸奖员工；对员工的生活表示关怀；让工作充满挑战性；颁发奖状；和员工共进午餐；给员工自己制定工作目标的机会；鼓励员工之间的竞争……

《三略》云："夫用兵之要，在崇礼而重禄。礼崇则智士至，禄重则义士轻死。"崇礼与重禄，其实就是胡萝卜政策的两大类别。

公司或一个团队的管理者需要通过员工的进取去实现经营目标。然而，如果没有激励，员工的士气就无法振作，管理者的目标就无从实现。因此，在以人为本的企业文化中，胡萝卜几乎无处不在，并且表现为各种赏心悦目的形式，令人热血沸腾。

由此可见，胡萝卜政策是"古已有之，于今为烈"。同样，你也需要一些胡萝卜来营造一种积极的团队文化，包括那些不花钱的胡萝卜。

在管理世界之中，胡萝卜的游戏无处不在。所见、所得或运用之妙，完全存乎一心。

4.1.3　人的性格差异

在现实中，有的人性格刚强，说话直率，很容易得罪人；有的人则很会沟通，巧舌如簧；有的人处事原则性强，做事中规中矩；有的人则大大咧咧，不拘小节。人和人之间会有这么大的差异，是因为不同的人拥有不同的性格特征，认识和了解不同人的性格特征是班组长做好班组管理的另一个法宝。

1. 人的五种性格特质

（1）开创型性格。这种性格的人敢于冒险，勇于开拓，常以老虎为其代表符号，其个性特征与行为风格见表4-2。

表4-2　老虎的个性特征与行为风格

个性特征	自信、直接、敢冒险、勇敢、缺乏耐心
行为风格	相对自信，愿意并积极挑战高难度和高风险任务，说话一般直截了当，讨厌拐弯抹角，喜好用命令的口吻和人讲话，不喜欢被管教，在工作过程中不喜欢被过多"监控"，缺乏耐心
管理措施建议	直截了当地沟通，给予挑战性任务，只要可能，尽量实施结果控制，高风险高激励

（2）表演型性格。这种性格的人善于表现，好为人师，常以孔雀为其代表符号，其个性特征与行为风格见表4-3。

表4-3　孔雀的个性特征与行为风格

个性特征	开朗活泼、口齿伶俐、喜好自我表现、有创意
行为风格	注意个人形象，喜欢并善于用最通俗的语言表达观点，喜欢成为别人关注的焦点，喜欢交朋友，最不能接受当众遭到责难和批评
管理措施建议	多发现其优点和成绩，给予当众表扬，避免当众批评，给予其主持集体活动的机会

（3）温和型性格。这种性格的人为人温和，比较顺从，常以绵羊为其代表符号，其个性特征与行为风格见表4-4。

表 4-4　绵羊的个性特征与行为风格

个性特征	敦厚、温顺、逆来顺受、慢节奏、有耐心
行为风格	对人温和，能站在对方角度思考问题，能长时间从事机械性、重复性工作，喜欢稳定、和谐的工作环境，重视人际关系
管理措施建议	创造稳定的工作环境和良好氛围，多关心该类员工的生活和工作，对待他们要有耐心，轻易不要严厉批评

（4）专家型性格。这种性格的人比较挑剔、乐于钻研，常以猫头鹰为其代表符号，其个性特征与行为风格见表 4-5。

表 4-5　猫头鹰的个性特征与行为风格

个性特征	认真、严谨、有计划、精确、循规蹈矩、追求品质
行为风格	凡事追求计划性，生活和工作讲究品质，对变通性和不确定性任务较不适应，较真
管理措施建议	分配任务时给予明确的说明，让其从事对精确度和品质要求高的工作

（5）混合型性格。这种性格的人兼顾了上述四种性格特质，为人周全、处事圆滑，常以变色龙为其代表符号，其个性特征与行为风格见表 4-6。

表 4-6　变色龙的个性特征与行为风格

个性特征	变通性强、适应环境快、处事圆滑
行为与沟通风格	能根据外部变化调整自己的状态，较快适应不同环境，在团队中一般是"润滑剂"，配合度、协调度较高
管理措施建议	较好管理，分配其充当团队纠纷的协调员定能胜任

2. 性格特质说明

（1）性格特质的组合。很多人的性格都是开创型、表演型、温和型、专家型性格特质的排列组合，生活中当我们说某人是专家型（猫头鹰）时，其实是指一个人性格中最突出的那一部分。比如，一个人最突出的是开创型特质，并不代表这个人就不具有表演性，也不代表此人就不具有严谨性。当一个人的开创型特质特别突出时，其他特质如表演性、严谨性就表现得不如开创性明显。在自然条件下人们面对外部事物时，第一反应是性格特质中最突出的一项，随后是排在第二、第三位的特质。当一个人的几个特质均不明显时，就会呈现混合型的变色龙特质。

在西方国家，一般以前四种特质为主，人们的个性都比较鲜明，如德国人是典型的老虎加猫头鹰特质，美国人则是孔雀特质最为明显，日本人的猫头鹰特质最为突出。中国人由于受中庸文化思想的影响，变色龙特质较多，大约占人群中的30%。

（2）性格特质无优劣。有句话叫"360行，行行出状元"，讲的是不管做什么都可以做出非凡的成就，而这"360行"其实就是指社会上各种各样的工作类型，不同的工作类型恰恰需要不同性格的任职者来匹配，才能做到绩效最大化。在一个组织和团队中，更是哪种性格的人都需要。比如，开创型的人适合从事新市场的开发、做高难度的攻坚项目带头人；表演型的人适合做培训等激励性工作；温和型的人适合做售后服务和行政支持工作；专家型的人适合从事会计、产品设计、品质管理工作；混合型的人做行政管理、公关、人事工作最为合适。有这种全面岗位配置的企业，在性格胜任力上无疑是最具竞争力的。

性格本身没有优劣之分，关键是如何发现并运用自己和下属的性格特质。

⋰⋰ 案例 4-1　性格搭配

香港某连锁商行在内地快速扩张的过程中出现了一些问题：该商行的政策是谁打下的地盘归谁经营，在这一政策影响下，广东地区迅速发展起30多家连锁店，业绩一片大好，顾客络绎不绝。但三个月后进行盘点，发现大部分店竟然出现亏损，这些亏损店的账务也是一塌糊涂。总公司很是纳闷，各店店长都是王牌中的王牌，个个是销售高手，顾客也非常多，怎么可能出现亏损？

分析原因发现，这些店虽然销售都不错，但大多账务错乱，由于没有及时登录账目和进行库存管理，各店都不同程度地出现了偷盗现象，属于管理不善导致。总公司请专业公司对各店店长进行性格分析，发现大部分亏损店的店长都是业务优异的开创型和表演型，这类人擅长攻城拔寨，而不擅长守城经营。根据这一结果，总公司调整政策导向，让这一部分人员专门去负责开发新市场，因为他们善于攻坚、喜欢挑战，同时委派温和型和专家型的人员负责新开店面的经营。公司的业绩从此步入正轨，每个员工从事的都是与自己性格特质匹配的工作，结果皆大欢喜。

➲【点评】

从本案例可以看出，人的个性特长没有优劣之分，尺有所短，寸有所长，关键是发现员工的性格特质，尽量让员工的性格特质和其工作性质相匹配。这是团队高绩效的有力保证。

（3）性格特质不易改变。俗话说"江山易改，本性难移"，指的就是人的性格一旦形成，很难改变。一个人天赋本我的性格特质确实很难改变，尤其当人年纪大了以后更是如此。但我们在工作当中往往会碰到许多现实的问题，尤其是就业压力，许多人往往不得不从事自己并不熟悉、不擅长的工作。有时从事不擅长的工作还得快速产出绩效，否则就无法通过各种考核。如何平衡性格特质与工作要求的不匹配，使自己和员工快速适应工作，成为当今管理者的必修课。

📝 经验分享 4-2　改变习惯，调整性格

研究和现实情况表明，人的天赋、个性在遇到突如其来的重大变故时往往会发生重大变化，但并非每个人都会遇到这种变故，况且遇到这种变故也不见得是好事。

（1）人的天赋、个性经过训练是可以局部调整的，年龄越小越好调整，年龄越大越难改变，而且必须系统训练至少两年才有可能改变成功。

（2）如果需要调整，应该把调整的重点放在改变行为习惯，而不是改变性格上，因为工作是靠行为完成的，而支配行为的往往是一个人的行为习惯。因此，当你把改变重点放在行为习惯上时，会大大减轻自己的压力，会更容易改变成功。

（3）在工作中做好调整，不要强迫自己在生活中也调整，改变行为习惯同样是一件痛苦的事情，工作中不得已改变是没有办法，生活中还是坚持自己的本色，这样劳逸结合既坚持了自我，又达到了在工作中改变行为习惯的目的。

（4）给自己寻找一个改变的理由，一个不得不变的理由，一个激励自己愿意改变的理由。

（5）制订并执行改变计划，营造改变氛围。

◆◆ 案例 4-2　质检科长的烦恼

陈兵是某企业的质检科长，在企业快速发展的过程中带领企业质检团队严把质量关，深得上级领导器重，但也因此和生产部门经常发生矛盾，尤其和生产副总、几位车间主任经常因为质量问题闹得不可开交。由于陈兵性格耿直，不善表达，本来好好沟通能解决的问题，往往会因为语言不当而令"战争"升级。几个月下来，陈兵逐渐消沉，精疲力竭，成天看不到笑脸，甚至把一张"阴脸"带回家中，跟妻儿的沟通也是一根筋拗到底，使得家人都没法开心。陈兵想到了辞职，想着换个环境也许能好点。

事情发展到这一步，我们可以替陈兵分析一下，辞职是否能解决根本问题？很显然不能！换个单位如果再碰上类似问题，仍然以辞职解决吗？问题的症结在于，陈兵和生产部门的冲突不是原则性冲突，生产和质检对立本来就很正常，这就如同刹车和油门的对立，关键是陈兵作为质检科长在履行跨部门管理职责时所需的沟通技能严重不足，他的口头禅是"我天生就是这样的"，从这里我们不难看出陈兵个性中欠缺表演特质（开朗、沟通和变通）。

针对这种情况，企业领导找陈兵做了深入分析，使其认识到自己性格的特质，提出性格本身并无优劣，关键是要不要做出改变，很显然，陈兵想变，但性格能变吗，又该怎么变呢？

经过共同探讨，陈兵列出自己的改变计划如下。

（1）改变理由：对工作——不做改变则个人职业难以发展，当前的性格特质做检验员可以，做管理者不行；对家庭——家人需要一个阳光开朗的丈夫和父亲，良好的家庭氛围是孩子健康成长的保证。

（2）改什么：改习惯，练习微笑待人的习惯；练沟通，学习良好的沟通技能。

（3）怎么改：把改变内容写到几张卡片上，床头一张，办公桌上一张，口袋里 2～3 张，总之，凡是工作、生活经常接触的地方都放上卡片，随时随地看到改变的内容，提醒自己随时矫正自己的行为，同时订阅语言类杂志，观看沟通类课程和节目。

（4）营造氛围：上级领导帮助陈兵在企业内公开宣布改变计划，要求大家监督配合陈兵改变。

⊃【点评】

该案例是 2018 年某企业的真实案例，经过三年左右的磨砺，现在的陈兵已经是该企业的品质总监，原来的极端个性也已经不复存在，代之以沉稳、坚持原则和灵活变通的综合性格特质。

当我们把改变重点放到行为习惯而不是性格上时，人更容易做出改变。现实和实践证明，不管是谁，都需要根据环境和需求的不同适时调整自己以适应外部环境，唯有如此，人才能进步。只要把这个问题想明白，改变就只是个方法问题了，相信班组长会有更好的方法。

4.2 深入了解员工

4.2.1 正确认识自己

有自知之明和知人善任是对班组长做好基层管理者最基本的要求。

班组管理的一项基本功就是充分了解班组每一位员工包括班组长自己的基本情况。班组长可以用表4-7进行个人性格特质自测。

> 理念 越了解员工，越能用好员工

表4-7 个人性格特质自测

特质名称	主要特质描述	特质表现强度				
开创型（老虎）	喜欢冒险、挑战，说话直接，容易得罪人，性子急、好冲动，不太关注细节	5	4	3	2	1
表演型（孔雀）	喜好自我表现，注意外在形象，说话委婉，口才好，喜好热闹，不太关注细节，对公开批评很敏感	5	4	3	2	1
温和型（绵羊）	敦厚、温顺，性格柔和，慢条斯理，喜静不喜动，非常注意人际关系，逆来顺受，喜好稳定的工作	5	4	3	2	1
专家型（猫头鹰）	凡事注重规矩，比较关注细节，容易忽视大方向，执拗，坚持原则，轻易不愿冒险	5	4	3	2	1
综合描述						

说明：

测试者根据上面的特质描述，逐项给自己打分，特质表现非常强打5分，较强打4分，一般打3分，不强打2分，很不强打1分，依次对自己的4项性格特质打分，其中最高分的1个或者2个就是自己表现最突出的性格特质，如果4项特质分数均在2~4分，且两项或以上特质为3分，则可以判定为混合型特质，但最突出的单项特质仍然要看分数高的选项。

了解了自己的性格特质，就基本了解了自己的行为风格，也就知道了自己的管理风格。任何一种管理风格都有优势也有不足，班组长要做的就是取长补短，把自己的管理风格坦诚地和班组内的员工交流，让员工了解自己的行为风格，求得理解，同时就自己容易出现问题的方面寻求班组内其他员工的配合，一方面弥补了自己的不足，另一方面又鼓励了员工参与管理，拉近了距离，强化了团队之间的合作。

4.2.2 充分了解员工

1．了解员工的需求

俗话说："士为知己者死，女为悦己者容。"这句话充分说明了做到"知"和"悦"能起到多大的激励作用。这里的"知"可以理解为了解、理解，"悦"可以理解为欣赏、仰慕。作为班组长，如果对班组员工能做到"知"和"悦"，相信管理将不再是一件难事。充分了解员工的基本需求的终极目的是做到对员工的"知"和"悦"。

2．了解员工的其他状况

（1）了解员工的出身、学历、工作经验、家庭背景以及成长经历、兴趣、专长等。这对班组长而言是相当重要的，如果连这些最起码的情况都不知道，那就根本不够资格当班组长。了解这些基本信息的目的在于分析确定员工的思想动态、职业发展取向、动力源泉、价值观、理想、信念等。班组长只有了解了这些基本情况，才能有针对性地制订员工的个人发展辅助计划、工作安排计划。

（2）了解员工当前最迫切的需求。如某员工当前最迫切的需求是房子，那班组长就很清楚他急需赚钱，就明白该员工对于加班或者高难度工作是愿意尝试的，班组长就可以有针对性地给予他加班的机会；如果某个员工烦恼的原因是父母不断催促他结婚，可是这个员工连女朋友也没有，这时班组长就知道想方设法促成该员工谈恋爱是对该员工最大的激励。如果班组长能在员工这些最迫切的需求上把准脉搏，员工一定会视班组长为良师益友，怎能不投桃报李，服从指挥？真正做到这一点，班组管理绩效将超乎班组长的想象。

（3）了解员工的基本家庭情况，如父母、配偶、子女以及兄弟姐妹的基本情况。特别留意那些亲属身体有疾病、家庭矛盾突出或者孩子年龄小父母又不在身边的员工，这些家庭事务一定会牵扯员工很大的精力，班组长对于这类员工要适时给予引导，使员工客观理性地认知这些事情，必要时提供一些解决问题的参考意见和方法，适时关心员工对这些事情的处理情况，员工会倍感温暖，把班组长引为知己。

关心员工要从平时的点点滴滴做起，发自内心地关心每个员工的饮食起居，像大哥哥大姐姐般照顾他们、要求他们，他们会很愿意服从班组长的指挥。切记，虚情假意会适得其反。

（4）了解员工的职业发展方向。班组长可以把班组发展规划和员工的职业发展方向尽可能结合起来，实现公司和员工的发展双赢。

经验分享 4-3 相互理解，实现共赢

小张是车间多年的老员工，车间的 3 号、4 号机床除了小张，其他人均操作不了。一次偶然的机会，班组长杨华了解到小张可能两年后要回老家四川发展，经过和小张深入沟通，杨华确认了小张的职业发展规划并非一时冲动，而是多年的愿望，小张已经为此准备了多年，家里也非常支持，连创业的厂房基地都已经进入筹备阶段。杨华意识到小张这个重要岗位如果没有后备人才将非常危险，如果现在让小张带人培养，又怕小张有想法或者不愿意诚心传授经验，反而不好，经过思考，杨华终于想出两全其美的办法：他找到小张坦诚地进行了沟通，双方达成一致，小张利用在公司的时间为公司培养两三名操作能手，公司提拔小张作为杨华的助理，参与班组日常的管理工作，锻炼其管理技能，同时破例允许小张参加中高层干部的部分培训和干部会议。这样，公司得到了熟练的员工，小张在管理能力上得到了锻炼，增加了创业的资本和经验。双方都没有增加额外成本，但都各取所需，实现了双赢。杨华也由于管理有方，晋升为车间主任。

（5）了解每位员工的性格特质和行为风格。

3. 帮助员工成长

了解员工的最终目的还是要帮助员工成长，如果员工个个成才，那么班组绩效自然就能得到提升。班组长可以从以下八个方面帮助员工。

（1）从生活上关心员工，尽可能地帮助员工解决一些衣食住行方面的生活问题，理解他们对家庭成员的关心和爱护。

（2）从技能上帮助员工提高操作水平，将单一技能员工变为多技能员工、多面手。

（3）从意识上提升员工的认识，对于一些理念和意识要不断重复，使员工渐渐接受先进的管理理念。

（4）从行动上带动员工，班组长的言行就是员工的样板。

（5）用高标准要求员工，共同设定工作目标、人生目标，并一起为之努力。

（6）用制度规范、约束员工的言行，没有规矩，不成方圆，要让员工养成遵章守纪的好习惯，成为具有职业素养的员工。

（7）用工作成果激励员工，让员工分享成果和荣誉，培养员工对工作的自豪感。

（8）用职业规划成就员工，将公司的发展与员工个人发展相匹配，帮助员工立足。

这八个方面为班组长帮助员工成长勾勒出基本框架，班组长可以在某个方面有针对性地开展工作，最终在帮助员工成长的过程中达到员工、班组、企业多赢的效果。

4.3 班组人员管理 6 原则

4.3.1 正确理解人员管理

人员管理，顾名思义就是对人的管理。从人性的角度出发，人是不愿被管理的，人对强加到自己身上的"管束"有一种天然的抵触，这是人性的自我保护意识在起作用，是不以人的意志为转移的客观规律，因此，抓人员管理必须了解人性。

人性其实本无所谓善恶，一个婴儿来到这个世界，开始感知这个世界，感受到善恶，逐渐形成价值观。因此，班组长要想让员工服从管理，就必须从人性出发，营造出愿意服从管理的综合氛围，人员管理的各种目标才有可能实现。

✎ **管理寓言 4-2 大禹治水的启示**

我们都知道大禹治水的故事。大禹的父亲被舜帝派去治理黄河，当时河水泛滥，冲毁良田房舍，人们苦不堪言。为了尽快控制洪水，大禹的父亲带领人们筑坝拦水，想把水生生堵住，结果不仅没有堵住水，反而冲毁堤坝造成了更大的损害，大禹的父亲也被舜帝治罪。大禹继承父亲的衣钵，再次向洪水发起挑战，他吸取了父亲失败的教训，采取疏导之法，顺着水流的方向，结合地势地貌开挖沟渠，辗转迂回把黄河水逐渐引入大海，最终治水成功，留下了千古佳话。

➥【点评】

大禹的父亲之所以失败，是因为他违背了水性的客观规律，没有因势利导，而是一味围堵。这里的围堵其实就是"管"。而大禹顺从水性，采取疏导之法，最终将洪水制服，造福华夏。他的疏导其实就是"理"。人员管理的本质在于顺从人性，以"理"为主，以"管"为辅。从这个角度讲，管理者应当在内心深处树立以人为本的观念，并身体力行，才能真正实现管理目标。

4.3.2 班组人员管理 6 原则

工作在生产一线的班组长至少要花一半的时间和精力与人打交道，这也是最考验班组长管理效果的地方。国际管理大师安德鲁·卡耐基说过一句经典名言：
"带走我的员工，留下我的工厂，不久以后工厂会布满灰尘；纵然烧掉我的工厂，
只要保留员工，不久以后我还会有一座更新更好的工厂。"这句话充分说明了人的
重要性。在生产六要素（5M1E）中，人是最活跃的因素，只有人才能激活其他五
个要素。在任何企业中，人都是最重要、最活跃的因素。

　　班组长要充分认识到这一点，抓住管理的重点，也就是抓生产首先要抓住人，
要发现员工的特点，开发其潜能并合理使用员工。要用好人，发挥每个人的能动
性，给他们创造一种好的环境，让他们舒心、安心地在这里工作。班组人员管理
就是提升人员的向心力，维持高昂的士气。有效的人员管理有以下六个原则。

1. 以人为本的管理理念

　　一次有人问松下幸之助他的企业是做什么的，松下幸之助回答说："我们是生
产优秀员工的，顺便生产电器。"松下幸之助的话告诉管理者一个道理，即人是企
业最宝贵的财富。中国企业经过多年的发展，已经逐步认识到人力资源的重要性，
逐步将人作为企业的核心要素来管理。在未来的企业界，得优秀人才者得天下，
提高人员管理的技能，以人为本，正逐渐成为各级管理者重点学习和掌握的内容。

　　以人为本体现在两个方面。

　　（1）"爱兵如子"的"爱"。以人为本具体来说就是以心为本，班组长要抓住
员工的心，就必须有"爱兵如子"的心态。例如，某企业一生产副总对待部门员
工亲如兄弟，一次一个员工生病住院，他亲自陪护几个晚上，端茶倒水无微不至，
员工们看在眼里，都很感动。该生病员工康复后更加忘我地工作，许多本职外的
事情根本不需要上级分配，都主动地去完成。久而久之，从质量到成本再到安全
管理，这个部门的员工进步很快，自发形成了良好的工作习惯，企业核心竞争力
大增。

　　（2）"恨铁不成钢"的"恨"。班组长光有慈母般的仁爱之心还远远不够，必
须有足够的"恨"劲。现在社会竞争空前激烈，企业不进步就会倒闭，人不进步
就会失业，班组长要打造一支过硬的团队，就得承担起"严师"的重任。尤其是
很多"90后""00后"员工从小到大从未吃过苦头，在顺境中成长起来的树木不
可能成为坚不可摧的栋梁，作为他们的上级，班组长理应肩负起继续教育的责任，
把他们身上的懒气、堕气、不上进的坏习惯矫正过来，让他们经得起挫折和摔打，
经得起批评和磨难，必要的时候要敢于"下狠手"，比如毫不犹豫地降职、处罚，
让员工的惰性不敢出头。

有的班组长不敢对员工有"狠"劲，怕得罪员工，其实这是班组长自身不成熟的表现。自古严师出高徒，只要是为了工作，为了使员工自身改掉不好的习惯，提高工作绩效，本着治病救人的出发点行事，员工迟早会明白和感激班组长的。容忍员工的不足是害了员工，不敢严格要求员工的班组长不是合格的班组长。正如电视剧《士兵突击》中一句经典的台词所说："被淘汰的人知道怎么开始！"相信这句话对班组长会有启示作用。

经验分享 4-4　加强精神教育，提高工作技能

松下幸之助认为，工作占据了人们一生中一半以上的清醒时间，因此公司对员工个性的塑造、心灵的美化、精神的创造责无旁贷。他提倡松下公司"七大精神"：产业报国、光明正大、和谐一致、力争向上、礼节谦让、顺应同化、感恩图报。

松下公司还在日常经营管理中给予员工两种训练：一是基本的业务操作和生产技术训练；二是公司特有的"松下精神教育"，每隔一个月，员工就要在他所属的团体、部门中进行 10 分钟演讲，阐述公司价值观，领会公司的组织文化，此举非常成功地将员工目标与公司目标融为一体。

这给了我们以下两点重要启示。

（1）经济组织作为现代社会的重要组成部分，除了通过正常的生产活动创造社会效益和经济效益，还创造着文化效益，即引导整个社会向积极、健康、绿色的道路前进。而对人的教育和培养，就是创造文化效益的核心工作。松下幸之助提倡的"七大精神"无一不是在对员工的精神和心灵进行有意识的塑造。这种正面的教育反映了企业家的社会责任感，也让员工在被熏陶的过程中体会公司的苦心，在心里树立良好的公司形象。

（2）松下公司把"松下精神教育"作为与工作技能训练并列的常规训练的重要内容，每月一次的常规化精神教育避免了一曝十寒，在日积月累的过程中潜移默化地影响了员工，而且具体操作方式是由员工自己在团队中进行演讲，阐述公司价值观。这种员工作为传播主体"教育自己"的方式，对价值观的内化作用很大。长期坚持，就会使员工的价值观与公司的价值观统一起来，员工的个人目标也会渐渐与公司目标融合。凝聚力本质上就是目标的一致。

2. 简单易行的管理方法

请班组长切记，既然管理对象是基层员工，在管理方法上就必须采用简单易行的原则，班组长要想方设法把文绉绉的语言变成通俗易懂的语言，让员工一听就明白。班组长要学会变通，比如编制《作业指导书》，许多操作动作用文字根本

描述不清，这时完全可以采用图表、录像加讲解的方法。切记，管理最重要的是有效性、实用性。

班组长日常沟通要尽量使用通俗易懂的语言。例如，20世纪50年代周总理率团参加万隆会议，代表团在休会期间邀请各国代表观看我国的经典剧目《梁山伯与祝英台》，外国代表不明白这是什么意思。周总理灵机一动，告诉工作人员，就说这部剧是"中国的罗密欧与朱丽叶"，果然，外国友人都欣然前来观看。

3．身先士卒的榜样作用

人们尤其敬重那些身先士卒、品格高尚的人，在这些人面前，人们会自愿服从。

班组长身先士卒表现在以下几方面。

（1）带头遵守各项规章制度，要求员工做到的，班组长首先要自己做到。比如上班，班组长应当早于员工5~10分钟进入工作岗位，加班时，班组长要始终坚守现场，和员工同甘共苦。

（2）敢于承担责任。班组出现问题，不管是哪个员工的问题，首先是班组长的问题，班组长要勇于替下属"挡子弹"，勇于承担责任，才会得到下属的真心爱戴。

（3）身先士卒还表现在主动挑战高难度目标。不仅给员工制定目标，激励员工突破自我，还给自己制定目标，不断挑战更高的难度。

经验分享4-5　身先士卒

海尔公司的张瑞敏是中国最成功的企业家之一，还曾入选全世界最受尊敬的30位企业家，但他每天仍然穿着企业制服上班，同职工一样打卡，在职工食堂就餐……张瑞敏的以身作则、严于律己，赢得了海尔员工由衷的爱戴，员工愿意追随他把海尔这个民族品牌推向世界。正人先正己，做事先做人。榜样的力量是无穷的，班组长必须身先士卒、以身作则。"同志们，跟我冲啊！"班组长应该随时将这句话说出来，并保证能够做得到。

"跟我冲"起着身先士卒、以身作则、率先垂范的表率作用。喊破嗓子，不如做出样子。表率作用是一种巨大的影响力，它通过领导者的榜样作用，使广大下属自觉地产生敬佩与信赖，从而产生强大的凝聚力、向心力和感召力，进而形成巨大的战斗力。"先之以身，后之以人，则士无不勇矣。"西汉的李广将军，一生都在保家卫国，战功卓著，但他一点也不居功自傲。他不仅待人和气，还能和士兵同甘共苦。每次朝廷给他的赏赐，他首先想到的是他的部下，把那些赏赐全部分给官兵；行军打仗时，遇到粮食或水供应不足的情况，他自己也同士兵们一样忍饥挨饿；战场上，他身先士卒，英勇顽强，他的部下也受此感染，个个奋勇杀敌。正因为如此，李广将军才获得了"桃李不言，下自成蹊"的美誉。

4. 承认差异的兼容心态

世界上没有绝对相同的事物，人更是如此。班组长要认可员工个性和兴趣特长的差异，就像足球场上的分工，如果都是前锋或者后卫，比赛就没法进行了，所以差异化是常态，都是一样的反而不正常。

针对能力差异，班组长要注意目标设定时的差异化，不要搞一刀切，否则不仅会打击能力较差的员工，也无法对能力突出的员工起到激励作用。目标的差异，必然带来薪酬待遇的差异，班组长要注意平衡二者之间的关系，既要体现公平，又要体现差异，还要留有发展的余地。

针对性格差异，班组长可以根据前面讲到的内容了解不同员工的个性特征，有差别地采取不同的沟通方式。

针对兴趣差异，班组长应求助人力资源部，制订针对不同员工的能力发展计划，尽量让员工的兴趣和职业发展相吻合。

总之，班组长要看到员工的差异，要进行"差异和需求的匹配"，以达到"人尽其才"。

📑 **经验分享 4-6**　经验两则

1. 微软用人

微软公司从成立到现在已经走过了 40 多年的历程，从最初的两个人发展到现在，从名不见经传发展成为世界上屈指可数的大企业。微软公司之所以一路顺风，与其高超的用人制度是分不开的。

（1）低薪高股，留住顶尖人才。

微软公司是第一家用股票期权来奖励普通员工的企业。微软公司的员工可以拥有公司的股份，并享受 15% 的优惠，公司高级专业人员可享受更大幅度的优惠，公司还给任职一年以上的正式员工一定的股票买卖特权。微软公司员工的主要经济来源并非薪水，而是股票升值。微软公司故意把薪水压得比竞争对手还低，创立了一个"低工资高股份"的典范，该公司员工持股的比率比其他任何上市公司都要高。这种不向员工保证提供某种固定收入或福利待遇，而是将员工的收益与其对企业的股权投资相联系，从而将员工个人利益同企业的效益、管理和员工自身的努力等因素结合起来的做法，具有明显的激励功效。

在当今这个跳槽普遍的时代，为什么微软公司能够"生产"数以千计的百万富翁，且他们都对公司忠心耿耿？其原因就是微软公司建立了一套网罗顶尖人才，珍惜顶尖人才的机制，建立了一种"宁缺毋滥，人尽其才"的选人用人模式。难怪比尔·盖茨坦言："如果把我们公司顶尖的20个人才挖走，那么我告诉你，微软会变成一家无足轻重的公司。"也许，这就是微软成功的秘诀所在。

（2）精挑细选，不让最优秀的人才"漏网"。

根据微软公司的记录，其每年接到来自世界各地的求职申请达10多万份。面对如此众多的求职者，比尔·盖茨并不满足，他认为还有许多令人满意的人才没有注意到微软公司，因而会使微软公司漏掉一些最优秀的人才。于是，在微软公司的发展史上发生了许多激动人心的寻找人才的故事。据说，不论世界上哪个角落有令比尔·盖茨满意的人才，他都会不惜任何代价将其邀请到微软公司。他安排的很多"面试"，不是在考人才，而是在求人才。用微软研究院副院长杰克·巴利斯的话说，就是"推销式面试"。有趣的是，微软"考官"们在求人才的时候所迸发出来的那种兴奋感，甚至还要超过考人才。他们知道谁是值得他们"恳求"的人，其"恳求"的方式常常会出人预料。

（3）制作知识地图，协调员工与团队的发展。

有人把微软比作全世界最大的脑力压榨机。在这座知识工厂里，比尔·盖茨是全球知识精英的超级工头。在其带领下，员工的心血智慧凝结为众多畅销软件，使微软成为有史以来最具价值的知识创造型企业。

为了让这些知识精英能够合作无间，微软的IT团队花费了相当多的时间和精力，建构起一套敏捷的知识管理系统，微软的"知识地图"可以说是这套知识管理系统的最佳代表之一。

这张"知识地图"是1995年10月开始制作的。当时，微软的资讯系统小组开展了一项技能规划与开发计划。他们把每个系统开发人员的工作能力和某特定工作所需要的知识制作成地图，以便维持公司的业界领导地位，同时让员工与团队的配合更加默契。微软的这一计划分为5个主要阶段：为知识能力的形态与程度建立架构；明确某特定工作所需要的知识；为个别员工在特定工作中的知识能力表现评分；在线上系统进行知识能力的搜寻；将知识模型和教育训练计划结合起来。对于员工的知识能力，微软采用了基础水准能力、地区性或独特性的知识能力、全球水准能力和普遍性能力4种知识结构形态来评估。当管理者想为新专案建立团队时，他无须知道所有员工中谁符合工作条件，只需向这个系统咨询就可以了。微软推行"知识地图"的做法，表现出该公司管理层重视知识，并支持知识的交流。"知识地图"不但使员工更容易找到所需的知识，也表明公司知识属于公司全体人员而非个人。

2．开饭店的学问

有一位开饭店的小老板很会做生意。比如，一位拉板车的力夫要了一碗烩面，老板就给他做满满一大碗；一位精明干练的生意人要了一碗烩面，老板给他端上的烩面，量不大但料多味美，生意人也很满意。这样，这家饭店总是客似云来。老板将其生意经总结成 4 个字"看人下菜"，拉板车的力夫饭量大，量足吃饱最重要，生意人则最关心味道，量太多也吃不完。

"看人下菜"，在管理上也有很多应用。

首先，在激励下属方面。不同下属有不同的需求，有的需要钱，有的需要归属感，有的希望得到认可赞赏，有的想实现自我价值。不同的人有不同的需求，同一个人也有多种需求，因此，激励的针对性很重要，对症下药，有的放矢，真正实现"看人下菜"。

其次，在沟通方面。根据以人为中心还是以事为中心，以目标为导向还是以人际关系为导向，可以将沟通风格分为支配型（如电视剧《亮剑》中的角色李云龙）、分析型（如《三国演义》中的人物诸葛亮）、表现型（如电视剧《还珠格格》中的角色小燕子）、和蔼型（如《西游记》中的人物沙僧）等，每种风格都有其强项和局限性。知道沟通风格后，可以将不同的人分别对待，调整自己，很快进入对方的频道，使沟通效果达到最好。在用人方面，则可以把合适的人放在合适的位置上，做到知人善任，人尽其才。

最后，在领导风格方面。可以将领导风格划分为 4 种：命令式、教练式、支持式、授权式，针对不同的人运用不同领导风格，针对同一种人在不同阶段也可以运用不同领导风格。最糟糕的领导者是对所有下属在所有情况下都运用同一种领导风格的人，而最高明的领导者其领导风格往往是灵活的。

能够"看人下菜"是一种境界，班组长应针对不同下属运用不同的激励方式、沟通方式、领导方式，因人、因事、因时、因地、因势而宜，使管理效果达到最好。

5．公平合理的管理平台

任何管理都需要管理平台做支撑，这个平台就是各种公正的管理制度及执行制度。班组长要检讨现在的各种制度是否公平合理，是否得到了员工的理解和认可，员工是否愿意自觉遵守，这是做到公平的基本条件。所有规章制度都要经过员工代表的讨论、认可才能生效，班组长要确保员工的知情权、参与权、监督权，这是获得员工认可的基础。

法律面前，人人平等，这指的是执行制度不会因人而异。要做到这一点，班组长就要确保执行程序的统一性和执行过程的公开性。在执行过程中一旦出现问题，班组长千万不要推脱，要虚心地接受员工的质询，如执行确实有问题，班组长要勇于承认错误并改正。唯有如此，班组长的威信才能确立。

6. 积极向上的风气

营造积极向上的风气是班组长的重要工作。积极向上的工作氛围催人奋进，带给人愉悦的心情，员工在这样的环境中会感觉特别轻松，心情舒畅。消极沉闷的环境则让人压抑，员工在这样的环境中会感觉特别疲累，很容易发生安全和质量事故。要做好这项工作必须从两方面入手。

（1）硬件方面：班组长要在车间的墙壁、工作机台的空白处或者在显眼的位置张贴激励性标语，办公区域的色调要尽量明快，条件允许时放置各色植物，工作服以及办公设施的色调也尽可能轻松明快，让员工在硬件环境中感受到放松。

（2）软件方面：

1）微笑管理。班组长的微笑是很有力量的，除了非常严肃的会议或者特别场合，班组长千万不要什么时候都板着脸。班组长还要"管"好班组员工的表情，尽量让大家开心工作，告诉大家，对彼此微笑，车间永远是春天。

2）负面情绪管理。负面情绪的表现包括叹气、说打击积极性的话等，班组长自己要管好自己的嘴巴，轻易不要把"不可能""不行"等词语挂在嘴边。更要时时提醒自己和员工，负面情绪对大家的积极性也是一种伤害。

3）会议管理。班组长要充分利用各种班组会议，尤其是班前班后会给大家打气。班组长平时要留意员工点点滴滴的进步，及时表扬员工，对于不足的员工，最好在私下与其沟通，促使其进步。长此以往，班组的工作氛围一定会活跃起来。

4）励志培训。如果班组气氛非常沉闷，就需要进行外部干预，条件允许时，班组长可以组织员工观看一些励志电影或者电视剧，如《亮剑》《士兵突击》等，这些都是很好的励志作品。

➡本章小结

要对员工进行管理，首先要通晓人性，对人的各种需求、不同性格要有所了解。对不同性格的员工用不同的方法进行沟通；对不同需求的员工采取差异化的管理方式。企业讲以人为本，就是要尊重、发挥员工的积极性，为员工的成长提供条件。班组内的以人为本，就是要具体地引导、关爱员工，让员工在岗位上成长，形成班组内的良好风气与作风。

↘思考与实践

1. 你自己属于何种性格？有什么特点？
2. 如何避免自己性格缺陷带来的工作失误？
3. 目前自己的需求处于哪个层次？如何追求更高层次的需求？
4. 对本班组的员工进行性格分析，以提升今后的沟通效果。
5. 如何更深入地了解每位组员的成长经历，以使今后的管理效果更好？
6. 如何理解管理的核心、出发点和落脚点都是围绕着人展开的？
7. 如何正面地进行员工管理？
8. 根据"班组人员管理 6 原则"总结自己的管理经验。
9. 如何在班组内营造积极向上的工作氛围？
10. 谈谈自己对班组人员管理的体会，并总结自己的管理经验。

┃▶ 第5章

有效沟通与激励

　　班组长要了解沟通过程与原理，掌握沟通技巧，做一名善于沟通的基层管理者。传达、布置工作时能简明扼要地讲清楚要求，与员工交往时能了解员工动态，及时倾听他们的心声。会沟通的班组长往往是受员工拥戴的班组长。

5.1　沟通要点

5.1.1　有效沟通的三大步骤

　　沟通是为了达到一定目的，将信息、情感或观点在个人或群体之间进行传递与交流的过程。对于班组长来讲，沟通得好，现场工作的人员心情就舒畅，生产就顺利；若沟通不畅，往往会引起误解，甚至产生矛盾。现代企业不仅要求班组长能干，还要求他们会说，"会说"就是掌握沟通的艺术。有效沟通的三大步骤如图 5-1 所示。

> 理念　良好的沟通是有效管理的基石

图 5-1　有效沟通的三大步骤

　　完整的沟通由说者的表达、听者的倾听与理解，以及听者给予说者的必要反馈三部分组成，形成一个完整的闭环，这样说者才能判断听者是否理解自己的真实想法。

　　1. 说者的表达

沟通的第一步是由说者通过语言或者肢体语言向听者传递信息。要想取得良好的沟通效果就要考虑听者的情况，用听者能够接受的方式与之交流，清楚地将自己的意思传递给对方。

案例 5-1　天灾面前的疏导

2008 年 5 月 12 日 14 时许，四川汶川地区发生特大地震。周强系地震灾区某化工企业的总经理。地震刚发生，他即刻用手机与妻子联系，却没有了信号，他又用固定电话拨号，同样无法接通。

透过已没有玻璃的窗框，周总看到办公楼前的空地上，挤满了自己的员工，乱成一团，只见生产副厂长拼命地叫喊着什么，却无人理睬。周总镇定了一下，跑到员工面前，站到一个破箱子上，用双手示意大家安静。他沉重地说："同志们，地震发生了。大家惦记家人的心情我完全可以理解。大家也试过了，手机、固定电话全部瘫痪。有人想徒步回家，我也不反对，但这样更危险。大家在一起，相互帮助才是最安全的。我劝大家先不要离开。大家都明白，我们生产中会用到放射性物质，如果不立即关掉阀门，中断反应，一旦爆炸，整个工厂将被夷为平地。我命令公司的副总、生产正副厂长跟我返回车间，关闭阀门。"话音刚落，周总就转身带着几位公司领导冲回尚在晃动的厂房，随即生产副厂长也带着几名生产骨干跟着周总闯进厂房。一分钟、两分钟……全体员工都为自己的领导捏着一把汗。五分钟后，周总带着满身是尘土的勇士们冲出厂房，回到员工中间。工厂的隐患排除了，几位老员工抱着自己的总经理失声痛哭！

⊃【点评】

大灾面前更显沟通智慧与水平，周总从引导员工稳定情绪，到带领相关人员冒着生命危险冲进厂房抢险，充分展示了他的领导艺术。

班组长在生产现场的沟通以面对面的语言沟通为主，也会用到电话、短信、书面报告等形式，表 5-1 对四种常用沟通形式的特点进行了对比。

表 5-1　常用沟通形式的特点对比

形　式	优　点	缺　点
面对面	沟通充分，内容可以不断深化	比较耗时，受地点限制
电　话	及时，简捷，不受地点限制	不便于观察对方的神情
短　信	不受时空限制，可表达不便当面说的内容	容易引起歧义
书面报告	正式，便于长期保存（如交接班记录）	耗时，要有一定的文化基础

2. 听者的倾听与理解

心理学家的研究表明，人都有倾诉的欲望，都希望别人全面领会自己的意思，但善于倾听的人并不很多，所以有这样一种说法，"倾听，不仅是尊重，更是奉献"，由此可见倾听的重要性。班组长与员工谈话时，必须注意这一点。在很多时候，员工并不是想让班组长帮助他解决多少问题，只是想倾诉一下自己的难处，表现一下自己的功劳，希望得到一些理解，此时班组长只要认真倾听，并表示理解就够了。

经验分享 5-1　倾听的技巧

胜任的管理者不光会表达意思，更要倾听对方的心声，甚至可以毫不夸张地说，在沟通中听比说更重要。倾听不是简单的"听见""听到"，而是理解对方更深层次的意见和心声。

一般人正常的语速是 120～200 字/分钟，而听、想的速度可以达到 400 字/分钟以上，这就使得人们在"听"的过程中很容易开小差，甚至表现出不耐烦。要想真正做好倾听就要克服这些毛病。

要发挥倾听的良好效果可注意以下 7 点。

（1）用眼神进行交流。双目注视着对方，以亲切、友善的眼神鼓励对方说话。

（2）赞许地点头并简单地回应对方。可以间插"好的""不错""很好""真棒"等肯定的词语。

（3）避免出现分心的举止，比如不停地看手表，甚至打哈欠等。

（4）主动复述，比如："你是不是这个意思……"

（5）避免打断对方。

（6）不要自己说得太多，把说话的时间多留给对方。

（7）做到听与说的自然转换。要想使沟通自然地进行下去，说者与听者的角色要不断相互转换。

经验分享 5-2　倾听的艺术

"倾听"是一门工作艺术，善于倾听就容易捕捉对方心灵深处的"秘密"，增强工作的针对性。

一要聚精会神，用"心"听。心理学告诉我们，每个人都有自己的尊严与人格，人的自尊心受到尊重就能焕发巨大的精神力量。认真仔细地听取对方的谈话是尊重对方的前提条件。聚精会神，就可以营造一个良好的交谈氛围，就会使对方感到自己的谈话是被重视的，从而把自己的想法毫不保留地讲出来。如果心不在焉，顾左右而言他，就会使对方感到自己没有真心诚意地听他讲话，从而产生消极情绪，难以吐露心声，从而影响倾听的效果。

二要注重情态，用"情"听。感人心者，莫过于情。情感是打开心灵窗户的钥匙，是人心理活动的外在表现，是对语言表达的重要补充。关键时刻一个眼神、一个脸色、一个手势或者一个体态，往往都能收到"此时无声胜有声"的效果。因此，在倾听时应该做到表情自然、友善，或首肯，或鼓励，或探询，不要故弄玄虚，摆出高深莫测的姿态。

三要注重思考，听其"音"。俗话说："锣鼓要听声，说话要听音。"倾听不能满足于当"录音机"，知道对方说了些什么还不够，关键是要知道对方在想什么，要善于从对方的话中听出问题，有针对性地做好工作。由于人们所处的环境不同，表达自己思想的方式也不尽相同。有的人说的是东，想的却是西；有的人喜欢拐弯抹角，隐晦其辞，令人费解；有的人往往有所暗示，不直接道明。这就要求班组长开动脑筋，注重思考，对员工说的话进行具体分析，把偶然的东西和必然的东西、定型的东西与未定型的东西区别开来，搞清对方的真实意图。

3. 听者给予说者的必要反馈

沟通的目的在于解决问题，班组长在沟通后对员工的呼声、建议、批评或要求一定要有高度负责的精神，逐条逐项加以落实。对于能够立即解决的问题，要立即解决，当场见效，立竿见影；对于需要创造条件加以解决的问题，要与员工一起努力创造条件，逐步解决；对于规定不允许或不具备条件暂时无法解决的问题，要着实做好解释说明工作，取得员工的理解，做到"件件有回应，事事有着落"。要从员工的角度考虑问题，在争取解决问题的同时，实现班组与员工双赢。

◥◣◢◤ 案例 5-2　留住一线员工的组长

刘斌已经当了 7 个月的组长，组内十几名组员却没有一人辞职跳槽。这期间也发生过组员想辞职的情况，但经过刘斌细致的思想工作，他们都高兴地留下了。

第一位员工小吴平时干活比较实在，年龄较小。他提出辞职时，说要回老家去跟着别人卖服装，每个月能挣 3 000 多元。刘斌问他，雇你的那个人买卖规模有多大？自己有房子、汽车吗？他说不清楚。刘斌则说："他每个月给你开 3 000 多元工资，那他最低也得赚 1 万元吧，怎么能没房子和汽车呢？你劳动节回老家去看看，把情况搞清楚再说。公司希望你有更好的发展前途。"劳动节放假小吴回去一看，果不其然，服装店老板的生意很小，收入很低。于是小吴回到公司继续安心工作。

第二位员工小贺性格内向，长得很秀气，突然提出想辞职。刘斌问他是不是工作压力太大，他说不是。原来小贺是想学些技能，将来好有一技之长，他想学计算机，想找个能上白班的地方，还想去饭店工作。刘斌说："你想学一技之长非常好，可以理解，可是你了解外边的实际情况吗？譬如饭店的工作，每天上午开始营业，要到晚上九十点钟才关门，下班后你还有精力学习吗？在那里住宿要几个人挤一个房间，没有空调，饭店人员流动性强，素质参差不齐，没有好的环境，你怎么学习？在外边学计算机学费就要950元，而咱们公司办的计算机学习班有补贴，学费才250元。在外边上课都是单班，你缺了课就补不上了，公司的学习班都是双班，你倒班也能跟上。如果你想学计算机，过几天我帮你去报名。"后来小贺去了公司计算机学习班，刘斌还找了懂计算机的同事辅导他。小贺学会了计算机后非常感谢他的组长刘斌。

●【点评】

刘斌作为一个组长，很好地做到了在沟通中充分理解对方的意思，并站在对方的角度上分析问题，这是沟通的最高境界。他又从尽量留住员工的角度，拿出对对方来说比较稳妥、圆满的问题解决方案，取得了较好的结果，实现了公司与员工的双赢。

5.1.2 沟通要领

1. 平等待人

在谈话时，要将自己放在与员工同等的位置上，让员工觉得不是在跟领导交代问题，而是与一个朋友在谈心。但也要注意，对于一些敏感的问题，要委婉含蓄地询问，防止谈话内容变味。

2. 适当发问

当沟通中发生冷场或对方欲言又止的情况时，班组长可适当地根据谈话目的进行发问，以保持沟通的正常进行。要注意通过提问，让员工多谈谈自己和所从事的工作，要避免不必要的争论，因为沟通的目的是让班组长了解员工，而不是让员工去了解班组长。

3. 正确使用肢体语言

肢体语言是很丰富的，据研究显示，50%的信息都可以用肢体语言去表达或传递。手势、眼神、表情、姿势等，都可以让对方知道自己想要表达的内容。在沟通过程中，通过肢体语言，让员工感受到班组长的关心和鼓励，有时比说很多话更有用。

5.1.3　沟通的黄金法则

沟通的确需要技巧，但仅凭技巧是行不通的，它的基础依然是做人的道理。沟通的黄金法则——换位思考告诉我们，要想沟通成功，就要尊重对方，设身处地、将心比心地为对方着想，站在对方的立场去思考问题。

◣◥◣◥ 案例 5-3　贝利戒烟

在足球王国巴西，不会踢足球的男孩子，大概率不会招人喜欢。在那里，富人的孩子有自己的足球场地，穷人的孩子也有穷人踢足球的方式。球王贝利就出生在一个贫寒的家庭里，他的父亲是一个因伤退役、穷困潦倒的足球队员。

贝利从小就显现出非凡的足球天赋，他踢着父亲为他特制的"足球"——用一个大号袜子塞满破布和旧报纸，再用绳子捆成球形。贝利经常光着黑瘦的脊背，在家门前那条坑坑洼洼的小街上，赤着脚练球。尽管他经常摔得皮开肉绽，但他仍然不停地向着想象中的球门冲刺。

渐渐地，贝利有了点名气，许多认识或不认识他的人见面会跟他打招呼，还给他敬烟。像所有未成年人一样，贝利喜欢吸烟时的那种"长大了"的感觉。

终于有一天，贝利在街上向人要烟时被父亲看见了。父亲的脸色很难看，贝利低下头，不敢看父亲的眼睛。因为，他看到父亲的眼睛里有一种忧伤、绝望，还有一股恨铁不成钢的怒火。

父亲说："我看见你吸烟了。"

贝利不敢回答父亲，一言不发。

父亲又说："是我看错了吗？"

贝利盯着父亲的脚尖，小声说："不，你没有。"

父亲问："你吸烟多久了？"

贝利小声为自己辩解："我只吸过几次，几天前才……"

父亲打断了他的话，说："告诉我，味道好吗？我没吸过烟，不知道到底是什么味道。"

贝利说："我也不知道，其实并不太好。"贝利说话的时候，突然绷紧了浑身的肌肉，手不由自主地往脸上捂去，因为，他看到站在他眼前的父亲猛地抬起了手。但是，那并不是贝利预料中的耳光，而是父亲把他搂在了怀中。

父亲说："你踢球有点天分，也许会成为一名高手，但如果你吸烟、喝酒，那就到此为止了，因为，你将不能在90分钟内一直保持较高的水准。这事由你自己决定吧。"

父亲说着，打开他瘪瘪的钱包，里面只有几张皱巴巴的纸币。父亲说："你如果真想吸烟，还是自己买的好，总跟人家要，太丢人了，你买烟要多少钱？"

贝利感到又羞又愧，眼睛里涩涩的，可他抬起头来，看到父亲的脸上已是老泪纵横……后来，贝利再也没有吸过烟。他凭着自己的勤学苦练，终于成了一代球王。

多年以后，贝利仍不能忘怀当年父亲那个温暖的怀抱，他回忆说："父亲那温暖的一个拥抱，比给我多少个耳光都更有力量。"

5.1.4　沟通的铂金法则

要想取得理想的沟通效果，我们就要掌握沟通的铂金法则——以对方喜欢的方式与之沟通。

经验分享5-3　学会换位思考，与人为善

某企业一个班组一度流行给别人起外号，那些难听的外号一旦落到谁头上，谁就觉得很别扭，心里有一种羞辱感。其实，谁都不愿意成为被取笑的对象，即使那些喜欢捉弄别人的人也是如此。班长王学文把大家召集到一起，让大家谈谈心里的感受，并让大家从3个方面考虑问题。

（1）你有过被人"捉弄"的经历吗？当时心里是什么滋味？

（2）自己不喜欢的事能强加于人吗？为什么？

（3）自己喜欢的事就一定能够强加于人吗？为什么？

最后大家心平气和地交流了各自的观点，达成了共识，学会了如何去理解他人，结束了这种无聊的游戏。

5.2　班组长实用沟通技巧

5.2.1　班组长的工作沟通

1. 与上司的沟通

许多班组长能与员工打成一片，却不敢与上司多打交道。其实，上司也是人，因为工作关系才有不同的职位分工。从管理角色上看，班组长是上司的助手。班组长要及时与上司沟通，反馈现场的信息，让上司了解整个现场的状态。当班组长遇到拿不准的事情时，也可以征求上司的意见。与上司的沟通技巧主要有以下几点。

（1）支持上司的工作。通过班前班后会，传达公司的精神和上司的要求。平时与员工沟通时，不与上司唱反调，不传导不良的情绪。

（2）行事不能"越位"，更不可喧宾夺主。凡事不可越位，因为不管是决策越位、表态越位还是工作越位，都会让上司感到十分反感。作为下级虽然要积极表现、勤奋工作，但不可一味表现自己，重要事项最好主动向上司征求意见。要知道，作为下级只有收敛和约束自己，才能与上司和谐相处。

（3）对上司要尊重。作为被领导者，在工作中，要尊重上司，应注意维护上司的尊严。碰到决断不了的事，要向上司请教，不论上司年龄大小、阅历深浅、水平高低，都应尊重其做出的决定。上司交办的工作，应愉快地、创造性地完成，完不成要向上司及时说明情况。同时，不要在背后评判上司的决策，更不能通过贬低上司来抬高自己。在挑战上司时，要顾全上司的面子，语言要委婉，点到为止。

（4）冒犯了上司要尽快与其沟通。有些人与上司发生了矛盾，会有种恐惧感，想找人诉苦，有些人则想暗暗地给上司找点麻烦。从工作和为人处世的角度讲，这些都是错误的选择。正确的方式是，尽快用适当的方式与上司进行沟通，是自己的错误，要勇于认错；是对方的错误，可以以适当的方式，让上司认识到自己的不对，但又不会伤害上司的脸面。最重要的一点是，要让上司感受到你对他的尊重，比如利用会餐、开会等场合，主动向上司问个好、敬个酒等。

（5）向上司提意见要注意方式方法。是人都会有缺点，都会犯错误。有时候，上司可能会做出一些对你不利的决定，也许会让你感到他是故意刁难，也许只是他能力所限，但无论如何，这都给你的工作带来了困难，甚至会破坏你的事业。这时，你就要向上司提出你的意见，提意见的恰当方式也可以通过学习去掌握。很多时候，通过提意见，让上司认识到你的能力，能够把坏事变成好事。

管理知识 5-1　向上司提意见的技巧

1. 要照顾到上司的立场

在提意见之前，先想一想，在这件事上，如果你是领导，你会怎么办，上司的决定有自己的道理吗？这样，当你提意见时，就不会排斥上司的做法，而是站在对方的立场上想问题，维护了上司的权威，让上司感到你的意见是良性的，出发点是善意的，这时上司就易于接受你的意见。

2. 将意见以建议的方式提出

如果有人在你面前说："我给你提点意见"，你可能会立刻紧张起来，在内心无形中快速盘算着对抗、辩解的对策，这是大部分人的本能反应。如果他对你说："我有几个建议，你看合适吗？"你立刻会感受到对方的尊重和热情，一种愉悦的心情会从你的心底扩散开来。这就是意见与建议的区别，虽然内容可能差不多。

3. 选择恰当的机会

当上司公务缠身，尤其是碰到难办的问题时，很难想象他会坐下来，认真地听你讲一些事情，就算你说得完全正确，也很难获得上司的关注和重视。如果在上司工作相对轻松、心情比较愉快的时候与他沟通，他就极易将心思转移到你说的话上来，认真地对待你说的问题，这时沟通成功的概率就大得多。一般在早晨刚上班时，人的心情比较好，工作效率高，在下班前，人的思绪比较乱，急于下班，这时最好不要去和上司沟通。

4. 让上司感受到你诚恳的态度

作为上司，在事情面前，往往关注的不是问题本身，而是下级对待事情的态度。所以，与上司讲话，尤其是提意见时，要注意说话的态度，要注意多用一些表示尊敬的词语，如"您""请明示""您看这样处理合适吗"等。由于你显示了诚意，即使上司不完全同意你的观点，也不会厌烦你，对你产生偏见。对待比较聪明的领导，在提意见时，不一定非要搞得很隆重，也可以在汽车上、电梯中，借聊天的时机，将意见以玩笑的方式说出来，对方就心领神会了。

5. 讲究技巧

讲话直来直去不是缺点，但有时会让对方心里很不舒服，尤其是对你还不是很熟悉的上司，极可能对你产生反感。因此，提前了解某位上司的性格特点、禁忌爱好等，是很有必要的。常言道"知己知彼，百战百胜"，其意义就在于此。提意见前可以先说一些上司的优点和员工对他的肯定，一次不要提太多的意见，有些话要通过委婉的方式说出。

（6）熟悉上司的领导方式和习惯。了解上司的性格特点、做事风格，无疑会对班组长的工作有促进作用。这样班组长能够更好地领会上司的真实意图，使自己的工作更易被上司肯定，对事业发展起到帮助。

对于不同类型的上司采取不同的沟通方式会让班组长的工作事半功倍。表 5-2 按照不同的上司类型，列出了不同的沟通方式。

表5-2 与不同类型上司沟通的方式

上司类型	特　色	沟通方式
放手型	对下属放手、大胆任用,在下属出现困难时才出手帮助,注重发挥下属的主观能动性	遇到这类上司,班组长可以放手大胆地工作,要及时向上司汇报工作进度和阶段成果,遇到问题时,可以提出自己的想法,争取上司的支持和指点
民主型	注重吸取下属的意见和建议,对下属进行一定程度的控制,比较信任下属,鼓励下属开拓性地工作,鼓励下属参与管理的过程,经常以开会、谈心等方式,与下属主动沟通,了解他们的观点、思想和方法	上司安排的工作要及时、保质保量地完成,他会多方位地对班组长的工作进行监督和检查。要注意提升自身素质,注重学习工作上所需的知识,以备在上司询问时,能拿出高质量的建议
专制型	这种类型的上司控制欲比较强,在工作和事情的处理上比较有主见,无论下属能力如何,都必须服从他的领导和安排,对下属不太放心,喜欢事必躬亲	在工作上应该与上司保持密切的联系,凡事必须严格按上司的要求去做,不管大事小情,都要在进行前请示上司,切忌自作主张。只有在每件事上班组长都能做得很符合上司的想法,才能让上司进行部分授权

（7）掌握与上司相处时的礼仪。中国是礼仪之邦,在与上司相处时,班组长必须注意必要的礼仪,这样不仅能让上司感到被尊重,也能让他对你予以肯定。

🔧 管理知识 5-2　与上司相处的礼仪

1. 9点礼仪

（1）在各种场合见到上司都要面带微笑,主动问好。

（2）如不便打扰,可用手势或点头致意。

（3）与上司迎面相遇时应减慢行走速度,向外侧让路并点头问候。

（4）当上司到办公地点视察或来问话时,坐着的人要起身以示敬意。

（5）进入上司办公室应先敲门,得到允许后再进入。

（6）面见上司时,一定要得到应允后方可前往,一般应事先联络,约定会面时间及地点。

（7）若上司正在开会,一定要通过服务员或秘书进行联络,切不可横冲直撞。

（8）进入上司办公室，不要随便坐下，必须得到允许方可就座，更不可翻动室内物品。

（9）与上司谈话时不可东张西望。

2．4点注意

（1）如果随上司外出，应事先了解活动的情况，衣着要与上司相配。切忌比上司的衣服、包更名贵，这容易让对方难以看出谁是上司。如果感觉到对方有此方面的困惑，一定要通过其他方式暗示，如主动给上司拿东西、在言行举止上表现出对上司的尊重等。

（2）受到上司批评，不应当众解释争辩，如其批评有误，可过后再说，对于上司的疏忽或不妥之处，不可当众指责或反驳。

（3）不可聊对方的隐私。与上司聊天时，可多去了解上司工作中的性格、作风和习惯，但对他个人生活中的事情不必过多了解。作为下级更不可窥探上司的家庭秘密、个人隐私，特别是与女上司聊天时，不可随意问候她的家人。对于一些大龄的单身女性领导，这种问题可能是她们所忌讳的，除非她主动提起，否则不可多问。一般来说，与她聊一些养颜养生的话题是不会犯错的。

（4）要与上司保持一定的距离，更要帮上司保守秘密。记住，不要与上司交往过密，更不要以知道对方的秘密为荣。如果你不小心知道了，一定要像不知道一样帮他保密。还要注意，受到上司的礼遇，保持沉默是最好的。接到上司的邀请，不可告诉办公室的同事，因为有可能引起别人的嫉妒。同时也要注意，受到上司的邀请一般不要携伴前往，除非对方特别讲明。在平时，也不可随意将自己的客人、熟人或朋友介绍给上司。

2．与同级的沟通

（1）彼此尊重，赢得信任。轮换倒班、前后工序、相关部门的不同班组是因为分工的需要才产生工作关系的，分工不分家，情同手足，很难说谁重要，谁不重要，所以要彼此尊重，以此奠定沟通的基础。不要因为自己班组技术好或处于关键工序而瞧不起其他班组。班组长要做好本班组员工的思想工作，不要在班组与班组之间讲不利于团结的话。

（2）相互理解，及时沟通。在尊重的基础上要相互了解和理解。及时与前后工序、相关部门交流生产信息。为顾全大局，要多倾听对方的意见和建议。为避免误解，不要在背后议论其他班组和其他部门的是非。

（3）相互帮助，友好合作。在其他班组遇到困难的时候，要给予支援和帮助，这样不但能得到别人的认可和好感，还能形成一个相互帮助、互相支援的友好工作环境。在班组间的沟通中，不要推诿，不要扯皮。遇到不同意见，要尽量寻找共同点，本着解决问题的思路去做，要避免无谓的争论和争吵。

3. 与员工的沟通

（1）保持良好的心态。在员工眼中，班组长是自己的领导，下属对领导既有一定的依赖，又在心理上有一定的距离，所以如何消除员工对班组长的距离感，是沟通中最重要的任务。为此，班组长在与员工的沟通中一定要保持良好的心态，使员工放下警惕和戒备心理，平静自然地与班组长谈话。

（2）关心员工，多向员工提问。从上班打招呼开始，关注员工的身体及情绪，及时了解情况。多问一声"这几天累不累？"，能让员工立刻感受到班组长的关心和爱护，拉近双方的感情。

（3）理解员工，鼓励员工吐露心声。倾听员工的倾诉，让他们诉说自己的想法、自己的困难、自己的辛苦、自己的生活、自己的发展设想，为他们出谋划策。

（4）指导员工，不要威胁他们。任务和指示要明确、具体，要教授方法和要领，让他们知道应该干什么，怎样干，干到什么标准，并注意做好检查督导工作。注意不要用威胁的态度对待自己的员工，诸如"干不好，你就等着被炒鱿鱼吧！""自己看着办，后果自负！"，这样只会引起员工的反感。

5.2.2　开好班前班后会

班组长工作中频率最高、最正式的沟通就是每天的班前班后会。要想使班组工作有起色，班组长一定要掌控好班前班后会。

1. 班前会

工作开始前的班前会，在有些企业也叫晨会或早会。它让所有员工从生活状态转入工作状态，将交通拥堵的不满、生活的烦恼暂时搁置，让大家调整好心态，了解当日工作的具体要求，准备进入工作状态。班前会的好坏非常能反映班组长的管理水平。班组长要对每天班前会的内容、要点打腹稿。

（1）了解员工出勤状况，通过观察初步了解员工的情绪变化。

（2）提升班组士气，引导大家共同高喊口号，提振精神，为一天的工作打下基础。

（3）布置具体工作内容，提醒员工要注意的事项和具体要求。

管理知识 5-3　开好班前会的具体做法

（1）员工轮流主持班前会。既培养了员工的沟通能力，又增强了员工的参与意识。

（2）职能科室干部参与生产班组班前会。加强双向沟通，让管理人员多了解生产一线的实际情况，也给一线员工提供及时反映问题的机会。

（3）开展优秀班前会评比。企业应重视班前会这个锻炼班组长能力的平台，帮助他们提升管理的能力。

经验分享 5-4　一位煤炭企业班长谈如何开好班前会

随着构建安全型企业任务的确立，原来粗放型分配任务式的班前会已不适应新的形势。班前会是生产班组实施工作任务前所进行的生产组织活动形式，如何开好班前会是企业的重要课题。开好班前会是生产班组保证安全生产的有效措施之一，它的目的是实现安全生产的预控、可控。

班前会上，一般由负责人对员工讲解安全注意事项，进行危险点分析，对工作任务进行分配并将安全责任落实到每个员工身上，对不同工作分别进行技术交底，并确认每一个班组成员都已知晓。以往的班前会多流于形式或一言堂，班长只是组织员工学习一下规程，传达一下上级会议精神，实效性不强，缺少与员工的互动，员工融入不到班前会中来，起不到真正的作用。

下面结合工作实际，谈一谈本人对如何开好班前会的一些体会。

首先，严格执行班前会制度，雷打不动。把召开班前会作为一项制度认真落实，从思想上增强安全意识，从行为上进行规范，使员工养成良好的工作习惯。并且，班前会内容要与工作票、安全措施和标准化作业、事故案例等相结合，要做到具体却不啰唆，有重点且无盲点。

为开好班前会，班长或工作负责人在施工前要勘查现场，必须明确工作任务、作业范围和施工方法，并根据作业类型、方法、人员、工具、环境等情况制定危险点预控措施。开工前，班长或工作负责人要向作业人员现场交底，做到"四清楚"，即作业任务清楚、现场危险点清楚、现场的作业程序清楚、应采取的安全措施清楚。此外，还可以采取问答的方式检查员工的了解程度，例如，新区二组的班前会，就是由班长针对当天的作业提出问题，由员工来解答，或是班长解答班组成员对工作的所有疑问，做到了全班组人员的充分互动。

其次，班前会内容要翔实、针对性强，切忌笼统。以往很多班组长认为班前会仅仅是一种形式，往往只是宣读一下工作票和安全措施。其实不然，班前会作为保证施工安全的第一环节，必须讲求实效。应指明工作现场带电部位、高空作业、电动工具使用等危险点以及应采取的具体措施。比如，工作票中的每一组接地线、每一块隔板等要讲清楚其作用，以及拆除和变更的后果；对高空作业不戴好安全帽，脚扣登杆全过程不系安全带，以及梯子登高无专人扶守且不采取防滑、限高措施的危害都要有针对性地讲明和警示。还可以举一些典型事故案例，结合当天的作业进行讲解分析，以此来增强作业人员的安全意识。

再次，如果当天有作业，人员分工就是重点。班长应在班前会上把工作任务、安全责任分配并落实到每个员工身上。特别是多班组在不同地点工作的情况，应在班前会上指定合格专责监护人，并交代其所履行的责任。还有，技术交底不能忘。很多人认为召开班前会只是安全交底，忽视或淡化了技术交底，导致只顾人身安全不顾施工质量，可能造成因螺丝紧固不牢导致大面积停电和设备接头过热等失误。再者注意事项不可忽视。班前会上不能忘记交代施工进度、环境保护、天气影响等注意事项，以及时提醒员工注意和防范。

最后，领导干部要定期审查班前会的内容，还要不定期参加班前会，并检查班前会召开和落实情况，及时进行点评。

总之，班前会是规范作业人员行为，推进生产作业精细化管理，实现安全生产的预控、可控的有效举措之一，也是从源头上杜绝习惯性违章，从思想上增强安全意识的重要保证。我们要充分利用班前会这个阵地，潜移默化地把安全思想、安全意识灌输到员工的脑海中，也要引起足够重视，不断总结，不断丰富内容，不断完善形式，不断创新方法，真正地把班前会开好，使班前会产生应有的效果。

2. 班后会

工作结束时的班后会，在某些企业也叫夕会。它为总结当天的工作、评价员工当天的表现、交代第二天的准备事项提供了一个场合，顺利交班后，让员工从工作状态回到生活状态。

班后会上对于员工工作表现的评价，不要笼统、含糊。表扬的人或事，要具体到人和具体细节。对于批评，可以不点人名，但具体的改进地方要详细，以便下次改进和防范。

经验分享 5-5　一位电力公司班长谈怎样开好班后会

开好班后会与班前会，都需要具备一定的安全基本知识，也都需要锻炼和提高组织能力。"在泳池中才能学会游泳"，要开好班后会，也离不开工作实践。对于新任职的班长来说，起码要明确以下几点。

（1）要明确班后会与班前会之间的联系与区别。两者是为了一个共同的目的，内容也是紧密相连的。就好像文章的上篇与下篇，但两者所采取的方式和要解决的重点问题是不同的。班前会是以思想动员的方式，对即将作业的安全工作进行分析预测，提出趋安避险的措施，防患于未然。班后会则是以讲评的方式，在总结检查生产任务的同时，总结检查安全工作，并提出整改意见。班前会是班后会的前提与基础，班后会则是班前会的继续和发展。

（2）要明确班后会的主要内容。一般来说，班后会的内容应包括：① 简明扼要地总结当天生产任务完成和安全规程执行的情况，既要肯定好的方面，又要找出存在的问题；② 对认真执行安全规程、表现突出的员工进行表扬，对违章操作的员工，视情节的轻重和造成后果的大小，提出批评教育或处罚；③ 提出整改意见和防范措施。班后会的一个鲜明特点，是能够及时发现问题和解决问题，因而针对性强，见效快。

（3）要全面、准确地了解实际情况，使总结讲评有说服力。班组当天的工作情况，是总结讲评的基本依据。如果对实际情况一知半解，总结讲评是说不到"点"上的。而要全面、准确地掌握情况，就必须加强调查研究，取得第一手材料。班长要通过自己的实地观察和多方面的了解，对一天下来全班组完成生产任务、执行安全规程总的情况做出恰如其分的评估。同时，要把发现的不安全现象或造成的事故作为重点，进行详细的了解，不但要弄清楚事情的始末、原因，还要分清责任。然后进行思考，归纳要点，形成思路。个人的认识能力总是有限的，为使总结讲评切合实际，班长在会前应征求有关员工的意见。

（4）要注意做好个别人的思想工作。班后会的批评，可能是指名道姓的，有的员工可能不习惯，也有的会因为受到批评或处罚而背上思想包袱。会后，班长应找他们谈心，帮助他们端正认识，克服消极情绪。

5.2.3　报告、联络、协商

"报告、联络、协商"最早来自日本企业，是工作中常用的沟通手段，它对提高内部工作效率、及时传递和反馈信息是很有帮助的。

1．报告

报告属于向上沟通。班组长作为基层管理者，受中层干部的领导，接受他们布置的工作与任务。被委任了任务就有报告的义务，因为中层干部要为最终结果承担责任，他们不了解任务的进展就不能正确地进行管理。报告分口头报告与书面报告两种，口头报告要迅速、简洁、明了。班组长还要训练员工学会口头报告，内容包括：事情的结果和现状、过程的要点、下一步的准备、需要的支持和条件。

对重大事项或备查情况要写正式的书面报告，如《出差汇报》《学习总结》或《防止事故再发报告》等。

2．联络

联络重在向下沟通，分传达和指示两项内容。班组长接受了上级的指示后就要传达给下级，例如，车间主任参加了公司的节日维修协调会，回来后就要传达相关事项，班组长要继续向员工传达，让应该知道的人都知道具体事项。指示是管理者自己根据工作和任务具体发出的命令和要求。做指示时要简明扼要地说明一下背景情况，把要求讲得明确、具体，并掌握对方理解的程度。

3．协商

协商的目的就是讨教智慧、寻求支援、消除误解、了解信息。协商多在同级跨部门之间进行。班组长遇到不明白、不理解的事情可以通过协商的方法获得信息和帮助，如在工作中发现不好的兆头，可以先根据自己的经验想好对策，然后与上司或相关部门协商解决方案。

别人找我们协商，我们不要推辞，应该觉得自己能帮助别人是件愉快的事，尽量帮助别人，以形成一个相互帮助的良好氛围。自己遇到麻烦，先尽可能了解清楚相关信息并做出初步判断后，形成一两个解决问题方案的腹稿，再尽早与人协商。

班组长要培养自己的全局意识，渐渐地跨出本班组的局限，能从前后工序、不同部门的角度去思考问题。

经验分享 5-6　正确对待合作与竞争的辩证关系

协调同级关系，也不应一味提倡合作，回避竞争。如果不竞争，就不可能创造最优异的成绩，也不可能赢得别人的钦佩和尊重。试想，一旦处于被人轻视的地位，又怎能建立平等的、和谐的同级关系？合作与竞争是同级关系中不可分割的两个方面，合作中包含着竞争，竞争中又包含着合作。合作推动竞争，竞争又有助于更好地合作。这种"竞争意识"应该是积极的、健康的，具体表现在以下5点。

（1）依靠自己的不懈努力，创造全优工作。

（2）自觉向同级中的强者学习、看齐。

（3）在和同级的竞争中，领先时不自满，落后时不气馁，一如既往，积极进取。

（4）无保留地帮助在竞争中暂时落后的同级。

（5）以竞争来激励自己，但不要让同级看出你在竞争。

总之，正确对待合作与竞争的辩证关系，努力协调与同级的关系，是班组长必须认真解决的一个重要问题。这个问题处理得好，将有利于班组长工作的开展，也有助于个人的健康成长。

5.2.4　书面沟通要点

班组长要培养一定的书写能力，能够撰写与工作相关的记录、报告。

1. 交接班记录

交接班记录应简洁、明了，使当时不在场的相关人员能够明白你所陈述的内容，也为以后查询相关内容提供出处。

2. 书面报告

书面报告是比较正式的沟通形式，所用的表达方式比较规范。要避免出现错字、别字。

管理知识 5-4　书面报告撰写格式与体例

1. 书面报告撰写格式

（1）使用 A4 规格的白纸，从左至右横写。

（2）书面报告内容不应太简单。

（3）报告封面需载有以下内容：

① 报告题目；

② 报告人姓名、单位、职务；

③ 报告人联络方式（电话或电子邮箱）。

（4）报告全文的组织次序：

① 封面；

② 报告题目（首页头题）；

③ 全文；

④ 注释；

⑤ 参考书目；

⑥ 附录（如有需要）。

（5）报告的子目录，应依次序分列章节段落，原则上次序不应太过繁复。

例如：

1. ……

（1）……

① ……

a. ……

（6）分段与引文。

① 每一段第一行第一字前空两格；

② 直引原文时，短文可列入正文，外加引号；

③ 如所引原文较长，可另行抄录，每行第一字均空 3 格。

（7）如有图表，应加编号与标题，置于文内，不要集中于文末。表的标题应置于表格上方，注释应置于表格下方，图的标题与注释均置于图下。

2. 报告书写注意事项

（1）以阿拉伯数字书写日期。

例如：1997 年 7 月 1 日

（2）全文中的数字尽量用阿拉伯数字表示。

例如：167 部影片，74%，共计 6 800 人次

（3）正确使用标点符号。

① " " 表示引用专门词汇、研究专题名称等；

② ' ' 用于 " " 之内；

③《 》用于书名、影片名称、报纸名称等；

例如：《半生缘》的作者是张爱玲，张学友的新专辑《想和你去吹吹风》

④〈 〉用于单篇论文或某书的某章，电视节目的某单集等。

（4）外文翻译。

① 外国人名译出姓名，并在姓名后以（　　）附列原文全姓名；

例如：约翰·费斯克（John Fiske），麦克斯·韦伯（Max Weber）

② 其他论及的外文资料尽量翻译成中文，并附原文以利阅读。

（5）简称。

有关的陈述，第一次出现时使用全称，以后可以使用简称。

例如：中央电影公司（以下简称中影），有线电视新闻网（Cable News Network，CNN）

3. 注释与参考书目书写格式

（1）文内注释以阿拉伯数字在文中句末右上角注明。

例如：1996 年中国台湾的电影产量锐减[①]。

（2）注释与参考书目编写。

① 中文文献作者或编者依姓氏笔画排列，英文文献作者或编者按英文姓氏字母顺序排列。

② 所有注释可一律放在文末参考书目前。

③ 中文图书参考格式如下：

作者. 书名[M]. 出版地：出版社，出版年份：页码.

④ 期刊文章参考文献格式如下：

作者. 文章[J].刊名，年，卷（期）：页码[引用日期].

5.3　工作协调

协调是管理人员为形成合力，调整员工的观点、看法、工作步调所进行的特别沟通。班组长作为生产现场的管理者，要学会协调，能按轻重缓急来计划、实施每项任务，并协调人力、时间、费用与工作内容等。

班组工作协调要领

1. 应有的心胸与态度

（1）信任他人，不怀疑他人的诚意与健全心智。

（2）关心并珍惜彼此的关系，对于观念上的差异愿意沟通。

（3）接纳外来影响，并愿意改变自己。

（4）运用倾听的方法来了解他人。

（5）通过倾诉而被人了解。

（6）从双方的共同点开始沟通，再慢慢解决分歧。

2. 沟通的基本原则：以解决问题为前提

（1）不要有先入为主的观念。

（2）互相尊重。

（3）不要有门户之见。

（4）秉持双赢的理念。

3. 用沟通代替命令

（1）提升下属积极接受命令的意愿。

（2）让下属事前参与。

（3）让下属明白事情的重要性。

（4）让下属提出疑问。

（5）用反问的方式回答下属。

（6）确认下属的了解程度。

（7）共同探讨状况、提出对策。

（8）让下属感到被信任。

5.4　班组长的激励方法

　　基层班组长虽说也是管理者，但基本没有财权，多数班组长没有给员工评定工资和奖金的权力。物质激励似乎很难在班组中实施，因此精神激励的地位就更加重要。其实，激励的本质就是通过各种手段令被激励者受到精神鼓励。正因如此，在可利用资源有限的前提下，对员工实施激励，让他们感觉到自身的价值，对班组有归属感，就更能锻炼班组长的管理能力。

5.4.1　激励前提

1. 让员工知道为自己工作

　　员工的过度流动不仅对企业不利，对员工自己也不利。"一行通，行行通；一行不通，行行不通"的道理告诉我们，在工作中，必须深入钻研，精通"一行"。班组长不一定能帮助员工赚到大钱，却可以帮助员工尤其是新进入企业的员工安身立命，学到立足于世的真功夫。刚工作的新人，雇用思想较重，看重表面的收入，而很少为自己的未来着想。班组长要帮助他们转换观念，珍惜在企业工作的机会，培养自己的能力，变"为他人工作"为"为自己工作"，为自己培养能力和知识储备。

📖 **延伸阅读 5-1**

你在为谁工作^①

该书提出了每位员工都需要自我反思的人生问题——你到底在为谁工作，并对该问题进行了深刻、细致的解答。班组长可以用书中的内容帮助员工解除困惑，调整心态，重燃工作激情，使人生从平庸走向充实和非凡。如果班组内的员工都能明白"我们在为企业工作的同时，也在为自己工作"这个朴素的道理，责任、忠诚、敬业就不再是空洞的口号，而是工作的动力。

2．培养员工的成就感

员工对成就感的渴望可以说是与生俱来的，这甚至可以被看作一项基本"需求"，作为班组长，一定要懂得如何去满足下属的这种需求，要懂得如何给员工以成就感。要让员工懂得工作是自己与社会产生联系的人生平台，能力是自己的立命本钱。

对一个班组长来说，应该倾力去为下属创造一个取得成就的平台，要想方设法让下属从工作中获得成就感，并在必要的时候主动将成就拿出来与下属分享，而非一人独占所有成就。

要让员工培养对学习的兴趣，不断提高员工的工作标准，要交给他们具有挑战性的工作，在待遇上要保证公平公正。

3．对员工提出期望和要求

班组长作为员工的良师，在不同阶段，要对员工提出期望和要求，帮助他们提高工作技能，不断提升生产率和合格率，提升工作质量，同时让员工获得更多的报酬。

5.4.2　班组激励 4 原则

1．公平公正

"不患寡而患不均"说明公平在员工眼里是何等重要。任何不公的待遇都会影响员工的工作效率和工作情绪，更会影响激励效果。取得同样成绩的员工，一定要获得同样的奖励；同理，犯一样错误的员工，也要受到相同的处罚。班组长一定不能因自己的好恶，对同样的事情给予不同的处置。班组长处理员工问题时，一定要有公平的心态，不应掺杂任何的偏见和喜好，不能有任何不公的言语和行为。

---

① 陈凯元. 你在为谁工作[M].北京：机械工业出版社，2007.

公正意味着制度面前人人平等、机会面前人人均等，强调以制度管人，而不是以人管人。为实行公正，就要让事实说话，让数字说话。为人公正也是让班组长立于不败之地的良好品格。

经验分享 5-7　不患寡而患不均

每个公司都会有这种情况：不发奖金或没涨工资前大家相安无事，工作态度都很积极，发奖金或涨工资后却产生无数矛盾，一些人的工作积极性反而直线下降。

2022 年年初，春节已过，某公司售后服务部的一名客服小李没来上班，她给部门经理发短信请假说脚扭了。小李人很聪明，本职工作做得井井有条，在公司的人缘也不错。又过了两个星期，她发短信说她要辞职，已经找好新工作了。部门经理很奇怪，她一直干得好好的，怎么突然辞职了？问她辞职原因，她说了很多含糊其词的理由。直到几个月后，部门经理与公司其他员工聊天，才得知小李辞职的真正原因：年终奖比另一名客服小赵少拿了 200 元。小李和小赵工作成绩差不多，但小赵因为有时帮部门经理处理一些杂事经常加班，所以年终奖多发了 200 元。其实 200 元对于她们来说只是收入的很小一部分，但少拿 200 元引发了小李的心理不平衡，所以她选择了辞职。这件事使部门经理很有感触，觉得以后再发年终奖时应该更为谨慎，发完后还应该尽量与员工多交流。假如员工在工作的某方面有突出业绩，应尽量及时以专项奖金的形式给予当月奖励，这样既及时鼓励了该员工，别人也无话可说，不会心理不平衡。

2. 及时、具体

班组长与员工整天工作在一起，发现员工做得好、有进步的地方就要及时给予肯定。"这件事干得真棒"，一句恰如其分的赞扬，会让员工内心暖洋洋的。对于具体的好方法、好言行，可以在班前班后会上及时表扬，表扬得具体，其他员工学习起来也方便。

3. 形式多样

形式承载内容，过于单调的激励形式会起到反作用。班组长要开动脑筋，采用不同的方式、方法来赞扬、鼓励和激励员工。不光是用口头表扬、现场墙报、公司内刊等方式，还可以用肢体语言、荣誉称谓、打擂比赛等方式进行激励。总而言之，让员工感到被信任、被认可、被尊重，就达到了激励的目的，就能唤醒员工内心的动力。

经验分享 5-8　激励应该采取何种形式

很多管理人员误以为钱是解决所有问题的答案。优厚的薪资固然重要，但是员工激励是多角度、多元化的，不一定每次激励都要花钱，但一定要花心思。除了金钱，还可以使用很多激励手段。

金钱激励法并非完全引爆员工干劲和雄心壮志的万灵丹。金钱的效力有一定的限制，单靠金钱这一项诱因并不足以完全激发员工的工作动机。金钱只有和其他激发动机的因素整合起来，才能达到最好的激励效果。

比如，员工很重视与工作伙伴之间的关系，这就不是金钱能取代的。金钱不能激励员工的另一个理由，则与心理因素有关。一般人在达到一定的经济条件之后，便会转而追求其他方面的满足，对于他们来说，那些东西比金钱更具价值。

真正的激励因素还包括成就、认可、工作本身、责任和晋升等。美国心理学家、管理理论家、行为科学家弗雷德里克·赫茨伯格经实验得出结论：在所有激励因素中，金钱因素的作用仅列第六。

很多老板根本不知道员工要的是什么，他们以为只要加薪就能留住人。其实，在人的基本需要被满足后，他们的需求就会发生转移。管理人员在激励员工时，一定要紧紧抓住这一点，只有这样才能把工作做好。

然而，认为金钱起不到激励作用，这种观念也存在很大的问题。如果把员工的工资减半，他肯定怒火万丈。上文只是强调，如果不能满足员工的真正需求，即使给员工工资加倍，他也不会一下变得更积极、更勤奋或更有才干。

4．持续激励

激励绝不只是月底的奖金、年终的表彰，而与沟通一样，是一种随时随地都能发挥效力的管理方式。作为成熟的管理者，要能娴熟地实施激励，不要将激励当作一种独立于本职工作之外的工作，而要将其融入日常管理工作。班组长实施激励的机会在于每个时刻、每个方面。要让员工乐于工作，班组长就要乐于实施激励。

5.4.3　班组长常用的激励方式

也许有的班组长会把奖励与激励等同起来，但事实上奖励是事后的激励。而班组长更多要做的是事前、事中的激励。有的班组长认为激励很复杂、不好做，其实很多班组长有非常好的实施激励的体会，只是不善于总结和提炼罢了。

1. 真诚赞扬

肯定与赞扬是采用频率最高的激励方式，哪怕员工取得了微小的成绩和进步，都要及时给予肯定和赞扬。赞扬时一定要真诚，要让员工感受到被重视和尊重，自己的行为得到了认可和鼓励。赞扬不需要任何成本，只需要班组长在平时工作中多注意员工的进步和成绩，效果却很好。

2. 给予荣誉

荣誉反映了企业对团队和个人贡献的充分肯定和高度评价，是满足员工自尊需要的重要激励手段。

3. 鼓励积极参与

一般而言，员工对于参与与自己的利益和行为有关的讨论有较大的兴趣。通过参与，可培养员工对企业的使命感、归属感和认同感，满足其自尊和自我实现的需要。

经验分享 5-9　德国企业内部的工厂委员会

在德国企业里，员工参与管理主要通过工厂委员会的协商、董事会的共同决策、监事会的制衡及其他一些方式实现。工厂委员会由不包括管理阶层的所有员工选举代表组成，委员会定期与雇主举行联合会议。法律规定雇主有义务向工厂委员会提供各种信息和有关文件，尤其是涉及财务、生产、工作流程的改变等方面的。员工超过 100 人的企业，工厂委员会必须委任一个财务委员会，定期与管理层会面，了解企业的财务状况；员工在 1 000 人以上的企业，每季度雇主还必须书面报告企业各方面的情况。工厂委员会几乎可以对企业中所有重大的决策与举措表达看法。在工作时间、工资福利等方面，工厂委员会还具有共同决策权，特别是当发现劳动条件的改变损害了员工的人性化需求时，可以要求雇主予以赔偿。

工厂委员会管理的具体方式有如下几种。

（1）每个员工每年要写一份自我发展计划，简明扼要地阐述自己在一年中要达到什么目标，有什么需求，希望得到什么帮助，并对上一年的工作进行复盘。自我发展计划一方面是员工实行自我管理的依据，另一方面给每个员工的上级提出了要求：你如何帮助你的下属实现自己的计划。它既可以作为上级人员制订自我计划的基础，又能成为对上级人员考核的依据。

（2）每年定期填写员工调查表对企业工作提出意见，让那些平时没有参与管理的人也填写意见，这成为管理部门收集员工意见和建议的重要方式。

（3）每年进行一次360度的员工评议。

（4）定期举行座谈会，征求员工意见，参加人员就所定议题充分发表意见，一般需要在会议期间或会议结束时做出明确的决议。为制定某项重大决策、原则与办法，各级组织还会举行研讨会，就某个问题做深入研究，从而提出妥善的解决办法。被邀请或指定参加的人员，即使没有发表什么意见，也可从心理上感到受重视。

（5）设置咨询机构或顾问委员会。

4. 授权

人人都想实现自我价值，授权体现了班组长对员工的信任和对其能力的肯定。

5. 增加挑战性

为员工的工作增加挑战性，如进行排名竞赛、轮岗与晋升等，这些本身都是具有激励作用的。

经验分享 5-10　排名竞赛

日本松下公司每季度都要召开一次各部门经理参加的讨论会，以便了解彼此的经营成果。开会以前，会议组织者把所有部门按照完成任务的情况从高到低分别划分为A、B、C、D 4级。会上，A部门首先报告，然后依次是B、C、D部门。这种做法充分利用了人们争强好胜的心理，因为谁也不愿意排在最后。

美国西南航空公司的内部杂志经常以"我们的排名如何"这个部分让员工知道他们的表现如何。在这里，运务处根据准时、行李处置、旅客投诉3项工作做出每月例行报告和统计数字，并将当月和前一个月的评估结果做比较，得出西南航空公司整体表现在业界中的排名。他们还列出业界的平均数值，以利于员工掌握趋势，同时比较公司和平均水准的差距。西南航空公司的员工对这些数据十分上心，因为他们知道，公司的成就和他们的工作表现息息相关。当某一家同行公司的排名连续高于西南航空公司几个月时，公司内部会在短短几天内散播这个消息。最后，员工会加倍努力，期待赶上对手。西南航空公司一线员工的消息之灵通是许多同行无法相比的。

6. 设定适当的目标

目标激励就是通过设定适当的目标，激发人的动机和行为，达到调动积极性的目的。

7. 分享成果

与员工分享成果体现了班组长对员工工作及其创造的价值的肯定与赞赏。

📝 经验分享 5-11 "总裁执行风暴"的激励

激励一定要从上至下，管理者要有"你进步我就必须奖励"的意识。而处罚是兑现从下至上的承诺。

一位销售总裁，本年度销售目标没有完成，他主动兑现自己的承诺："没有完成任务，将从上海徒步走到杭州"，结果他走了三天两夜。当他一瘸一拐地走进杭州总部的时候，公司全体员工热烈欢迎他，赞扬他履行诺言，鼓励他再接再厉。其下属为领导的"自残"感到十分愧疚，结果在两个月后补齐了去年的销售额，并超额完成了后三个月的销售额。这位销售总裁被表彰，而他没有忘记下属，他将下属按销售成绩排队，评选出三名销售状元，给予了丰厚的物质奖励。总部也对这三名员工给予最高的精神奖励。按规定被表彰的员工家属要到场，体验亲人给他们带来的荣耀。其中一人的父亲刚刚去世，母亲伤心过度，没有出席。销售总裁知道后，率领大部分高管，驱车两千多公里，来到这名员工的家乡，慰问他的母亲，并捐资给村里的学校、卫生所，请村里所有人吃饭，在席间为这名员工颁奖。

大家以为表彰这就结束了，但第二年公司表彰会时，销售总裁依然把这名员工的母亲请到会场，为这名员工补办了颁奖仪式。

8. 提供培训机会

提供培训机会不仅仅是对优秀员工的一种肯定和奖励，对公司来说，也是一项有价值的投资。

➡ 本章小结

人员管理离不开沟通，沟通要讲究方式、方法。有效的沟通让心与心更近，工作更顺畅；失败的沟通让人与人相远。说话要注意效果，注意对方的感受。从班前会到工作中的各种协调，班组长要锻炼自己的沟通能力。对员工的表扬要及时，批评要少用、慎用。

↳ 思考与实践

1. 沟通看似嘴上功夫，实则管理实力，工作中如何将事说到点子上？

2. 向上沟通时，如何做到简明扼要？

3. 同级协商时多一些换位思考，如何避免本位主义，避免冲突？

4. 学会倾听，让员工有苦恼时愿意向你倾诉，这方面你做得如何？

5. 布置工作时如何说得透彻，让员工真正理解？

6. 请举例说明如何通过表扬激励员工。

7. 你有没有在批评时错怪了员工？后果如何？

8. 每天的班前会或许很单调，你是如何开好班前会的？

9. 结合性格特征，谈谈与不同性格的人沟通要注意什么。

10. 沟通的黄金法则是什么？在工作中如何应用？

┃▶ 第6章
员工培训

玉不琢不成器，从社会上招聘的人员不经过企业的培训就不会成为合格的员工。员工取得进步，企业才能不断进步。在基层员工的职业舞台——班组之中，班组长既要负责对员工目前工作胜任力的培养，还肩负着通过培训给员工一个美好未来的责任。

6.1 员工的培训需求

6.1.1 一线员工的新特点

多数制造企业一线员工 70%～80% 来自农村。他们受教育程度比较低，多数人没有受过高等教育就怀着种种美好愿望来到了城市，来到了企业，有的人凭着勤劳的工作，逐步掌握了一些劳动技能。但是不容忽视的是，很多人还没有养成良好的工作习惯就来到了操作岗位上，工作拖沓，操作随意，还有些人沾染了不良习气，不能遵守规章制度，不能妥善处理人际关系，严重影响企业的正常管理运行秩序。

> 理念　培训是员工与企业最大的双赢结合点

多数一线员工的年龄基本上在 18～45 岁，一方面，在体力精力方面，年轻人更有优势，另一方面，在知识深度广度和接受能力方面，相比老一代员工更具有优势，但是这些优势有时不能有效地转化为工作能力优势，反而成为员工成长的阻力。

当代年轻员工多数为 "90后" 和 "00后"，他们表现出了与老一代员工迥然不同的特点。他们自主意识非常强，倾向于拥有自主的工作环境，对传统思维、管理方法和管理模式有反叛心理，强调自我引导，不愿受制于外部压力，愿意追求宽松、民主的工作环境，喜欢灵活机动的工作关系，讨厌刻板教条式的管理方式。

他们功利意识强烈，注重自身价值的实现，愿意展示自身的才能，并强烈期望得到上级领导和所在部门同事的注意与认可。不满足于从事重复性的、缺乏创新的工作，对过于具体详细的指导会感到厌烦，倾向于从事挑战性强、技术要求高的工作，把解决工作中的技术难点看作实现自身价值的一种形式。

他们普遍个性较强，吃苦奉献对他们来说是过时的，反而对自身权益和发展空间非常关注，流动意识较强。

上述特点，也从侧面说明了一线员工的培训需求。除了企业的新员工入职培训，更需要班组长利用与一线员工接触方便的条件，在工作中有针对性地对员工开展培训。

6.1.2　员工培训的意义

培训工作是企业最重要的管理工作之一，通过培训能培养一支高素质的员工队伍，培养企业发展所需的胜任能力。现代管理实践经验告诉我们，培训影响企业的未来，也影响员工的未来。员工通过培训能够快速扩展知识面、提升工作技能、端正工作态度，从而成长为优秀的员工。

世界500强企业中没有一家企业不高度重视培训工作，其培训对象不仅是一线员工，而且包括从上至下各层面的人员。培训工作影响企业未来发展的命脉，必须高度重视，下功夫去做。

经验分享6-1　华为——染红狼群的眼睛

"华为人的眼睛都是红色的，或许这就是华为公司文化熏陶的结果，这让我们感觉有点恐怖。"在华为的竞争对手朗讯公司就职的王先生这样评价华为的"狼性文化"。

与其他跨国公司一样，华为在招聘时更青睐应届大学毕业生。在正式加入华为前，新入职的员工需要参加20天的公司文化培训。

新员工入职，就有了自己的工号。比如，新员工的工号为"17450"，代表他是第17450个进入华为的员工，他的邮箱和培训编号都是这个号码。同时，他也拥有了自己的培训档案，因为华为员工在不同阶段会接受不同的培训。档案是培训内容、考试结果、教官评语和培训状态的一个完整记录，正式入职后主管首先看到的就是新员工的入职培训成绩。

华为的培训弘扬民族主义情怀，"打败跨国公司，进入世界500强，为民族工业争光"是华为入职培训的主旋律。在培训方法上，华为从生产、市场和管理一线抽派员工与新员工进行近距离交流，而且采用案例教学，这样不但保证了课程的生动性，还让培训不与现实脱节。在新员工培训中，会穿插热情洋溢的高层演讲，据华为员工回忆，创始人任正非的每次演讲都会让大家热血沸腾。

入职培训时，经常唱的歌曲有《真心英雄》《华为之歌》，另外还有专门针对销售人员的激励歌曲。这样军训式的生活，似乎和任正非的当兵经历有关。华为人对培训中的"大合唱"记忆犹新："合唱听起来很傻，可是在那样的氛围中，我确实被感染并沉浸其中了，合唱结束听到掌声的时候似乎给人一种重生的感觉，我知道自己成了华为的一分子。"曾就职于华为市场部的王先生表示。

华为视人才储备重于公司财务增长，花巨资从英国引进全套人力资源管理系统，内容包括任职资格、职业发展和考核体系，使得华为在不断发展和壮大中，"狼性"公司文化始终得到制度的支撑。

作为班组长，培训工作是最重要的工作职责之一，通过班组内的培训，员工的整体工作效率也将大幅提高。培训不但可以提升员工自身能力，提高他们的自信心和积极性，而且能够提高班组长的培训管理能力，能促进班组长与属下员工的沟通，增强班组的凝聚力和吸引力。

6.2 班组培训的方法

6.2.1 培训流程

班组长必须掌握培训工作的全部流程，关注其中的关键环节。首先要做好需求分析。需求分析是起点也是本阶段培训工作的终点，有助于建立有针对性的培训目标，确定与其配套的培训形式。其次是要做好跟踪调查。在一个阶段的培训工作结束后，必须对下属员工受训效果进行跟踪，通过观察他们的实际工作状态，掌握他们在思想、知识、技能、行为方面的变化情况，并以此为依据，改进下一阶段的工作重点和工作方法。

◥◣◢◤ 案例 6-1 问题到底出在哪儿

RB 制造公司是一家位于华中某省的皮鞋制造公司，有近 400 名工人。大约在一年前，公司失去了两个较大的客户，因为他们对产品过多的缺陷感到不满。RB公司领导研究了这个问题之后，一致认为：公司的基本工程技术方面还是很可靠的，问题是生产线上的工人、质量检查员以及管理部门疏忽大意、缺乏质量管理意识。于是公司决定通过开设一套质量管理课程来解决这个问题。

质量管理课程的授课时间被安排在工作时间之后，每周五 19:00—21:00，历时 10 周，公司不付给来听课的员工额外的薪水，员工可以自愿听课，但是公司的主管表示，如果一名员工积极地参加培训，那么将被记录到他的个人档案里，以后在涉及加薪或升职的问题时，公司将重点考虑。

课程由质量监控部门的李工程师主讲。主要包括各种专题讲座，有时还会放映有关质量管理的录像片。专题讲座包括质量管理的必要性、影响质量的客观条件、质量检验标准、检查的程序和方法、抽样检查以及程序控制等内容。公司里所有对此感兴趣的员工，包括监管人员，都可以去听课。

课程刚开始时，听课人数在 60 人左右。在课程快要结束时，听课人数已经下降到 30 人左右。而且，因为课程是安排在周五的晚上，所以听课的员工都显得心不在焉，有一部分离家远的员工课听到一半就提前回家了。

在总结这一课程培训结果的时候，人力资源部经理评论说："李工程师的课讲得不错，内容充实，知识系统，而且他很幽默，课程引人入胜，听课人数的减少并不是他的过错。"

那么，这次培训搞成这样，到底是谁的错，又错在哪儿呢？

⊃【点评】

上述培训的问题在于：

（1）没有对员工进行培训需求分析，不了解员工的需求，不了解员工对质量管理培训的认识情况。

（2）没有对培训做总体的规划，包括合理的培训时间、地点、培训经费预算、培训讲师的安排甚至对培训师的培训等。

（3）没有选派合适的人选对培训的全过程进行监控，及时发现问题、解决问题。

（4）培训结束时，没有对受训人员进行培训考核，以了解培训工作的效果。

（5）没有对培训的总过程以及结果进行及时总结，保留优点，剔除问题、缺点，为下一次培训积累经验。

每位班组长必须为培训工作准备专门的工作簿，管理自己班组的培训工作，把自己的心得体会随时记录下来。随着时间的推移和工作的推进，班组长会积累足够的培训经验和工作素材，将其转化为自己的培训工作宝典。每个班组的具体情况都是不同的，所以，每本宝典都是独特的宝贵财富。

对于班组长来说，培训工作应从明确培训需求出发，进而确立培训目标，然后设计培训内容和形式，最后制订培训计划，申请培训预算，实施培训计划，并及时评估培训效果，跟踪学员改进程度，提出改进措施。培训流程如图 6-1 所示。

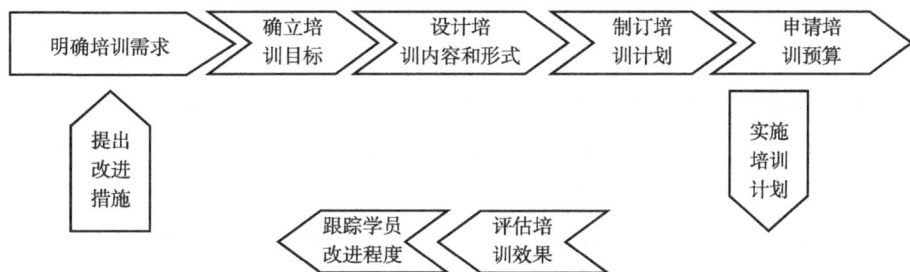

图 6-1　培训流程

培训需求源于班组日常工作任务要求与员工素质与技能水平之间的差异、员工自身特点以及日常班组管理问题。明确了培训需求才能进行后面的流程。

在每个班组中，班组长对每个成员分配工作任务，明确各自的工作目标，对每个人的实际操作进行考查和评价，根据每个人的操作水平和工作绩效，制定培训内容和目标，由此制订培训计划，并按计划实施培训。

6.2.2　培训目标

培训的目标是保证员工能够胜任岗位，能按时保质保量完成工作任务，同时不遗留任何隐患。培训的过程是向员工提供涉及企业文化、管理要求、劳动关系、工作技能、行为规范、客户服务、操作规范、工作能力等一系列课程内容，使得他们能够学习和掌握一定知识，达到符合企业日常经营管理需要的程度。

培训确立具体的目标时必须明确企业管理的总体需要、岗位胜任要求和员工自身发展的需求。由于一线员工的基础素质和知识技能不一致，学习能力也参差不齐。所以，班组长需要将企业对员工的总体要求分解为阶段目标，采取不同形式，灵活掌握时间点开展培训工作。

在实际工作中，培训的目标有的是长期的，有的是短期的，有的是应急的。但从长远来看，企业的日常经营和发展不仅需要领导者的高瞻远瞩，还要有强大的财务和物质资源支持，更需要优秀的员工队伍为后盾。有些企业发展滞缓或者经营失败的原因之一，就是员工整体素质无法达到企业发展的要求。

▾▴∧∧ **案例 6-2**　没有细节培训，就没有质量的保证

M公司是一家全国领先、世界知名的精细化工企业，产品大多出口，质量标准要求很高。面对激烈的市场竞争，M公司狠抓质量管理，在质量管理方面做了很多培训工作，M公司的培训工作多次在全国同行业评比中获奖，其产品质量为多家国外客户认可，建立了长期供货关系。

但是，有一次，一位客户发来了言辞激烈的投诉信，指出M公司在某一批次的产品中夹带了一把扫帚，严重影响了该客户的企业声誉，不但要求巨额赔偿，还表示正在考虑中断与M公司的长期供货合同。这样的事件在M公司生产经营历史上是很少见的，公司不仅面临经济赔偿，更重要的是公司的声誉一旦因此受损，将导致众多客户的退货或者中断合作关系，这将严重影响公司的发展。面对这样的情况，M公司管理层极为重视，立即部署检查工作，追查事件发生的源头及原因。

检查结果很快就报到了最高管理层。原因是负责产品装填的员工没有按操作步骤要求执行，导致一把很小的扫帚掉进了粉末状产品中，而下一道负责包装工序的员工也疏忽大意，没有逐个检查包装桶内的产品，直接将产品封装，使得带有扫帚的产品包装桶漂洋过海，到了国外客户手里。

针对此次质量事故，M公司认为，操作细节没有被完全执行是表面原因，深层原因是员工工作责任心不强和质量意识薄弱。因此，M公司一方面重新检讨培训工作的缺陷，重点部署对工作责任心方面的培训；另一方面责成生产部门对生产环节的管理工作进行整改，对生产流程、操作工序重新调整，杜绝无关物料对产品的影响，并且对员工开展为期3个月的6S管理强化培训。同时，M公司很快向客户通报了检查结果、整改计划，并与客户进行多次沟通，邀请客户再次到现场亲自审查质量，保证工作的落实情况。客户审查M公司整改效果后，对质量事故的解决措施给予了认可，同意继续维持原供货合同。

至此，M公司终于避免了损失，维护了企业形象。但是公司管理层对培训工作有了更深一步的认识，对工作细节培训的重要性有了深刻的体会。在其调整后的培训工作中，将影响质量的各项关键因素都分解为单一的培训目标，逐一进行滚动培训。

⊃【点评】

案例中的化工企业对质量的要求是非常高的。很多化工企业注重技术层面对

质量管理的影响，并以此来设定培训目标，但是，质量管理不仅仅停留在技术操作层面，往往是非技术层面的因素或非智力因素严重影响了质量的稳定和提高。所以，培训目标应根据客户的关键需求、员工素质特点、生产操作薄弱环节来设定，培训目标宜具体不宜空泛、宜重点不宜面面俱到。希望班组长们切记！

6.2.3　培训前提

组织培训工作是企业各级管理者的工作职责之一。成功的培训活动必须具备足够的前提条件，否则，培训目标、内容和效果都不容易把握。关键的前提是：第一，公司规章制度规范化，有明确的各级员工培训要求、培训计划和预算、明确的奖惩要求；第二，业务操作规程标准化，有明确的岗位职责要求、明确的作业指导书、明确的现场管理要求和奖惩措施；第三，班组内各员工有明确的岗位分工、明确的知识技能评价措施和标准，现有员工数量满足班组生产经营的基本要求；第四，班组长的知识技能掌握程度和操作熟练程度已达到班组内各岗位的操作要求，同时，班组长必须制定本班组年度、月度的培训计划。在满足以上几点条件的情况下方可开展本班组的员工培训。

6.2.4　培训类型

培训类型按受训人员的不同可以分为新员工培训和轮岗培训。

1. 新员工培训

新员工培训一般由企业人力资源部门负责组织实施。在新员工获得上岗许可后方可进入操作岗位。由于新员工集中培训的操作训练性内容不充足，所以，在上岗实操前，班组长必须为他们讲授上岗操作的具体要求、标准，给予操作示范，然后辅导新员工进行首次实际操作。这阶段培训的目标是在规定时间内，使新员工达到上岗操作的初级水平。在以后的岗位操作中，班组长将根据实际操作情况进行持续的培训，使新员工从初级操作水平提升到熟练操作水平。

一般新员工为如下几类人员：无经验的新入职员工、无经验的应届毕业生、有经验的新入职员工、工作要求提高的在职老员工。

在职老员工一般都已达到熟练操作水平，这种熟练程度是相对于一定的生产技术难度要求来说的。如果生产技术难度增加，对质量要求提高或者对工作效率提出更高要求，这时，老员工往往难以对自身进行快速提升，之前的知识、经验和技能已不够用，需要针对新的操作环境，按照新的《作业指导书》进行学习和操作。在这样的情况下，作为班组长，必须率先参加知识技能的提升培训，自身的水平达到新的要求后，再回到班组对本班组的老员工开展培训。

经验分享 6-2　开展针对性培训，推动员工成长，保障生产运行

　　G 公司为了拓展新的市场，建设了一个新产品车间，员工有从其他车间调入的，也有新入职的，不过面对新产品的生产要求，他们都是新员工。经过初步的新产品知识、生产流程及操作培训后，新员工们被分配到了具体的班组。每个班组长都建立了一份班组内员工的培训档案，记录了每个员工以往的工作经历、培训记录、技能评价等内容。班组长在开始具体的操作训练前，根据新产品的操作要求及培训内容，对员工进行了知识测验和操作技能的测试，掌握每位员工在培训阶段的学习效果及操作能力水平，并在培训档案里留下记录和评价。然后，班组长根据每位员工的知识与能力表现分配相应难度的岗位工作，并确定后续的培训目标。

　　对于知识与技能掌握快且基本达到操作要求的员工，班组长在给予其较短时间的岗位适应性训练后就将其安排在关键工序岗位，正式上岗操作。班组长负责后续跟进，考察其操作技能的稳定情况，及时给予指导。对于知识与技能掌握较慢的员工，班组长根据其学习弱点，分步给予指导，促使其逐步提高，待其操作能力达到基本操作要求后，将其安排在普通岗位开始正式操作，或者安排其辅助关键岗位员工操作，待其操作能力达到熟练水平后，才重新调整工作岗位。

　　由于此次新员工中，无经验的年轻员工较多，培训工作时间比原计划延长了一个月，整体培训工作结束后，该新产品车间才开始正式启动全面生产。尽管培训工作使得生产启动时间延后了一个月，该新产品车间初始批次的产品合格率和劳动效率却比以往新投产车间的相关数据明显高很多，员工整体操作水平非常均衡。该公司管理层认为，此次班组培训工作对新产品车间的成功运行做出了重大的贡献，对班组长们给予了相应的奖励和表彰。

　　每位新员工，班组长都应对其操作能力了如指掌，必须保证其上岗前的操作能力与岗位要求相适应，达不到岗位要求的不能安排独立上岗操作，学习能力较弱的，班组长必须将操作要求分解，逐步地给予培训，使得每个新员工都能尽快胜任岗位要求，生产出合格的产品，并达到企业要求的劳动效率。

2. 轮岗培训

　　一般性的班组工作包含几个环节相接的工作岗位，每个岗位所需要的知识和技能有相同也有不同之处。当某个岗位员工短缺时，其他岗位的员工往往不能完

全替代和胜任这个岗位的工作要求，因此，班组中要求每个员工尽可能具备多种岗位知识和技能，最好能够胜任班组中的所有岗位。轮岗培训是对员工知识技能的更高要求，也是选拔未来管理型员工、专家型员工的基础工作之一。

6.2.5 培训内容

培训内容是培训工作的具体对象，主要分为 4 类，即知识、技能、态度、个人行为要求，这些内容具体表现为企业发展战略、企业文化、规章制度、岗位职责、操作规范和标准、工艺要求、操作技能等。

根据培训内容的深度层次，培训可分为通用知识与技能培训、部门专业知识与技能培训、岗位专业知识与技能培训和拓展性知识与技能培训。

无论新员工还是老员工，都要按照企业的分级培训体系，接受专业性的培训。其中，岗位专业知识与技能培训在专业讲师授课后，必须在班组层面进行实际操作的培训，这也是班组长的核心职责之一。

拓展性知识与技能培训是根据员工个人需求开展的培训，如管理知识培训、人际沟通培训、职业礼仪培训（非服务类岗位）、公文写作培训、家庭和谐培训等。

经验分享 6-3 因材施教的几种实用方法

对于班组长来说，培训不能盲目。给员工培训就要使培训能达到一定的效果，不能为了培训而培训。所以，在培训前班组长一定要先了解员工的培训需求和个人特点。只有了解了这些，才能因材施教，从而使培训达到预期的效果。

那么，如何去分析员工的培训需求和个人特点呢？下面介绍几种实用的培训需求分析法。

1. 观察法

观察法是指通过到工作现场观察员工的工作表现来发现问题，获取信息数据。运用观察法的第一步是要明确所需要的信息，然后确定观察对象。观察法最大的缺陷是，当被观察者意识到自己正在被观察时，他们的一举一动就可能与平时不同，这就会使观察结果产生偏差。因此，在观察时应该尽量隐蔽并进行多次观察，这样有助于提高观察结果的准确性。当然，这样做需要考虑时间和空间条件是否允许。

在运用观察法时应该注意以下几点：

（1）观察者必须对要进行观察的员工所负责的工作有深入的了解，明确其行为标准。否则，无法进行有效观察。

（2）进行现场观察不能干扰被观察者的正常工作，应注意隐蔽。

（3）观察法的适用范围有限，一般适用于易被直接观察和了解的工作，不适用于技术要求较高的复杂性工作。

（4）必要时，可请陌生人进行观察，如请人扮演顾客，观察终端销售人员的行为表现是否符合标准或处于何种状态。

2．访谈法

访谈法就是通过与被访者进行面对面的交谈来获取需求信息。在应用过程中，可以与企业管理层面谈，以了解组织对人员的期望；也可以与有关部门的负责人面谈，以便从专业和工作角度分析培训需求。一般来讲，在访谈之前，要先确定需要何种信息，再准备访谈提纲。访谈中提出的问题可以是封闭式的，也可以是开放式的。封闭式的访谈结果比较容易分析，开放式的访谈常常能发现意外的、更能说明问题的事实。访谈可以是结构式的，即以标准的模式向所有被访者提出同样的问题；也可以是非结构式的，即针对不同被访者提出不同的问题。一般情况下是把两种方式结合起来使用，并以结构式访谈为主，非结构式访谈为辅。

采用访谈法了解培训需求时，应注意以下几点。

（1）确定访谈的目标，明确什么信息是最有价值的、必须了解到的。

（2）准备完备的访谈提纲。这对于启发、引导被访者讨论相关问题，防止访谈中心转移是十分重要的。

（3）建立融洽的、相互信任的访谈气氛。在访谈中，访谈人员需要首先取得被访者的信任，以避免产生敌意或抵制情绪。这对于确保收集到的信息具有正确性与准确性非常重要。

另外，访谈法还可以与问卷调查法结合起来使用，通过访谈来补充或核实调查问卷的内容，讨论填写不清楚的地方，探索比较深层次的问题和原因。

3．关键事件法

关键事件法与我们通常所说的整理记录法相似，它可以用来考察工作过程和活动情况以发现潜在的培训需求。被观察的对象通常是那些对组织目标起关键性作用的事件。确定关键事件的原则是：工作过程中发生的对企业绩效有重大影响的特定事件，如系统故障、获取大客户、大客户流失、产品交期延迟或事故率过高等。关键事件的记录为培训需求分析提供了方便而有意义的信息来源。关键事件法要求管理人员记录员工工作中的关键事件，包括事件发生的原因和背景，员工特别有效或失败的行为，关键事件的后果，以及员工自己能否支配或控制行为后果等。

进行关键事件分析时应注意以下两个方面。

（1）制定保存重大事件记录的指导原则并建立记录载体（如工作日志、主管笔记等）。

（2）对记录进行定期分析，找出员工在知识和技能方面的缺陷，以确定培训需求。

4．绩效分析法

培训的最终目的是改进工作绩效，减少或消除实际绩效与期望绩效之间的差距。因此，对个人或团队的绩效进行考核可以作为分析培训需求的一种方法。

运用绩效分析法需要注意把握以下 4 个方面：

（1）将明确规定并得到一致同意的标准作为考核的基准。

（2）集中注意那些希望达到的关键业绩指标。

（3）确定未达到理想业绩水平的原因。

（4）确定通过培训能达到的业绩水平。

5．问卷调查法

问卷调查法是以标准化的问卷形式列出一组问题，要求调查对象就问题进行打分或做是非选择。当需要进行培训需求分析的人数较多，并且时间较为紧急时，就可以精心准备一份问卷，以电子邮件、传真或直接发放的方式让调查对象填写，也可以在进行面谈和电话访谈时由调查人自己填写。在进行问卷调查时，问卷的编写尤为重要。

编写一份好的问卷通常需要遵循以下步骤。

（1）列出希望了解的事项清单。

（2）一份问卷可以由封闭式问题和开放式问题组成，两者应视情况各占一定比例。

（3）对问卷进行编辑，并最终形成文件。

（4）请他人检查问卷，并加以评价。

（5）在小范围内对问卷进行模拟测试，并对结果进行评估。

（6）对问卷进行必要的修改。

（7）实施调查。

6．胜任能力分析法

胜任能力是指员工胜任某一工作所应具备的知识、技能、态度和价值观等。现在，许多公司都在依据经营战略建立各岗位的胜任能力模型，为员工招聘与甄选、培训、绩效考评和薪酬管理提供依据。

基于胜任能力的培训需求分析有两个主要步骤：

（1）职位描述，即描述该职位的任职者必须具备的知识、技能、态度和价值观。

（2）能力现状评估，即依据任职能力要求来评估任职者目前的能力水平。

使用这一方法的企业或培训经理普遍认为，当职位应具备的能力和个人满足职务的实际能力得到界定后，确定培训需求就变得容易了。

7．经验判断法

有些培训需求具有一定的通用性或规律性，可以凭借经验加以判断。例如，一位经验丰富的管理者能够轻易地判断出他的下属在哪些能力方面比较欠缺，因而应进行哪些内容的培训；人力资源部门仅仅根据过去的工作经验，不用调查就知道那些刚进入公司的新员工需要进行哪些方面的培训；公司在准备将一批基层管理者提拔为中层干部时，公司领导和人力资源部门不用做调研，也能大致知道这批准备提拔的人员应该接受哪些培训；在企业重组或兼并过程中，有关决策者或管理部门不用调研，也能大致知道要对相关人员进行哪些方面的培训。

采取经验判断法获取培训需求信息在方式上可以十分灵活，既可以设计正式的问卷交给相关人员，由他们凭借经验判断提出培训需求，又可以通过座谈会、一对一沟通的方式获得这方面的信息。培训部门甚至可以仅仅根据自己的经验直接对某些层级或部门人员的培训需要做出分析判断。通常那些由公司领导要求举办的培训活动，其培训需求来自公司领导的经验判断。

8．专项测评法

专项测评法是一种高度专业化的问卷调查方法，设计或选择专项测评表并进行有效测评需要大量的专业知识。通常，一般的问卷只能获得表面或描述性的数据，专项测评表则复杂得多，它可通过深层次的调查，提供具体且较系统的信息，例如，可测量出员工对公司变化的心理反应以及接受培训的应对准备等。由于专项测评法操作要求极高，并需要大量的专业知识作为支撑，公司一般外聘专业的测评机构来实施。然而，请外部专业机构提供专项测评，会受到时间和经费的限制。

9．头脑风暴法

当实施一项新的项目、工程或推出新的产品之前需要进行培训需求分析时，可将一群合适的人员集中在一起共同工作、思考和分析。在公司内部寻找那些具有较强分析能力的人并让他们成为头脑风暴小组的成员。还可以邀请公司以外的有关人员参加，如客户或供应商。

头脑风暴法的主要步骤如下。

（1）将有关人员召集在一起，通常是围桌而坐，人数不宜过多，一般十几人为宜。

（2）让参会者就某一主题尽快提出培训需求，并在一定时间内进行无拘无束的讨论。

（3）只许讨论，不许批评和反驳。观点越多、思路越广越好。

（4）所有提出的方案都当场记录下来，不做结论，只注重产生方案或意见的过程。

事后，对每条培训需求的迫切程度与可操作程度提出看法，以确认当前最先解决的培训需求。

6.2.6　培训形式

培训的形式有多种，应该因地制宜，灵活选择，一般分为如下几种。

1．授课

授课是最常用的培训形式，对于新员工培训、新知识讲解都非常有效。班组长采用这种培训方式时，针对性一定要强，要尽可能用员工听得懂的事例进行说明，每次培训的时间不宜过长，最好一次一题，涉及面不必太宽泛，但内容应尽可能翔实，以便员工在工作中应用。

2．集中研讨会

集中研讨会比较适合班组内的理论知识培训，多为单一主题或案例的学习。每一次研讨会只安排一个主题，经过充分的讨论与思考，引导大家真正掌握主题内容。

◤◢◣ 案例 6-3　群策群力，分享成果

D 公司是一家电子产品生产制造企业，随着订单日益增加，生产任务也越来越重，产品的质量却出现了大幅下滑，客户投诉也随之而来。对此，生产负责人发现，问题集中在焊接环节，责成负责焊接工作的班组组织了几次集中研讨会。在会上，他们将质量不合格的产品依次摆放在工作台上，让员工共同检查后说出产品的问题以及产生的原因，经过大家合议并予以确认。他们将各种原因统计在一张表上，然后发现，出现次数较多的原因按照降序排列依次为：焊接方法不当导致焊锡过多，与相邻焊点短路；焊接时间过短导致焊接面积过小；焊接时间过长导致焊盘容易剥落；焊丝撤离时间过迟导致焊料过多等。每件不合格品都有操作人记录，因此，每个员工对自己生产的不合格品都进行了原因总结，并当场提

出了改进办法和期限。最后，班组长对问题进行汇总，并讲解和示范规范的操作要领，对不规范的动作提出改进方法和操作技巧，并要求每位员工重新操作一次，让员工直接体会问题发生的环节以及自己忽视的一些操作细节。至此，本次集中研讨会取得了很大的成果，每位员工对自身的工作缺陷都有了明确的认识，并掌握了改进方法。研讨会后，产品合格率大幅提升，客户投诉数量大大降低，这说明研讨会召开的时机和形式非常具有针对性，成效很好。此后，该公司对很多生产环节问题都采用集中研讨会的形式来解决，效果明显。

⊃【点评】

培训工作不是应景活动，必须紧密联系工作实际。集中研讨会能够从问题入手，让员工检讨自身的知识、技能、态度等方面的不足，引导员工自我管理、自我学习，是非常有效的培训形式。

3. 现场讨论会

现场讨论会主要召开于工作现场，更有针对性，主题具体，直接源于工作中的常见问题或新问题。时间上可以灵活掌握，不需要占用太多时间。

4. 参观标杆部门或外部标杆企业

对外参观可以直观体验外部标杆企业的管理与操作水平，可以使员工形成对比和自我评价，有利于员工树立工作目标和成长目标。

对外参观活动一般在公司职能管理部门的主导下进行。但班组可以在公司内部对相关性高的优秀兄弟班组进行联系参观和讨论，时间安排、预算等方面都很灵活。

5. 游戏式培训

很多培训可以以游戏的形式开展，参与游戏获得的培训效果相对于其他形式更明显，但是游戏的设计需要专业技巧，很多操作性培训无法采取游戏方式开展。游戏形式的培训一般适用于理念性内容的培训。所以，游戏形式的培训在班组内部较少使用。

6. 师徒制或结对子互助计划

采取一对一的传授方式，适用于培养初学者或者需要进一步扩展知识和提高技能的员工。在班组内部可以建立结对子互助关系或师徒关系，这不仅有利于员工的成长，还有利于员工关系的和谐。

7. 技能竞赛

技能竞赛能充分激发员工的积极性、主动性，强化员工的参与感与成就感。

同时，技能竞赛能有效发现具备发展潜力的员工，为企业培养技术骨干提供后备力量。

6.2.7 培训中班组长的作用

班组内开展的培训主要是指导员工掌握和提升符合自身岗位要求的知识和技能，内容要求非常具体，针对性强。班组长应是班组内培训的组织者、领导者及培训师。没有优秀的班组长就没有优秀的班组，原因就在于优秀的班组长能造就优秀的员工，只有优秀的员工才能形成优秀的班组，而优秀的员工需要依靠班组长的有效培训才能快速成长。所以我们说，培训是班组长的核心职责之一、最重要的职责之一。

6.3 班组培训操作要点

6.3.1 培训计划与目标的配合

1. 培训目标的设定

（1）班组员工的培训目标主要以完成岗位职责，达到中等以上工作业绩为标准。应将岗位职责和工作中的重点作为其培训目标。

（2）每个班组的培训目标是不同的。应根据不同工种或岗位的要求设定初级、中级、高级 3 个层次的培训目标，针对每个员工的实际情况，安排不同的培训项目和计划。

（3）在每个层次的培训目标中，都要突出关键目标，关键目标多于 2 个的，要将目标逐一排序，安排在培训计划中。不要将多个目标复合在一起，这样不利于培训内容的安排和活动的组织，容易导致目标性不强，也不利于员工的成长。

（4）产品缺陷分析及消除办法是与工作实际结合最为密切的培训目标之一。同一岗位若经常因为各种人为或非人为因素导致产品缺陷或效率缺陷，班组长可以组织人员分析缺陷产生的原因，提出有效的解决方案，这一过程是最有效的培训。

经验分享 6-4 从实际问题中学习，胜过书本学习百倍

产品缺陷形成的原因很多，一方面源于生产操作不当或不符合标准；另一方面源于产品原理性缺陷，以及工序设计环节、原材料环节、物流环节、生产环境影响等因素。生产班组从常见和特殊的产品缺陷中，分析汇总各种缺陷形成的原因，还可以追溯到生产环节之前的相关阶段，实现对产品缺陷的有效控制和消除。

所以，产品缺陷的出现对于企业来说不是件坏事，而是督促企业将产品质量提高的有效推动力，也是班组培训工作的出发点之一。

（5）除了产品知识和操作技能，与工作业绩紧密相关的职业素养始终是重要的培训目标，但是职业素养的提高非一朝一夕之功。因此，班组长应以身作则，言传身教，定期对员工做职业素质评价，对员工实施有效的职业素质培训，并在实际工作中随时给予督促和指导。

2. 培训计划的制订

制订培训计划最难的是确定培训时间。由于很多操作型和业务型岗位的员工工作时间是三班倒或者是外出时间较多，班组人员难于集中，所以时间安排很困难，不易开展集中培训。因此，培训计划不能制订得太死，时间上必须灵活安排。每次培训的时间也要及时调整，有的培训可以控制在 15～30 分钟，这样的安排对正常的工作影响不大。通常的培训时间应安排在工作任务较轻的时间段，比如公司业务处于淡季时或年底工作总结期间，这时可以安排集中培训。每天早上的班前会时间、每天岗位交接班时间、每天工间休息时间也是较好的培训时间。班组长应根据培训目标和每个员工的操作水平设置最有利的培训计划，培训目标适中，每次培训时间不宜过长。

对当前急需的重点内容需采取集中培训，对辅助内容安排零散时间培训，尽量避免挤占正常工作时间或员工业余时间。有些集中性的学习不可避免地要占用员工业余时间，班组长应事先和员工沟通，明确学习的目的和对员工的益处，取得员工的认可和支持。

✦✦✦ 案例 6-4　A 公司的培训困境

中国的微波炉行业有几家大型厂商竞相角逐，竞争趋向白热化。每个厂商都面临着如何加大培训力度，以在未来的竞争中获得优势的问题。A 公司在进行 ISO 9001 认证前已进行了多年的培训，并对部分管理人员进行了 MBA 的课程培训，但公司高层总感到已有的培训效果并不理想，培训总是缺乏主动性，常常跟着业务变化及公司大的决策变动而变化，计划性较差，随意性和变动性很强。而且公司高层也感到将来竞争优势的取得要依靠人员素质的大幅提高，同时在公司的经营与发展中遇到的一些现实的问题，也希望能够通过培训加以解决。鉴于此，A 公司决定开展为期 3 年的公司全员大培训。

在培训计划的制订方面，每年年底由各部门、各分厂及车间分别上报自己下一年度的培训计划，由人力资源部汇总，并根据公司整个培训资源与发展需要进行一定的调整，从而制订下一年度的培训计划。在执行培训计划时，还会根据公司业务经营的需要进行适时的调整与改变。A 公司还与某大学合作，建立公司冠名的经济学院与未来学院，每年学院都要为公司人员，尤其是中高层管理人员进行培训。

在培训过程中，出现了这样一些问题。

（1）中层管理人员工作繁忙，工作量大，对他们进行培训是一个难题。如 A 公司在某年年初实施的中层管理人员 MBA 培训，由于他们都是各部门的骨干，很多人常常没时间参加，效果自然也就不理想。公司对中层管理人员进行培训时还面临一些其他困难，如部门之间的工作职责与人员的专业都不一样，在一起培训缺乏针对性，单独培训成本又太高。

（2）技术人员分为两种，一种在技术研究与开发部，另一种则分布在车间里，是车间的技术员。研究与开发部的技术人员重在研究与开发，而车间技术人员重在解决车间里的技术问题，但两类人员还会相互流动。对这两类人员的培训该不该有所区别呢？此外，还有新老技术人员培训的差异问题。

（3）A 公司的一线员工有正式工与临时工。临时工大多是农民工，流动性很强，对他们的培训往往由于频繁的流动而无法收回成本。

（4）销售人员常年在外，分散于全国各地。公司其他部门与岗位转过去的部分销售人员，对公司的文化有一定的认同感；但另一部分新进入公司的员工，一般只接受 1 个月的业务培训，对公司没有很深入的体验和认识。当他们在工作中遇到问题，需要学习新的知识与技能时，由于工作地点较为分散，很难进行集中培训，这就导致一些问题反复出现而得不到解决。比如，有的问题在同一个地方反复出现，有的问题在此地解决了，在彼地又出现。

（5）对成批进来的员工可以一起集中培训，但对分散的、零星进来的员工不能进行及时培训，只能等人数凑到一定数量以后再集中培训。这就导致有些人进厂很长时间以后对公司都不甚了解。

由于过去的培训系统性不强，效果不理想，计划常常因情况变化而变化，没有形成培训方面的有效制度，激励与监督机制也没有建立起来，培训往往有走过场的味道。培训完了就完了，没有效果。到底怎样培训才能起到理想的效果，一直是困扰 A 公司的难题。

思索与提高：

（1）结合培训的基本理论，分析 A 公司出现上述问题的根本原因是什么。

（2）假如你是Ａ公司的员工，你认为Ａ公司要解决目前的问题应该从哪些方面着手？

经验分享6-5　灵活安排时间，保证人人得到培训

有些生产型企业需要员工三班倒，对此，每个班组都要配备副班组长，在正班组长下班休息时负责管理班组员工，因此，在开展培训工作时需要副班组长承担正班组长的一部分工作，保证班组所有员工都能得到培训。培训工作一般安排在交接班的时间点，交班人员和接班人员在交接班工作完成后一同接受20分钟的培训，培训结束后交接班人员即可下班休息或开始工作。

6.3.2　让员工乐于接受培训的关键点

虽然接受培训是员工的义务，但是员工如何接受培训、接受培训的心态如何、是否认可培训的方式是影响培训效果的重要因素。所以，班组长在实施培训前必须做好相应的准备工作。

1. 培训内容要符合员工的岗位需求

很多企业的培训往往偏离员工的岗位需求，在理论知识和管理知识方面培训的内容过多，而技能培训和现场操作的培训很少。理论知识和管理知识与员工的实际工作结合程度较低，不能有效帮助员工解决工作中出现的实际问题，因此，员工往往对此类培训非常抵触，导致培训效果很差。作为班组长，每天和员工一起工作，最了解他们在实际工作中需要什么，所以，班组长在设计培训内容时，应听取他们的意见，然后形成最终的培训方案。

经验分享6-6　符合员工需要的培训才会有效

国内一家珠宝零售企业，常年聘请一家权威的知名培训机构来企业指导培训工作，但是，培训效果总是达不到要求。该企业人力资源部对此做了深入分析，发现每年的培训内容都是综合性的，包括产品知识、销售技巧等，其中多半内容属于初级上岗要求，销售技巧的培训内容又多为成功学之类的激励性培训，不适合珠宝类门店销售的业务特点。同时，员工绝大多数已达到了初级上岗的资格，员工班组按照不同产品类型划分，各班组之间的产品不交叉，产品特点、客户需求和销售要求各不相同，因此，员工需要的是基于本班组产品特点的中级程度专业知识和销售技巧，综合性的普及型知识与销售技巧总是让员工感觉在重复学习，没有新意、没有深度、没有专业性。这样的培训不仅耗费了大量的培训费用、培

训时间，也没有达到预期效果，而且，还使得员工产生了严重的抵触情绪，纷纷抱怨怎么每年都是这些内容。针对这些情况，人力资源部重新调整了培训计划，组织各班组总结各自的产品特点、销售经验，随后与培训机构设计专项培训，例如，针对翡翠玉石销售、素金销售、钻石销售等方向，选派各正副班组长和业务骨干轮替参加培训，学成合格后，各正副班组长回到自己班组开展相应的培训工作，这样的培训安排使得员工们学到了自己想学、愿意学的知识和技能，很好地促进了业务提升。

2. 结合员工的中远期发展要求

随着竞争的加剧，年轻员工出于对未来工作发展的思考，对岗位培训有着强烈的需求，他们一方面积极参加企业提供的培训，另一方面也在参加其他培训，力图在学历、学识、技能等方面高人一等，占据未来职业晋升的制高点。因此，班组培训的内容如果仅限于当前岗位的胜任要求，则不能满足这些员工的需求，尤其是那些学习能力强、发展目标明确的骨干员工，如果他们不能在本企业得到较高层次的培训，则会导致员工成长方向与企业未来人力需求产生偏差，员工将未来就业目标转向其他方向。针对这种情况，企业应帮助员工设计职业生涯，为员工提供未来发展空间，加强企业对员工的吸引力。相应地，班组培训应根据员工中远期发展要求，建立基于工作实际的前瞻性和扩展性培训目标，分时期提供培训。这样做能够让员工产生安全感、归属感，产生长期服务企业的意愿，并赢得员工对培训的支持。

管理知识 6-1　员工的成长路径与培训目标的设计

一线员工的成长路线基本可以分为两条，一条是走专业路线，目标是成为技术专家；另一条是走管理路线，目标是成为班组长。如果员工想实现更高目标，也可以通过参加高等教育，成为设计人员，或者从生产部门转到营销部门或职能管理部门成为更高层次的管理者。但是，千里之行，始于足下，美好的愿景必须从基础起步，所以，从一线员工开始成长的过程需要经历较长时间的培训和学习，没有捷径可走，必须脚踏实地。如果具备潜力，下苦功夫，成长的层次将实现跳跃，进入另一条成长路径中。现实中，这样的员工确实出现过，在新中国历史上，就出现过多位从一线工作岗位走出来的高级管理人才。图 6-2 以技术人员的成长历程为例，对员工成长的路径与不同阶段的培训重点进行了解释。

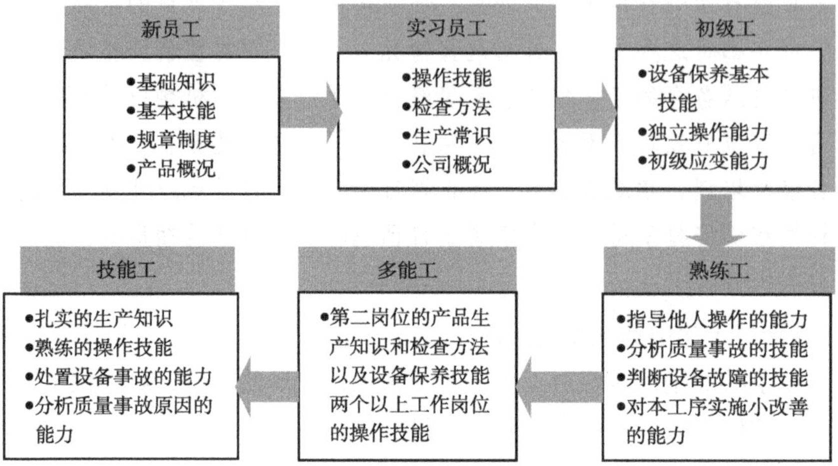

图 6-2　技术人员的成长路径与不同阶段的培训重点

3．培训形式要适应不同员工群体的思想与观念特点

当代年轻员工自主意识较强，不喜欢传统形式的培训活动。他们愿意接受民主、平等的交流方式，愿意参加生动活泼的讨论，乐于参与互动性强的培训。因此，平等民主的交流方式可以有效地引导他们自我反思、自我觉悟、自我提高，从而接受正确的思想。

在具体培训工作中，宜增加互动内容的比重、角色参与的比重、启发式内容的比重，避免硬性灌输。只有员工真正认识到培训内容对他们的个人成长和未来发展具有重大影响时，他们才会主动地接受培训、要求培训、欢迎培训。

→本章小结

培训是企业与员工实现双赢的结合点。通过培训，员工的能力可以得到提升，既可以提高当期业绩，又可以提升员工的社会生存能力与竞争力。对于新入职的员工，可以通过培训让他们尽快适应新的岗位；对于在职员工，实施培训能够提升他们的责任心和工作技能。班组内的培训要注重实际效果，形式可以灵活多样。

↘思考与实践

1. 为什么说培训是企业与员工实现双赢的结合点？
2. 班组长如何借助各种培训提高员工的工作技能？
3. 如何开展班组内的培训？对此你有何经验？

4. 培训与管理有什么关系？

5. 班组长如何通过培训让新员工尽快独立顶岗操作？

6. 如何让培训与管理融合起来？你能否将一次工作分析会演变成培训与分析相融合的分析会？

7. 有什么方法可以让有经验的员工将经验与他人分享？

8. 如何让员工树立终身学习的理念？

9. 在变革的年代，如何在班组内形成爱学习、善实践的工作氛围？

10. 如何通过向上反映培训需求来改进培训工作？

▌▶ 第7章
班组团队

美国著名管理学教授斯蒂芬·P. 罗宾斯博士认为："团队是为实现某一目标而相互协作的个体所组成的正式群体，内部强调团结配合、技能互补。"

团队不仅强调成员的个人成果，更强调团队的整体业绩，它强调通过成员的共同努力，取得集体成果，这个成果超过成员个人业绩的总和，即团队成果大于各成员成果之和。班组，作为企业最基本的生产和管理单元，是企业最小的团队，带好这个团队，使之形成合力，是班组长的第一要务。班组团队协作的好坏、战斗力的强弱，直接关系到企业的兴衰成败。

7.1 团队和谐的基础

国家提出了建设和谐社会的要求。从治国方面讲，和谐奠定了发展的基础，调动了各方面的积极性。从治企层面讲，倡导和谐，维护和谐，优化企业的班组管理，同样关键。快乐而相互尊重的气氛，对提高员工工作积极性起着不可忽视的作用。如果员工每天都身处毫无生气、气氛压抑的工作环境之中，怎么可能会积极地投入工作？班组长如果能够掌握创造良好工作氛围的技巧，将之运用于工作中，识别那些降低效率的行为，并有效地进行改变，自然就能带领员工高效、轻松地取得创造性的工作成果。

7.1.1 班组团队

1. 班组团队的特征

任何组织的团队都包括 5 个要素，即目标（Purpose）、定位（Place）、权限（Power）、计划（Plan）和人员（People），简称"5P"。团队的工作围绕这 5

> **理念** 信任是团队协作的基石

个要素展开。

班组团队还具备以下特征。

（1）规模较小。一般为 10 人左右，大的班组最多不超过 30 人。

（2）任务具体。通常企业的每个班组都有相对固定的任务，负责完成企业工作中的某一部分任务。

（3）系统特征明显。能够体现出每个个体的整合，即团队大于个人之和。

（4）目标利益一致。所有成员的目标、利益高度一致。

（5）团队利益至上。班组成员都主动维护团队的整体利益，可以为了团队利益牺牲个人的眼前利益。

（6）相互合作。在生产、工作中，班组成员之间密切合作；在工作之外，班组成员相互帮助，体现出一种如兄弟姐妹般的关系。

经验分享 7-1　分力

我们中国有一句话叫做"人多力量大"。其实，在群体组织中，并不必然得出 1+1>2 的结果，德国科学家瑞格尔曼的拉绳实验也能告诉我们这一点。

在他的实验中，参与测试者被分成 4 组，每组人数分别为 1 人、2 人、3 人和 8 人。瑞格尔曼要求各组用尽全力拉绳，同时用灵敏的测力器分别测量每组的拉力。测量的结果有些出乎人们的意料：2 人组的拉力只为单独拉绳时 2 人拉力总和的 95%；3 人组的拉力只是单独拉绳时 3 人拉力总和的 85%；而 8 人组的拉力则降到单独拉绳时 8 人拉力总和的 49%。

之所以会出现这个结果，是因为分力。每个人用力的方向不一致，没有完全形成合力，而是在运动的过程中相互抵消了。

2. 和谐班组的团队特征

作为一个团队的带头人，班组长有责任营造和谐的工作氛围，使下属愉快、高效地工作，这样才能实现生产目标，并让员工对此感到满意。和谐的班组一般具有以下特征。

（1）同一归属。班组成员对团队有归属感、自豪感；思想上有共识，感情上有共鸣。

（2）优势互补。在突出人的主体性基础上发挥成员个体的积极作用，从而实现人与人、人与集体之间的相互配合和优势互补。

（3）各负其责。在成功的班组团队中，每一位成员都清晰地了解个人所扮演的角色是什么，并知道个人的行动对目标的达成会产生怎样的影响。

（4）重在参与。"参与式管理"是现在很多企业和组织推行的模式。这种做法的优点是能够满足人们"有参与就受到尊重"的心理。成功班组团队的成员对团队工作参与热情高，积极主动，有机会就参与。

（5）百家争鸣。成功班组团队的负责人会提供给所有成员双向沟通的舞台。每个人都可以自由自在、公开、诚实地表达自己的观点，不论这个观点是否成熟，是否可行。

（6）互谅互让。员工遇到问题，难以克服时，能主动请求班组长予以帮助。班组内成员意见不一致，甚至立场对峙时，都愿意以开放的心胸，心平气和地进行沟通，谋求解决方案，能相互容忍，自我调适，以满足组织的需求。

（7）相互鼓励。大家能给别人以赞赏和支持。这给每个成员注入了强心剂，不断增强他们的自尊、自信，使大家携手同心。

（8）以人为本。在管理中注重情感交流，注重人性化，体现民主管理，注重班组成员个人价值的实现和对个人特质的包容。

3．不和谐班组的团队特征

以下是一些不和谐班组的团队特征或不和谐现象出现的一些征兆，班组长应时刻认真对照，及时发现问题并加以纠正。

（1）计较争论。班组成员之间经常为一些鸡毛蒜皮的事争论。

（2）互不信任。班组成员不能感到相互信任。

（3）遇事悲观。在问题面前，班组成员不能提出意见，即使提出也多是悲观的意见。

（4）有令不行。班组成员即使听到班组长的指示，也不遵照执行。

（5）各自为政。班组成员只做被安排的事，不愿做相关的或以外的事。

（6）流言蜚语。在班组中，流言传播迅速，背后说闲话的人多。

（7）离心离德。员工之间，员工与班组长之间不愿沟通交流，不能说出想说的话。

（8）言路闭塞。班组出现问题，员工不向班组长报告，也很少向班组长提出意见和建议。

7.1.2 将班组打造成和谐与合作的团队

班组长要将自己的班组打造成一个和谐与合作的团队，首要任务是通过各种方法培养班组的团队精神。团队精神是指团队在共同的目标指引下，积极协作，共同努力工作，以期达成目标的一种精神状态，是团队中成员的团队意识与集体态度。团队精神也称团队战斗力。

团队精神是班组建设的核心内容，如何建立为了企业的发展而努力的团队精神，值得每位班组长结合自己的工作实际、企业特点、员工类型，进行认真研究。

1. 班组长个人素质的培养

班组长要将自己的班组打造成一个出色的团队，首先必须注意提高自身的素质和能力。以下几点是班组长要切实遵守的。

（1）树立威信。一个领导者的威信在一个团队中是非常重要的，它直接影响决策的下达、实施及效果。如果没有员工的心服口服，领导者的决策就得不到实施。全靠教条的规章制度去推动，往往事倍功半。

（2）权责透明。员工没有一定的权利，也就不会承担相应的责任。赋予员工一定权利，可以增强他们的上进心，提升工作动力，可以发挥他们的才干，提高工作效率，让他们更好地表现自己。更重要的是，给了他们一个锻炼自己、发展自己的空间。

（3）言行一致。员工是看领导怎么做他就怎么做的，做事出尔反尔、言行不一的领导会让员工跟着领导一起"出尔反尔"。

（4）个人魅力。丰富的工作经验、成熟的个人魅力是作为一个领导者最重要的素质。如果你还不具备，就要想办法尽快完善自己。

◥◣◢ 案例 7-1　骄傲的张二支

张二支在 2021 年上半年当上了后整车间的班长，手下管着十几名员工，他很高兴，想好好干，争取再向上进一步，当个车间主任什么的。因此工作很卖力气，有事也注意与大家商量着办，班组工作较以前有了明显的进步，得到了企业主管生产的副总的肯定。但时间一长，张二支就有些骄傲起来，上班经常迟到，他认为自己是领导，要有派头，什么事都支使下面的员工去干。为了向上级表现自己的能力，他经常让员工们加班加点，为的是让工期提前一些。在对待员工的态度上，他也变得冷漠起来，经常说的话就是："不准偷懒，要对得起公司发给你们的工资"；"好好干，不然的话，我将你上交公司人力资源部"（也就是让公司辞退员工）。张二支今天批评这个，明天批评那个，不到半年时间，就以各种理由对 5 名员工进行了经济处罚，大家对他意见都很大。有的老员工找他，指出这样做不行，对班组和他及大家都不好，但他基本上没有听进去。前段时间，在他威胁要将一名家里有事，请假时间长一点的员工上交人力资源部的时候，大家终于忍受不了了，集体停工，找到公司领导，要求要么集体辞职，要么将张二支调离他们的班组，公司领导在了解情况后，对张二支予以辞退。

📖 **延伸阅读 7-1**

用气场征服员工[①]

领导者最主要的工作就是管人，可并非所有的领导者都善于管人。管人是艺术，是谋略，只有极少数人能深谙其中奥妙，参透其精髓。善管人的领导者，能够洞悉他人的心理特点，用自己的能力说话，时时处处展现出既权威又亲和的领导风范。他们有和下属相处的各种高招，有与下属共同努力奋斗的各种能力，有将下属凝聚在自己身边的各种方法。该书介绍了65种优秀领导用气场征服员工、凝聚员工的经验和方法，这些经验和方法简单适用，易于掌握，易于操作。

2. 班组成员合作意识的培养

大部分班组的工作都需要合作才能完成，缺乏相互配合的气氛会对工作质量产生严重的影响。这就要求班组长做到以下几点。

（1）发现班组内部出现不正当竞争后要及时制止。不正当竞争往往伴随着阴谋诡计和相互拆台，最终导致产品存在瑕疵或发生其他重大事故。班组长可以找一些经典的案例，向员工说明这样做的不良后果。

（2）有意识地培训员工合作技巧。合作意识需要培养和灌输，如果班组以前没有强调过员工合作，他们不可能知道如何进行较好的合作。合作不仅仅是一种态度，也是一种技巧，就如同其他的技巧一样，是可以通过正规的培训来学习和实践的。

（3）确认需要合作完成的任务。为了让员工有机会实践他们学到的合作技巧，可以创造一些实践的机会，让他们必须通过合作去完成。班组长可以设计一些任务，如合编一部《班组产品生产教程》等。这样做的目的在于让大家在实践中强化对合作的必要性的认识，从而在工作中主动寻求合作，增强团队合作精神。

（4）检查评价和奖励机制。工作当中的重点是合作而不是竞争。班组长可以进行长期的观察，确定一下在自己的班组中应该奖励员工的主要品行有哪些。具体的奖励措施包括表扬合作的表现，帮助表现最优秀的员工得到提升，根据个人

---

① 白山. 用气场征服员工[M]. 北京：北京工业大学出版社，2011.

的表现向上级提出涨薪的建议。检查团队的评价和奖励机制，强调团队精神，必要时可对其进行修改完善。

3. 创造舒心的工作环境

创造舒心的工作环境，是班组长培养团队精神的不二法门。要成为一名高效团队的领导者，首先要想方设法了解成员的需求以及他们的工作动机，有针对性地营造良好的工作环境，力争在达成工作目标的同时，满足班组团队成员的个人需求。

案例 7-2　加强沟通

福特汽车公司的一家分厂，曾经由于管理不善濒临倒闭。后来总公司派来了一位很能干的管理者。在他到任的第三天，巡视中他发现了问题的症结：偌大的厂房里，一道道流水线如同一道道屏障阻隔了员工之间的直接交流，轰鸣的机械声、刺耳的噪声更使人们的信息交流难以实现。由于工厂濒临倒闭，过去的领导一个劲儿地要求实现生产指标，而将大家一起聚餐、厂外共同娱乐的时间压缩到了最低。这些使员工彼此谈心、交往的机会很少，冷漠的人际关系使员工热情大减，甚至彼此间已经不再以同事相待。

这位新任管理者在敏锐地觉察到这一问题之后，果断地决定，以后员工的午餐费由厂里负担，希望所有员工都能欢聚一堂。在员工看来，工厂可能到了最后关头，需要大干一场了，所以心甘情愿地努力工作。其实这位管理者的真正意图在于给员工一个互相沟通、了解、建立信任的空间，使厂里的人际关系有所改善。更值得赞叹的是，每逢中午大家就餐时，他还亲自在食堂的一角为员工烤肉，这令所有的员工都备受鼓舞。于是餐桌上员工纷纷为提高企业效益献计献策。

5 个月过去了，这位管理者的苦心没有白费，尽管机器依旧轰鸣，它却已经不能再阻碍员工内心深处的交流了。工厂业绩开始回转，甚至奇迹般地开始盈利。

4. 培养团队的奉献精神

作为团队的班组要想发挥更高效的作用，每个成员都必须为整个团队及其目标全力以赴地工作，都要为了实现团队的目标心甘情愿地奉献自己的聪明才智和汗水。如果成员不能对整个团队及其工作怀有奉献精神，那么这个团队就不能称为"团队"。

✎ **管理寓言 7-1　七色葫芦**

大家小时候都看过动画片《葫芦兄弟》，一定对其中葫芦娃的形象印象深刻。传说葫芦山里关着蝎子精和蛇精。一只穿山甲不小心打穿了山洞，使两个妖精逃了出来，从此百姓遭难。穿山甲急忙去告诉一个老汉，只有种出七色葫芦，才能消灭这两个妖精。老汉种出了红、橙、黄、绿、青、蓝、紫七个大葫芦，却被妖精窥见。他们摧毁不了这七个葫芦，就把老汉和穿山甲抓去。七个葫芦成熟了，相继落地变成七个男孩，穿着七种颜色的服装。他们为了消灭妖精，救出老汉和穿山甲，一个接一个去与妖精搏斗。红娃是大力士，但有勇无谋，落入蜘蛛网被擒。橙娃是千里眼和顺风耳，却被妖精的六棱镜射瞎了眼睛。黄娃是硬铁头，由于寡不敌众，被妖精用磁石吸住。绿娃有水性，被妖精用罂粟花醉倒。青娃会火功，又被妖精的寒光变成冰人。蓝娃有隐身术，想去偷妖精的法宝如意，反被他们吸进石塔。紫娃想把妖精吸进自己的宝葫芦，也被他们活捉。妖精把七兄弟送进炼丹炉，想炼成七心丹。这时，他们联合起来，发挥各自的法术，冲出炼丹炉，终于打败妖精，把他们收进宝葫芦里。葫芦兄弟化作七色山峰，锁住了蛇、蝎二妖。由此可见，团队成员之间取长补短，相互配合，能够发挥出比单打独斗大得多的力量。

5. 建立以信任为基础的人际关系

（1）信任是良好人际关系的基石。在缺乏信任基础的班组里，人与人之间的想法是不一样的。在这种班组中，班组长很多活动都难以开展。要员工提高工作效率，员工可能会认为，达成目标后就会适量裁员，增加工作强度。班组内部出现利益之争时，员工之间会互相猜疑、嫉妒，甚至相互告状也成了常事。

一个团队在具备了所有成员相互信赖的氛围之后，才能较好地运转起来。如果员工彼此之间缺乏信任，那么合作就无从谈起。

◆◆◆ **案例 7-3　用诚信的钥匙打开铁锁**

张先生到美国某可乐公司在上海的投资企业担任人事经理。上班头一天，他就发现办公室里的大冰柜上挂着一把大锁，紧紧地锁着各种饮料，看上去有些别扭。于是他就问外籍总经理："为什么要把冰柜锁起来？"外籍总经理告诉他："饮料过去是放在冰柜里，供所有雇员和外来客人随时享用的，但每次我们将冰柜装满，一转头，冰柜就空了，这冰柜简直成了'无底洞'。所以，只能把冰柜锁起来。"

他说，"全世界可乐公司的冰柜都不上锁，唯独在中国做不到。"张先生本能地对外籍总经理讲："这不是人的素质问题，这是管理问题。"外籍总经理听了跳起来反驳："你讲什么大话？照你这么说，这不是你们上海人的素质问题，那么请你管理给我看看，好吗？"

第二天一上班，外籍总经理就召集全体员工开会，会上张先生对大家讲："昨天总经理告诉我，在全世界，可乐公司的冰柜都不上锁，在中国，在我们上海这样一个举世瞩目的、文明的大城市却做不到。有人认为这是我们上海人的素质差，而不得不这么做。但我认为这不是人的素质问题，而是管理问题。因为，如果大家不清楚公司对饮料饮用的全部管理要求，一定会在饮用时出现一些混乱。为了大家不被人瞧不起，我昨天主动向总经理提出让我向大家就公司的饮料管理问题讲几句话。希望大家配合我，支持我，把冰柜上的锁拿掉！"

"从今天开始，放饮料的冰柜不再上锁，大家可以在工作时间随时享用公司的饮料，但只能喝多少拿多少，禁止任何人将饮料带回家去。在头 3 个月里，如果发现有违反规定的现象，我们会提醒大家注意。"话音未落，下面的员工就异口同声地说："不用从第 3 个月开始，从今天起我们就能做到。"

短短几分钟的沟通，让整整锁了两年的冰柜从此永远打开了！以后，这家公司里再也没有发生过饮料异常短缺的事。

（2）培养信任的措施。要建立良好的信任关系，光是同事间的彼此信任以及下属对班组长的信任还不够，还必须包括班组长对下属的信任，三者缺一不可。在培养信任的过程中，班组长发挥着非常重要的带头作用。

1）让班组成员知道自己为了什么、为了谁在工作。要向他们表明每个人既是在为自己的利益而工作，又是在为集体的利益而工作。

2）用言语和行动来支持班组。当班组或班组成员受到外来者的攻击时，班组长要维护他们的利益，表明班组长对他的班组是忠诚的。班组长这样做，其他成员也会这样做。

3）坚持公平公正。在进行绩效评估时，应该客观公平、不偏不倚。在分配奖励时，应该注意公平。

4）开诚布公。信息的不透明往往导致不信任。班组长做到开诚布公，就能给整个班组带来信心。因此，应该让员工充分了解信息，及时解释做出某项决策的原因，对于现存问题坦诚相告，这样大家就会想着怎么帮助你解决问题。

5）要学会保守秘密。如果员工告诉你一些秘密，你要让他们确信你不会同别人谈论这些秘密，也不会泄露这些秘密。如果你把秘密透露给不可靠的人，员工以后就不会再信任你。

6）要表现你的才能。表现你的技术和管理才能，可以给员工跟着你干比较踏实的感觉。

（3）班组长表达信任的方式与方法。在日常工作中，班组长对员工可运用多种方式、方法表达自己的信任。

1）做到三多与三少。三多：多赞美、多鼓励、多表扬；三少：少批评、少抱怨、少指责。

2）在众人面前表达。班组长在大庭广众之中，有意制造隆重的气氛，将最困难、最光荣的重要工作交给某个下属，使他觉得这是班组长对他的最大信任，"看得起他"。

3）适时支持与鼓励。在员工出现某些工作失误，赶来向班组长解释时，班组长可以故意忽视他的失误，鼓励他继续大胆干，不要为此背上思想包袱。

4）虚心倾听。听下属汇报工作时，应让下属感到班组长在认真地倾听，感觉对他很重视，这可以使下属的心理需求得到满足，感受到班组长对他的信任。

5）维护下属的声誉。班组长在听到别人对下属的非议时，要立即旗帜鲜明地予以驳斥，并且一如既往地任用下属。

6）向下属学习。在时间允许的情况下，班组长应设法让下属充分展示自己的才能，并虚心学习，使下属感到班组长对他的信任和尊重。

7）适当放手和容忍。班组长对下属不必统得过死，管得过严，应有意"免检"下属的某项工作，甚至对下属在工作中偶尔出现的小过佯作不知，只要本人知错能改，不再重犯，就可以不予细究。通过这种宽容的做法，来使下属切实感到班组长对他的充分信任。

8）有事没事多聊聊天。在闲聊中，应有意识地表示理解下属的工作动机和所作所为。这种在日常接触中培养起来的信任关系，往往比正式谈话中建立起来的关系更亲密，更自然，也更牢固。

9）勇于担责，让下属有安全感。当下属确因某些客观原因而遇到挫折和失败时，班组长应敢于承担自己的责任，绝不可不分青红皂白将责任全部推到下属身上，让下属当替罪羊。

10）给下属适当的自由。班组长应在抓好大方向的前提下，给予下属适度的自由，让他们根据自己的兴趣、爱好、特长和追求，去奋力实现个人的"小目标"。有时候，下属在小目标上取得的进展，不仅不会影响班组长制定的大目标，反而有助于大目标的实现。

不同表达信任的方式，代表班组长自己的个性和风格，体现班组长的智慧、才干、胆识和水平。这些丰富多彩的、可供选择的表达方式，是各级管理者用来拉近上下级关系的绝好手段。只要让下属和员工感受到充分的信任，就可以最大限度地激励员工，激发他们的潜能。

7.1.3　和谐班组建设的误区

我们强调发挥班组的团队精神，讲和谐，并不是仅仅要大家一团和气。在和谐团队建设的过程中，要避免走入以下误区。

1. "团队利益高于一切"

在团队里如果过分推崇和强调"团队利益高于一切"，可能会导致两方面的弊端。

一方面，是极易滋生小团体主义。团队利益对成员而言是整体利益，而对整个企业来说，又是局部利益。过分强调团队利益，处处从维护团队自身利益的角度出发常常会打破企业内部固有的利益均衡，侵害其他团队乃至企业整体的利益。

另一方面，过分强调团队利益容易导致个体的应得利益被忽视。如果一味强调团队利益，就会发生"借维护团队利益之名，行损害个体利益之实"的情况。如果个体的应得利益长期被漠视甚至被侵害，那么他们的积极性和创造性就会遭受重创，从而影响整个团队的竞争力和战斗力的发挥。

2. 内部不能有竞争

有人认为，讲团队精神，讲和谐，团队内部就不能搞竞争，这是错误的。

在团队内部引入竞争机制，有利于打破"大锅饭"现象。如果一个团队内部没有竞争，在开始的时候，团队成员也许会凭着一股激情努力工作，但时间一长，他们会发现无论干多干少，干好干坏，结果都一样，那么他们的热情就会减退。只有引入竞争机制，赏勤罚懒，赏优罚劣，团队成员的主动性、创造性才会得到充分的发挥，团队才能长期保持活力。

搞内部竞争，要注意处理好竞争与合作的关系，否则可能破坏合作精神。要注意做到竞争的平台要公平，要鼓励先进帮助后进，通过报酬机制平衡个人与团队的利益，成员犯错误要以酌情惩罚为主。

3. 过分称兄道弟

不少班组长在建设和谐团队时，过于追求团队的人情味，认为"班组内部都是兄弟"，执行严明的纪律有碍团结。这就直接破坏了管理制度，造成有令不行，有禁不止的情况。

纪律是团队执行力的保证，只有人人严格遵守纪律，团队才会战无不胜。

4．过分提倡牺牲个人利益

很多班组长认为，培育和谐团队精神，就是要求团队的每个成员都牺牲小我，成全大我，放弃个性，追求趋同，否则就有违团队精神，就是个人主义在作祟。

诚然，团队精神的核心在于协同合作，但追求趋同必然导致团队成员的创造性和个性被扭曲和湮没。没有个性，就意味着没有创造，这样的团队只有简单复制功能，而不具备持续创新能力。其实，团队不仅是人的集合，更是能量的结合。团队精神的实质不是要团队成员牺牲自我去完成一项工作，而是要充分利用和发挥团队所有成员的个体优势去做好一项工作。

7.2　打造学习型团队

对于企业的班组而言，打造学习型团队，能够不断提高班组的综合能力，推动创新，提高企业竞争力，使企业在经济大潮中站稳脚跟、持续发展。

> **理念**　建立共同愿景，用目标引导员工进步，做到每天进步一点点

7.2.1　创建学习型班组

班组作为企业最小的团队，其发展离不开学习，如何让班组成员的水平不断地提高和升华，是班组长工作中的重要环节。

✎ **管理寓言 7-2　金手指的故事**

从前，有 4 个年轻人一起上山拜师学艺，几年后他们学成下山。临下山时，师傅说要送他们每人一件礼物。听说师傅有点石成金的本事，他们都很想见识一下。大徒弟在地上随手捡了一块石头，让师傅把它变成金子，带着金子很开心地下山了；二徒弟想多要些金子，于是就找了一块大石头，让师傅变成金子，费力地抱着下山了；三徒弟很贪心，对师傅说想要一座金山，永远也用不完，师傅就用手一指，旁边的一座山成了金山，但三徒弟搬不动，更弄不走，只好留下来守着金山过日子；小徒弟没有要金子，却提出要师傅能点石成金的金手指，于是师傅将点石成金的本事传授给了小徒弟，小徒弟也成了点石成金的奇人。

○【点评】

金手指的故事告诉我们，拥有创造金子的能力，比拥有数量再多的金子都更有价值。对于班组建设来说，提一大堆要求和目标，不如创建一套实用的方法和工具，让班组内每个成员自动去学习、爱学习、善学习，形成班组自我吸纳、自我更新、自我提升的能力。所以，创建学习型班组能赋予班组"金手指"，这是每个班组长必须明白的道理。

那么，怎样才能创建一个学习型的班组呢？我们可以从以下 5 个方面来推动创建学习型班组的工作。

1. 建立共同愿景

创建学习型班组，首先要提高班组成员对学习的认识，深化对学习的理解，鼓励他们主动学习。必须让员工有自我超越的意识，让他们认识到自我超越的价值，重造自我、实现自我；消除影响自我超越的一些负面因素，如自卑、贪图玩乐、畏难、萎靡不振等。知易行难，要让员工明白，但凡成功者、伟人，必定是实现自我超越的人。应该不断向员工灌输一个信念：只要你不断努力，你也会成为一个成功的人。

在此基础上，班组长要为班组建立共同愿景，为员工的学习提供焦点和能量。共同愿景应包括 3 个要素：组织目标、价值观和使命感。不但要有团队愿景，还要帮助员工建立个人愿景，在个人愿景之上建立共同愿景。对于班组来说，建立共同愿景的过程，就是在组织目标的指导下，结合班组实际，进一步统一认识，修正、整合个人愿景的过程。有了愿景，又知道了差距，就知道该学习哪些东西，补充哪些知识，解决哪些问题，班组学习就有了明确的方向。

2. 营造学习的氛围

大多数班组成员主动学习的能力有限。通过不断组织学习活动，班组不仅可以强制性地让成员学习，营造学习的氛围，还能够让成员从被动学习过渡到主动学习。除了班组定期组织学习活动，还要不断向其成员推荐所在公司组织的学习活动，如果公司无相关活动，班组长要力争获得上级部门对班组学习活动的支持。班组业绩的倍增，其精髓就是骨干的倍增，班组学习是培养骨干的最佳方法之一。

经验分享 7-2　相互学习，共同提高

李强被调到公司的维修班任班长，该班负责公司内部的机器修理，主要是将磨损或坏掉的零部件进行再加工，达到正常使用水平，如果自己加工不了，就要

送到外面。

李强发现，他的班里各种加工零件的车床、铣床、钻床俱全，但工人的技术普遍不过硬，很多过来送修的零件，问题不是很大，都被以加工不了为由送到外面去修，大大增加了公司成本。李强很着急，经过认真考察和准备后，他决定组织全班成员定期学习，提高全员的维修技能。

李强在向上级请示后，在班里颁布了新规定。每天下班前最后一小时，全班成员集体组织学习机械加工技术。为此，李强找了一些相关学习资料，请了一些技术过硬的师傅，定期到班里来讲课，现场示范。他还根据每名员工的技术状况，帮助制订了相应的学习计划，并标在车间学习栏的板报内，员工学好了，掌握了，就在相应的内容下面打上"√"。每周，李强都会对全体员工的学习情况进行一次检查，并进行集中讲评。他还让班内技术相对较好，学习较快的员工给其他员工授课，开展内部学习。

经过一段时间的学习，该班员工的技术水平都有了很大的提高，开始还有员工有抵触情绪，但是看到大家都很认真地学，进步很明显，他们也渐渐地参与进来，班里形成了"比学赶帮超"的良好学习氛围。大部分人养成了自觉学习的习惯，无论班里工作多忙，员工们都从来没有间断过学习。

如今，他们已基本能够修理全部零部件了，每年外送零部件的数量减少了近90%，仅此一项，就为公司节约资金8万多元，李强的维修班受到了公司通报表彰。

3. 准备学习条件

学习的方式多种多样，最基本的有两种，一种是跟着别人学，另一种是跟着书本学，这就需要班组长为员工们准备好相应的学习条件。

在班组层面，请师傅其实不必大张旗鼓，到很大的研究机构里面去请，从学以致用的角度出发，在公司内部或相关的企业中，都能找到学习的对象。公司的很多老员工，并非科班出身，有的可能只有初高中文化水平，但在技术上是一把好手，班组长大可组织员工向这些老师傅学习技术与经验。

✎ **管理寓言 7-3　博士的能耐**

一名博士到了一家公司工作，成为全公司学历最高的员工。

某个休息日，博士到公司后面的小池塘钓鱼，正好他所在部门的正副经理也在钓鱼，他只是向他们微微点了点头，心想和这两个本科生，有啥好聊的呢！

不一会儿，经理放下钓竿，伸伸懒腰，"噌噌噌"地在水面上行走如飞地到对面上厕所。博士眼睛瞪得都快掉下来了，心想："水上漂？不会吧？"经理上完厕所回来的时候，也是"噌噌噌"地从水上"漂"回来。怎么回事？博士又不好意思去问，毕竟自己是博士！

过一阵，副经理也站起来，走几步，"噌噌噌"地"漂"过水面去上厕所，这下博士更是惊讶得差点昏厥："不会吧，我到了一个江湖高手集中的地方？"

博士也内急了，这个池塘两边有围墙，要到对面厕所非得绕10分钟的路，怎么办？博士也不愿意去问两位经理，憋了半天后，也起身往水里跨："我就不信本科生能过的水面，我博士生不能过！"只听"咚"的一声，博士栽到了水里。

两位经理急忙将他拉了起来，问他为什么要下水。博士急了，问："你们怎么可以走过去呢？"两位经理相视一笑："这池塘里有两排木桩子，这两天下雨涨水，木桩子隐在了水面下，我们都知道这木桩子的位置，就踩着木桩子过去了。你怎么也不问一声呢？"

尊重经验的人，能够少走弯路。博士自恃学历高，不去学习别人的经验，所以成了落汤鸡。

班组员工并非每次都能参加学习活动，如果班组长建立了资料库，就可以每月定期向员工提供新资料。对于不能及时参加学习活动的成员来说，补充学习资料显得尤为重要。值得注意的是，班组长要不断更新资料。

4. 培养学习习惯

一堂培训课或一本书并不能培养出一位优秀的员工。帮助员工养成良好的学习习惯，才是培养优秀员工的根本方法。在此推荐"四上学习法"，即桌上一本书，枕上一本书，桶（马桶）上一本书，车上一本书。知识是一点一滴累积起来的，每天进步一点点，随着时间的推移，员工的素质一定会逐渐提高，班组的整体水平也一定会水涨船高。

5. 总结与改进

只有阶段性地进行总结，才能及时纠正学习中出现的偏差，校正学习的方向，才能有效地巩固所学，去粗取精，去伪存真，结合实践对知识进行取舍和扬弃。总结可分为个人总结和班组总结两个层级，总结可以让员工阶段性地看到自己的进步，以及与别人、与工作需要的差距，明确下步学习的重点。班组长可以进行多种形式的评比活动，对员工的学习情况进行考核，奖励先进者，鞭策后进者，让"学习工作化，工作学习化"落到实处。

7.2.2 有效的学习方式

用什么方式学习，是建立学习型班组必须重点考虑的问题，以下几种经过实践检验的有效学习方式，可供班组长借鉴。

1. 在工作中学

很多技能是员工在工作中遇到难题后，通过反复琢磨、不断研究，多次试验得来的，这种技能往往成为一些员工的看家本领，类似老工匠的绝技，别人一般是不会的。

2. 学而时习之

"学习"二字，"学"强调学知识，"习"强调实践。只有学了后在实践中加以运用，才能达到学习的最终目的，"要想知道梨子的滋味，就要亲口尝一尝"。读书是学习，实践也是学习，对于我们企业的员工来说，学习不应该只盯着书本，在实践中提炼经验和技术同样重要。

3. 三人行必有我师

每个人都有长处，都有值得别人学习的地方，以同事为师，以身边的人为师，是打造学习型团队的一大法宝。在班组中开展"相互找特长、相互找亮点、相互传绝活"的活动，能够促使成员之间相互欣赏、相互学习。这项活动还可以满足成员自我实现的心理需求，实现成员内心深处的精神渴望，能够弥补成员在能力、性格上的一些不足，使他们得到进步与提升。

4. 人人当教练

有的人自己有绝活，不愿传授给别人，怕"教会徒弟，饿死师傅"。在学习型团队，班组长要教育大家必须摒弃这种思想，要从班组全局出发，从提高整体素质出发，整个班组好了，每个人都受益，反之，大家都会错过很多东西。很多人对此都有体会：一个集体好了，出业绩就多，得到的奖励也多。所以，让大家分享绝活，分享的人除了获得尊重，还能收获更多。

5. 学习"模范"好榜样

班组长要学会在组织学习中树立标杆，评出模范，号召大家向他学习。我们都知道一句话："榜样的力量是无穷的。"将标杆树在那儿，鼓励大家比学赶帮超，将激发班组成员学习的动力。

经验分享 7-3　大庆油田采油八厂学习型班组建设的新思路和新方法

学习型组织专家彼得·圣吉博士认为，作为企业细胞的基层班组能否保持良好的学习状态，是企业永葆活力与健康的关键。大庆油田采油八厂探索学习型班组建设的新思路和新方法，激发员工的学习力和向心力，逐步形成了学习型基层班组的"五小"模式，即小课堂、小故事、小阵地、小竞赛、小研讨，全员参与，方法灵活，载体丰富，重在实效，促进了企业持续稳步发展。

1．小课堂——营造发展大环境

大庆油田采油八厂推行了厂矿领导和机关干部同一线员工深入沟通的新方式——小课堂，这既是班组长组织班前、班后安全学习与技能培训的主要渠道，又是厂矿领导和机关干部下基层与员工面对面交流形势任务与发展课题、讨论生产难题和解决思想问题的桥梁。许多员工反映，这种"小课堂"不仅营造了学习氛围，而且拉近了领导与员工的情感距离，增强了员工学习的兴趣，"小课堂"营造了企业健康发展的大环境，使他们学到了课本上学不到的东西。

2．小故事——凝心聚力展风采

小故事就是通过传统方法和现代科技相结合，利用各种手段，将安全文化、企业理念、形势任务等学习内容制作成丰富生动的电子课件，这些课件与 16 名基层普通员工讲述的成长故事一同被制作成光盘在通勤班车上播放。同时，结合生产、安全、思想工作重点，组织主题教育活动，凝心聚力，展示风采。厂团委还举办了"根植八厂，励志青春"主题演讲和青年岗位能手与新毕业大学生的青春感悟分享活动，他们的真情述说，感染了每一位员工，增强了班组员工的学习力和向心力。

3．小阵地——喜闻乐见的平台

小阵地指的是开办厂基层学习专栏。多年来，这个厂不仅坚持把《八厂油田通讯》"小队党支部园地"办得红火生动，厂主页专栏、基层小黑板、班组小板报也常出常新，成为员工喜闻乐见的学习平台。为了让员工更快更细地了解厂情、矿情、站情，第四油矿永一联合站的党支部书记郑军创办了联合站小报——《学习园地》，激发了小站员工学习的主动性。

4．小竞赛——争先创优的擂台

这个厂常年组织开展多渠道、多部门、多形式的劳动小竞赛和技术学习小竞赛。为加快完成生产任务和实施标准化管理，该厂开展了基层小队达标评比；为提高岗位技能水平，该厂定期开展专业知识竞赛。尤其是厂培训部门统一组织的技术擂台大比武，不仅加快了科研生产进度，而且涌现了一大批能力突出的岗位能手。405 队青年员工祝关伟代表该厂参加黑龙江省采油工技能大赛，荣获了技术能手称号。

5．小研讨——建言献策的沙龙

厂党委把开展基层小研讨活动作为提高员工的思想水平和理论水平、提升企业整体素质的举措，定期组织一线员工结合厂务重点进行座谈讨论。同时，普通员工既可以登录厂主页，通过"合理化建议"专栏建言献策，又可以通过"厂长热线""干群聊天箱"沟通思想，从而实现了"三促使"——促使机关管理人员转变工作作风、促使各个管理部门办事效率提高，促使员工亟待解决的热点问题得到及时处理。

推行学习型基层团队"五小"模式，增强了全体员工的凝聚力和战斗力，促进企业持续稳步发展。截至目前，这个厂创建样板油水井 781 口，样板间 36 间，样板站 13 座，样板队 10 支，提升了全厂基层建设水平。

7.2.3 破除创建学习型班组的误区

1．神秘化思想

创建学习型团队理论是由美国麻省理工学院教授彼得·圣吉首先提出来的，目前国内的相关理论都借鉴了彼得·圣吉的基本理论。许多人认为，这个理论中的许多名词晦涩难懂，内容博大精深，我们又不是科研机构，自然掌握不了这么高深的学问，这其实是一种误解。学习型团队理论由外文翻译而来，不太好理解是事实，但它的基本精神和主要内容与我们的观念差距并不是很大，只不过是用一种新的思想把我们已经做的工作加以整合而已。我国许多知名企业的成功实践也充分说明了这一点。

2．一般化认识

有许多人认为，创建学习型团队就是办班讲课、读书看报，没有什么新鲜的。其实，培训是要搞的，专家讲课也是必要的，书报更是必看不可。但这些做法只是从外部支援的角度为企业创建学习型团队提供理论上的解释和操作上的咨询，其本身并不是创建学习型团队的必经环节，更不是创建学习型团队的本质意义。创建学习型团队应当落在实处。如果一个团队整天"学习"而不创造，就不是一个真正意义上的学习型团队，只能算是一个形而上学的团队。学习型团队的学习特别强调把学习成果转化为生产力，有"学"有"习"，而且"习"重于"学"，讲究学以致用，用得恰当。

3. 思想政治工作

现在，创建学习型团队是个热门话题。有人认为，只要我们将思想政治工作的标签换一下，跟着喊就行了，这种观点是有偏颇的。创建学习型团队固然可以借鉴思想政治工作中的一些做法，但绝不等同于思想政治工作。总体来说，学习型团队所倡导的学习主要有两方面内容：一是工作学习化，即把工作的过程看作学习的过程，工作跟学习是同步进行的；二是学习工作化，今天的学习型团队理论明确要求，上班不仅是工作，而是要把生产、工作、学习和研究这 4 件事情有机地联系起来。由此可见，创建学习型团队与以往的思想政治工作并不是一回事，不能混为一谈。

4."等、靠、要"观念

有人说，既然上级这么重视学习型团队，我们只要按老办法做就行了。我们说，创建学习型团队的动力来自企业发展的内在需求，应当是一项自发、自主的工作。因此，要彻底改变那种上级下文件、定计划，基层照方吃药、跟着执行的"等、靠、要"做法。具体说来，应以提高企业的核心竞争力为目的，切实加强自主性、针对性、创造性的学习。

✏️ 管理寓言 7-4　靠自己

从前，有两座相邻的山，山脚下有一条小河，左边的山上住着一个老和尚，右边的山上住着一个年轻的小和尚。每天清晨这两个和尚都要去山下的小河边挑水，时间一久就相互认识了。不知不觉，一晃 5 年过去了。

一天，左边山上的老和尚还是像往常一样下山去小河边挑水，可他没有看到小和尚，接下来 4 天，老和尚都没有再遇到小和尚下山挑水。他心想，是小和尚生病了吗？第 5 天，老和尚决定去看望一下小和尚。当老和尚爬上山，走进小和尚的寺院时，发现小和尚正在练拳。他感到十分奇怪，就问："你这几天怎么没有下山挑水呢？"小和尚把他带进了后院，指着院里的那口井说："这 5 年来，我每天除了练拳就是挖这口井，每天挖一点，就在前几天井里终于渗出井水来了。我现在不用每天花时间去山下挑水，有更多的时间来练拳了。"

总之，创建学习型团队是一个漫长的、艰苦的过程，必须结合本企业的实际情况，不断探索、不断总结，建立具有自身特色的学习型团队，真正促进企业的长远发展。

7.3 班组团队执行力

中国改革开放的总设计师邓小平同志有一个著名的"黑猫白猫论"，这个理论的核心与企业的执行力理论有着异曲同工之处。企业的生存发展，来不得半点虚假，重结果，首要在执行，不重执行，结果就是无本之木、无源之水。

7.3.1 理解执行力

执行力可以理解为有效利用资源，保质保量达成目标的能力，是把企业战略、规划转化为效益、成果的关键。

> 理念　明确责任，让责任启动执行力

团队执行力是指一个团队把战略决策持续转化成结果的满意度、精确度、速度，它是一项系统工程，体现整个团队的战斗力、竞争力和凝聚力。许多成功的企业家都对团队执行力下过定义。通用公司前任总裁韦尔奇先生认为，所谓团队执行力就是"企业奖惩制度的严格实施"，而中国著名企业家柳传志先生认为，团队执行力就是"用合适的人，干合适的事"。

执行力是一种工作态度、精神状态，是一种思想作风、工作作风，也是职业修养的具体体现。

班组作为企业基层的团队，造成执行力不足的原因是多方面的，除执行渠道不畅、小团体利益驱使、企业体制机制不顺等客观原因，更应引起关注的主观原因是部分班组长由于平时不注重学习，思想僵化，在对执行力的理解认识上陷入了误区。突出表现为以下几个方面：

（1）认为提高执行力就可以不讲科学，为所欲为。部分班组长在平时的工作中习惯个人说了算，大搞"一言堂"，不讲科学，员工反映意见，就动辄以有碍执行为由对其进行打压，这是愚昧蛮干的行为。

（2）认为应该唯上级命令是从。一些班组长素质平庸，对上级意图的领悟、理解能力差，往往按惯例、凭经验去执行，生搬硬套。主要表现为：唯规定是从，不结合实际；以规定为教条，机械照搬；唯形式是从，不考虑效果；唯经验是从，不寻求突破。这些班组长以老一套行事，用老办法工作，缺乏闯劲，创新意识不强，工作没有特色。

（3）认为提高执行力不一定非得身体力行。当前，一些班组长存在着错误的认识，认为自己的工作主要是下命令，对员工进行检查，不必事事亲自动手，不懂班组长带头干的重要性。

（4）认为提高执行力必须附加一定条件。一些班组长在接到任务后与上级讨价还价，达不到要求就拒不执行或敷衍了事。这种错误的认识使一些班组长想方设法规避本应由其承担的责任和义务，使原本可以顺利执行的任务难度加大。

7.3.2　提高执行力要注意的问题

1．良好的沟通是成功的一半

班组长与员工沟通时一定要抱着真诚的态度，也要讲究技巧。沟通的效果好，可以做到上下同心，增强凝聚力，推进班组工作走向成功；反之，则会导致班组长与员工之间关系紧张，甚至对立，内部人心涣散，给班组工作带来较大阻力，甚至酿成恶果。

2．搞好内部协调

一个团队里主要有如下 4 类人。

（1）有能力、态度好的人：放手。这群人往往是优秀的领袖，管理这类人才，可以放心地将决策权交给他，让他靠自己的判断执行与决策。

（2）有能力、态度差的人：引导。管理这类人，主张采用"一起商量，你来决定"的方法，要求他在决策前与自己进行沟通。

（3）没能力、态度好的人：劝说。对于此类人，可以采用"一起商量，我来决定"的方法，自己掌握决策权，在决策前也和他们商量。

（4）没能力、态度差的人：告知。作为管理者不可以完全否定与放弃这类人，在掌握决策权的同时，交给他们一定的任务，让他们成为任务的执行者。

作为管理者也要明白，不可以放弃团队中的任何一个人，因为每个人都是执行环节的一部分，缺一不可。著名的"木桶原理"告诉我们，桶装水的多少不在于最长的木板有多长，而在于最短的木板有多短。

3．注意反馈信息

执行效果的好坏要通过反馈来得知。领导的评价、工期和标准的把握、残次品的比率等，都是班组长衡量自身团队执行力的重要参照。而得来的各种反馈信息又为班组以后的发展方向提供了重要的指导。

4．明确责任奖惩

班组的执行力应该通过绩效考核来体现，而不仅仅是从单纯的职业道德上去约束和评价。只有建立必要的、透明的奖惩制度，才不会使执行力无从考核。例如，人力资源管理中的目标协议书，就是利用 KPI 来管理执行力，该协议书以法律为依据明确当事人责任，从主要业绩、行为态度、能力等主客观方面来评价个体的执行力。具体奖惩措施包括奖金、工资调整、轮岗、评选优秀、储备人才培养等，同时实行一定比例的淘汰制。班组长要善于借东风，用大棒加胡萝卜的方法来提高班组员工的敬业精神，更好地管理执行力。

5．下定决心，全力以赴

狐疑犹豫，终必有悔，顾小失大，后必有害！专注、坚持这种人生信条也同样适用于管理执行力这个方面。成功就像一扇门，如果我们已经找到战略这把钥匙，那么现在需要做的只是把钥匙插进去并朝正确的方向旋转，把门打开。

🖉 **管理寓言 7-5** 猎狗追野兔——"尽力而为"还是"全力以赴"？

很久以前，有一位猎人带着猎狗在树林里打猎。有一天，猎人发现了一只野兔，便举枪射击，打中了兔子的一条腿，受伤的兔子慌忙逃跑。猎人命令猎狗追击，猎狗追了很久却空手而归。猎人问猎狗："你怎么空手回来了呢？"猎狗说："我已经尽力而为了。"兔子拖着受伤的腿跑回家，全家欢欣鼓舞，问："你拖着受伤的腿，是怎么逃过猎狗追捕的呢？"兔子回答："我全力以赴地跑，猎狗尽力而为地追，所以我赢了。"

6．没有任何借口

千万别找借口！在现实生活中，我们缺少的正是那种想尽办法去完成任务，而不是去寻找借口的人，在他们身上，体现了一种服从、诚实的态度，一种负责、敬业的精神，一种强大的执行力。

7.3.3 提高执行力的 4W1H

将自己的班组打造成一个高效的团队，要重点把握好 4W1H，即 Who（何人）、Where（何地）、What（什么）、When（何时）、How（如何做）。通过明确这几个方面的问题来建立高效团队。

1．Who（何人）

即团队的自我认识。要分析自己的团队成员有哪些优势和劣势，每个人对工作的喜好、处理问题的方式、基本价值观的差异等。充分了解自己的团队后，班组长要引导大家形成共同的信念，协调团队成员对团队共同目标的看法，从而建立共同认可的团队运行规则。

2．Where（何地）

分析团队所处的竞争环境。每一个团队要取得任务成功，都要面对外部的威胁与机会。通过分析团队所处的竞争环境来评估团队的综合能力，找出团队的不足，明确团队如何发挥优势，回避威胁，从而提高迎接挑战的能力。

3．What（什么）

明确团队的目标、行动计划。为了激发团队成员的动力，应设立阶段性里程碑，使团队对任务目标看得见、摸得着，打造令团队成员兴奋的梦想。

4．When（何时）

确定团队采取行动的合适时机。当遇到困难或障碍时，班组长应把握时机进行分析与解决；当面对内、外部冲突时，班组长应把握时机进行缓和或消除。一名合格的班组长要明白在何时何地可以取得相应的资源支持。

管理知识 7-1　关于时间管理的观念

忙之有物——有些人天天都说自己忙，但是不知道自己到底忙了些什么，这就叫忙之无物。忙，一定要针对具体的事情，不能瞎忙。

忙之有利——有些人天天都在做事情，但这些事跟自己没有任何关系，忙得没有利益和收获，这也是不太科学的。

忙之有序——忙得没有重点，不分轻重缓急也不科学。

忙之有质——忙，要忙得有质量，要用有限的时间做最有生产力的事情。

5．How（如何做）

怎样行动涉及团队运行问题，包括团队内部如何进行分工、不同的角色应承担的职责或应履行的权力、团队成员之间如何协调与沟通等。因此，团队内部也应有明确的岗位职责描述和说明，以制定团队成员的工作标准。

7.3.4　提高班组执行力的具体措施

1．设立清晰的目标并确定实现目标的进度

这个目标一定要可衡量、可检查，不能模棱两可。目标一旦确定，一定要层层分解落实。所谓"千斤重担有人挑，人人头上有分担"就是这个道理。

目标的制定有一个 SMART 原则：

目标必须是具体的（Specific）；

目标必须是可以衡量的（Measurable）；

目标必须是可以达到的（Attainable）；

目标必须和其他目标具有相关性（Relevant）；

目标必须具有明确的期限（Time-based）。

2．挑选合适的执行人

执行的首要问题实际上是人的问题，因为最终是人在执行企业的决策，并通过人的行为反映企业的文化。柯林斯在《从优秀到卓越》中特别提到要任用"训练有素"的人，要将合适的人请上车，让合适的人做合适的事并分享提供的报酬。

3．明确期限

目标确定后，就必须着手执行。如果没有明确期限，在执行上必然拖拖拉拉。作为一个团队，完成任务必须讲效率。注意期限设立的要点：时间要精准、长短要合理、富有挑战性、要得到团队的整体确认。

4．修改和完善规章制度，搭建好组织结构

企业要发展，就要通过制度、规则来约束员工的行为，制度是一个组织执行力的保障。"PDCA 循环"反映的就是制度制定、执行、检查和修正四者间的互动关系。制度制定不力，对员工执行就不利。班组长不要改变和降低既定的目标，而是要持续地修改措施，完善制度以实现目标。

🌀 管理知识 7-2　　PDCA 循环

PDCA 循环即按照"制定（Plan）—执行（Do）—检查（Check）—修正（Action）"的管理方法，对制度的执行状况进行检查，对制度内容定期修改，使之不断完善。PDCA 循环又称戴明环，是由美国质量管理专家戴明博士提出的，该方法在质量管理中得到了广泛的应用并获得了良好的经济成效，它是全面质量管理所应遵循的科学程序。

5．明确检查流程

作为员工，对待要检查的事情，一定会十分认真，想办法保质保量完成。因此没有检查，就没有执行。检查要落实到人，委派自律、廉正无私、责任感强的人完成检查工作。

6．奖罚分明，奖勤罚懒

我们强调多表扬，少批评，多用奖励，慎用处罚，这与重奖重罚并不矛盾，关键是何时使用和如何使用的问题。重奖重罚一般适用于在对班组进行整顿和面

> 理念　"奖要奖得心花怒放、惩要惩得胆战心惊"

临重大任务时。实行前，必须用严肃的态度对员工广而告之；奖励时，一定要把握好时机，以达到能够明显促进班组工作、调动大家积极性的目的；处罚前，一定要反复衡量，以罚得让员工心服口服，罚得确实起到警示作用为标准。

→ 本章小结

团队强调配合，也注重个人的才干在团队中发挥作用。用团队管理的技巧提升班组管理的效果，让每位成员有成长的愿望和动力，彼此之间相互帮助，共同进步。为适应激烈的竞争，打造学习型团队成为必然。通过团队建设，凝聚班组的力量，会使班组更具执行力。

↘ 思考与实践

1. 团队有什么特点？
2. 个人如何在团队中成长，如何在团队合作中发挥个人的特长？
3. 如何理解"没有完美的个人，只有完美的团队"？
4. 团队如何配合才能最好地发挥整体的优势？
5. 如何将班组打造成学习型团队？
6. 如何让员工在班组中有成长的愿望和动力？
7. 如何提升班组的执行力？
8. 如何将班组打造成和谐的团队？
9. 如何培养员工对班组的集体荣誉感？
10. 结合对团队管理的认识，谈谈管理班组的体会与经验。

下 篇

在现场建功立业

┃▶ 第8章
班组安全管理

　　班组是企业安全生产的基础，只有搞好班组的安全管理，整个企业的安全生产才有保障。在企业内部人们见到过很多"管理第一"，其实，只有安全才是真正的第一，因为安全涉及人的生命和健康，关乎设备和厂房的安危，没有比安全管理更重要的管理了！

8.1　全员的安全意识与责任

8.1.1　安全管理三原则

1. "管生产必须同时管安全"原则

　　管生产必须同时管安全是国家对企业的强制性要求，也是企业管理最重要的原则之一。它体现了安全与生产的统一，要求企业各级领导对安全生产负责。

> **理念**　安全促进生产，生产必须安全

2. "以人为中心"原则

　　在一切资源中，人力资源是最重要的资源。安全生产的决定因素是人，安全管理就是调动、引导、组织人的力量，去实现企业的安全生产目标。

3. "抓小防大"原则

　　从生产实践来看，小事故发生的概率大大高于大事故、重大事故、特大事故发生的概率。而追溯大事故的源头，往往会发现正是由于对小事故的忽视，才导致严重后果。如果对小事故放任不管，听之任之，就会给大事故的发生埋下隐患，造成悲剧。所以，我们不能放过任何小事故和事故苗头，要把安全隐患消灭在事故发生之前，防患于未然。"抓小"的目的就在于"防大"。

8.1.2 三级安全教育

1. 新员工入职时的厂级安全教育

对新入职的员工必须首先进行厂级安全教育。由安全部门就整个企业的安全管理制度、安全防护特点向新员工做重点培训,新员工考试合格后方可进入车间。

2. 车间级安全教育

不论是新员工入职还是老员工调换工作岗位,车间都要对其进行安全教育,通常由车间主任或安全员负责实施。安全教育的内容主要为车间安全管理特点、危险源、有毒有害作业的防护措施、防护预案以及对员工的具体要求。

3. 岗位安全教育

员工进入班组工作,在正式独立顶岗操作之前,还必须进行岗位安全教育。针对具体工作岗位的特点,就工作环境、使用设备、生产过程中的安全防护设施和措施进行培训,告知员工易发生的事故及其应对方法,教会员工正确使用防护用品,并利用以往发生过的事故案例教育员工重视岗位安全工作。

安全生产人人有责,班组长要把"安全第一"的理念传递给每位员工:"我们是来工作的,不是来送命的""我们要工作,不要伤害"!

8.1.3 班组安全管理的四大要求

班组安全管理是企业安全管理的基础和落脚点,在整个企业的安全管理中对班组安全管理有四大要求。

1. 积极预防

班组安全生产工作的预防性是指班组要把安全生产工作做在发生事故之前,尽一切努力来杜绝事故的发生。因此,班组安全管理必须树立预防为主的指导思想。

2. 科学应对

班组安全生产工作有一定的规律性,围绕班组安全生产工作所制定的各种安全制度、操作规程都是经验的沉淀和积累,班组全员只有不断学习各项科学知识,掌握安全生产的技能,才能做到科学应对。

3. 全员参与

一个人的闪失,也许会造成巨大的安全灾难,殃及他人,所以班组安全管理没有局外人,必须全员参与。

4．常抓不懈

只要有生产活动，就有不安全因素存在。因此，只要班组生产活动还在进行，就必须做好安全生产管理，它是一项长期的、经常性的、艰苦细致的和复杂的管理工作。

案例 8-1　比竞争更可怕的是现场事故

一位化工企业的老总曾发自肺腑地感叹道："再残酷的竞争也不能打垮我们，但比竞争更可怕的是现场事故！它能让我们的企业一夜之间化为乌有。我们是化工企业，稍有不慎，一把大火、一次爆炸就会毁掉我们的企业，彻底砸掉大家的饭碗！竞争对手不能把我们逼到死亡的边缘，只有我们自己的疏于防范才会断送我们未来的前程。"

他还气愤地说道："我在国外谈引进项目，晚上睡不着觉，非常担心生产现场的安全情况。当我回到公司时，要处理的第一件事就是因为一位班长上夜班的时候偷着找了一个地方睡觉而发生事故，造成整条生产线停产。"

◐【点评】

这位老总道出了中国目前多数企业的现状，比竞争更可怕的是现场事故！再残酷的竞争也不能把企业一下子打倒，但内部的失误可能让企业毁于一旦。所以企业要抓好班组长培养，重点要培养他们的责任心。企业将现场交托给了班组长，他们不仅要管生产，更要保证现场人员和设备的安全。尤其是夜班，可能生产现场最大的领导就是班组长本人了，生产管不好，只能算作失职，但发生了重大事故，就会造成犯罪！

8.1.4　班组安全生产责任制

安全生产责任制是安全管理最基本的制度，为落实"管生产必须同时管安全"的原则，班组作为基层的生产单元，必须肩负起安全管理的责任。班组安全的第一责任人就是班组长本人。国务院安全生产委员会办公室曾专门下发文件，指示加强企业班组长安全培训工作。

1．坚持"安全第一，预防为主"的方针

认真贯彻、执行国家安全生产的有关规定、标准和企业的相关制度。在日常工作中，班组长要监督本班组员工严格遵守安全操作规程和各项安全生产的规定。

2. 落实安全生产责任制

将安全管理融入生产管理，做到安全与生产的协调管理，根据生产任务、现场环境和员工具体情况，抓好班组日常安全管理工作。在现场巡视中发现违章作业要立即制止。在交接生产情况的同时要交接安全状况。

3. 班组安全培训

班组长要定期组织本班组员工学习安全管理制度和安全知识，培养每位员工的安全意识，利用班前班后会的机会，进行安全提示。对新到岗的员工，要进行岗位安全教育，在他们没有熟悉工作环境之前，要指定专人负责其生产中的安全监护。

4. 现场事故处置

如遇工伤、火灾、中毒等事故，应立即在现场采取措施，组织抢救，并迅速向上级和有关部门报告。事故结案后，要组织全体员工认真分析，做到"四不放过"，制定防范措施。

8.1.5　班组长的"严爱"

"严是爱，松是害"，在现场安全生产管理方面，严格管理是对员工最大的关爱。安全管理不同于质量、成本管理（每个人做好自己的工作即可），班组中某一位成员稍有不慎造成的火灾、爆炸、化学溶液腐蚀等安全事故，就会殃及他人，严重的时候还会危及他人生命！班组长对新入职的员工、做事大意的员工一定要特别关注，巡视时多留意他们的工作状态。防微杜渐是抓安全管理的根本，与其事后追悔莫及，不如事前严格管理！

班组工作的生产现场是发现和消灭事故隐患的前线，抓好安全管理，既是对员工负责，又是对企业的回报。

管理知识 8-1　安全质量标准化管理

安全质量标准化借鉴了以往开展质量标准化管理的经验，同时被赋予了新的内涵，是新时期安全生产管理的创新和发展。开展安全质量标准化活动，是加强生产"双基"工作，建立安全生产长效机制的有效手段。

安全质量标准化的基本内容，就是生产经营单位在各个生产岗位、生产环节的安全质量工作，必须符合法律、法规的规定，达到和保持一定的标准，使生产经营单位的生产始终处于良好的安全运行状态。因此，安全质量标准化就是要从根本上建立安全生产的长效机制，达到构建和谐社会的要求，落实"以人为本"的科学发展观。

8.2　班组安全管理

8.2.1　班组安全管理的内容

1. 班组长的安全责任

（1）班组安全管理是企业管理的重要组成部分，是企业安全生产的基础。班组长既是基层管理者，又是班组安全的第一责任人。

> **理念**　安全生产人人有责

（2）在企业，绝大部分事故发生在班组。班组长作为"一线指挥"，对防范事故发生起着非常重要的作用。如果班组长管理不善或责任心不强，对违章违纪行为听之任之，那么，发生事故的概率就会大大增加。所以，班组长要担负起班组安全管理的责任。

2. 班组安全的 5 个条件

（1）有一位责任心强的班组长，能够承担整个班组的安全管理责任。

（2）设备、环境无隐患，不存在不安全状态。

（3）有安全操作规程。

（4）将"安全第一"落在实处，杜绝不安全行为。

（5）能吸取教训，能对事故举一反三，避免类似事故再次发生。

3. 班组安全管理需要开展的工作

（1）完善安全操作规程。

（2）员工应经过三级安全教育并考试合格。

（3）员工要遵章守纪，班组长对员工管理严格、赏罚分明。

（4）有安全检查制度。

（5）确保劳动保护用品完备。

（6）对于工伤、职业病和中毒事故，要坚持"四不放过"的原则，对事故进行认真处理。

（7）利用班前班后会及时通报安全信息。

（8）控制好现场的危险源。

8.2.2　班组安全管理规范

1．在岗人员"10 个必须遵守"

（1）必须树立"安全第一"的理念。

（2）必须穿戴劳动保护用品。

（3）必须严格按照规程操作。

（4）必须服从领导，听从指挥。

（5）工作中要常检查、勤联络。

（6）工具必须对号入座，放在指定位置。

（7）必须坚守岗位。

（8）必须保持工作环境的整洁。

（9）发现隐患必须及时报告。

（10）必须严格执行交接班制度，生产交接的同时进行安全交接。

2．操作人员"6 个严格遵守"

（1）严格进行交接班。

（2）严格进行巡视检查。

（3）严格控制工艺指标。

（4）严格执行操作票制度。

（5）严格遵守劳动纪律。

（6）严格执行有关安全规定。

3．班组生产"5 不准"

（1）危险作业未经批准不得进行。

（2）设备安全防护装置不全、不灵时不准使用。

（3）新员工未经三级安全教育不准上岗。

（4）特种作业人员未经培训、取证，不准独立操作。

（5）劳动组织、人员调配、作业方式不符合安全规定时不准违章指挥。

4．防止违章动火的"6 大禁令"

（1）没有动火证，任何情况严禁动火。

（2）不与生产系统隔离，严禁动火。

（3）清洗、置换不合格，严禁动火。

（4）周围易燃物未得到清理，严禁动火。

（5）不按时做动火分析，严禁动火。

（6）没有消防措施、无人监护，严禁动火。

5. 下班离岗前的"10 要"

（1）电闸要拉下断开。

（2）门窗要关紧锁严。

（3）易燃、易爆物品要远离热源。

（4）怕晒物品要遮盖好。

（5）液流开关要关闭。

（6）各种用具清点后要收齐放好。

（7）要注意保持适当通风，易燃、易爆物品不得超量存放。

（8）防雷、防电设施要保证完好，排水沟渠要保持通畅。

（9）冬季采暖设施的泄水阀要保持正常状态。

（10）要妥善处理好火种。

8.2.3　员工安全生产责任

1. 落实"安全第一，预防为主"的方针

严格遵守企业各项安全生产规章制度和安全操作规程，正确使用和保养生产设备，尤其是安全防护装置。不准乱开、乱动非本人操作的设备和电气设施。

2. 认真检查

要做好准备工作，认真检查设备、工装夹具和安全设施，发现不安全因素及时报告安全员或班组长。

3. 参加培训

安全关系到每位员工的生命和健康，员工应参加企业的相关安全培训，不断提升自己的安全知识和安全技能。

4. 正确穿戴劳动保护用品

按规定正确穿戴、合理使用劳动保护用品和用具。不得为图省事，拒绝穿戴防护用品和用具。

5. 正确处置事故

事故发生时，要听从指挥。服务行业的人员，应优先安排顾客的救护和逃生。事故发生时能够自救的要立刻采取自救措施，迅速向上级报告并通知相关部门。

8.2.4　特殊工种必须持证上岗

电工、焊接工、锅炉工、司机等风险比较高的岗位必须持证上岗（尤其是 16 类特种作业的岗位和国家批准的其他作业等）。这些特殊工种的员工必须接受国家规定的统一培训，考核合格后，获取相应的证书，取得相应的上岗资格。

8.2.5　工伤、事故的管理

工伤、事故一旦发生要立即施救，不得隐瞒不报。

（1）积极救护受伤人员，保护好事故现场。

（2）立即向上级报告并通知相关部门。

（3）配合相关部门的调查，查找事故的原因。

（4）进行改进，杜绝同类事故的再发生。

8.2.6　动火管理制度

在生产现场，动用明火或产生火种的作业都属于动火作业，如电焊、气焊、喷灯等明火作业。除固定动火区外的其他区域均设为禁火区，凡在禁火区从事动火作业时必须办理动火审批手续，落实动火安全措施，动火前必须隔离断开可燃物、助燃物。

禁火区动火可分为两级：一级动火是指在正常生产条件下的要害部分、危险区域动火。一级动火由企业安全技术和防火部门审核、主管领导批准。二级动火是在固定动火区和一级动火区以外的区域动火。二级动火须由所在车间主管领导批准。

动火一般由动火施工方提出申请，指定动火安全现场负责人填写动火许可证，动火许可证上要详细写出动火安全现场防护措施。由施工生产单位的安全主管领导签字后，报安全、保卫部门审批同意，再报企业主管领导批准后才能在禁火区动火。动火过程要自觉接受安全等相关部门的监督和检查。

8.3　现场安全管理

8.3.1　现场安全管理的内容

现场安全管理是企业安全管理的重要组成部分，是安全管理的基础和窗口，是安全管理的落脚点。现场安全管理不好，将直接导致事故的发生。

> **理念**　现场是生产一线，更是安全管理一线

现场安全管理的主要内容有如下几点。

1. 现场安全的目视管理

目视管理的具体内容包括生产现场的安全标志、安全色、安全标语、安全警示等。区域的划分、通道（尤其是紧急疏散通道）、指引标记、安全信号、标志、警灯、警铃等装置应该完备有效。

2. 劳动防护用品管理

员工劳动防护用品的发放、领用、日常佩戴和定期检查与更换。

3. 设备、管道的着色管理

班组长和员工要能够正确识别各种设备和管道颜色所代表的意义和内容。

4. 安全生产标准化管理

班组长应监督员工遵守"管理标准、技术标准、工作标准"，使安全管理处在正常的管理状态之中。

5. 现场环境的安全管理

保证现场的环境条件处于有利于安全生产的状态，对照明、温度、湿度、噪声等进行有效的控制，让员工处于较适合生产的环境之中。

6. 安全检修管理

正确使用安全票证，定期进行安全检修。

7. 保持安全装置和设备的完好

在进行生产的同时，对安全装置和设备进行点检，确保这些保护装置的完好和有效。

8. 有害作业岗位管理

对于接触有毒、有害作业的岗位，要对危害员工身体的有毒、有害源进行监控，不得泄漏。

9. 遵守安全操作规程

员工在从事生产时，必须遵守相关的安全规定，不得为图省事违反安全规定。

10. 现场日常安全检查

班组长在进行现场巡视的同时，要对危险源进行检查，对员工的安全违章行为要及时制止。

8.3.2　人的不安全行为和物的不安全状态管理

造成事故的原因归纳起来主要有两个方面，一是人的不安全行为，二是物料、设备的不安全状态。从人的方面来讲，由于人的种种不安全意识（事故隐匿形式）而产生种种不安全的行为，从而造成事故。从物的方面来讲，由于生产设备和生产环境具有潜在危险因素，如果不能及时发现和处置，就容易在生产运行时酿成事故。不论是人的隐患还是物的隐患，都隐匿在班组的生产现场。隐患的第一发现者应当是员工和他所在的班组。只要把守好班组安全管理的第一关，绝大多数事故隐患就可以及时被发现和排除。

1.　人的不安全行为原因分析

（1）侥幸心理。经常会发生这样的情况：员工明知违章但没有因此发生事故，就理所当然地认为只要"小心一点"就没有问题。殊不知，安全上"没有问题才是最大的问题"。

（2）省事心理。这在搬运重物上表现最为突出：明明从 1.5 米的高度向下卸货要双手取货物，但有些员工为了省事儿直接用一只手去拿，结果一只手没有拿住，重物掉下来砸在脚上。

（3）自我表现心理。为了得到领导和同事的夸奖，做超出自身能力的事情，最容易发生意外事故。

（4）经验心理。这最容易发生在有一定工作经验和经历过类似工作环境的员工身上，这些所谓的老员工（一般是入职半年至一年的人员）不按操作规程作业，耍小聪明，往往造成本不应该发生的悲剧。

（5）从众心理。由于现场管理不善，导致有规章制度而不能执行。员工错误地认为"大家都这样违章作业，别人没事我也不会出事"。

（6）逆反心理。一些员工因违纪受到批评，心里却不服气，认为领导小题大做。越是不让做，越要反着干。

（7）为赶任务、抢时间而违章蛮干。当时间紧、任务重，按时完成起来有一定困难时，甚至个别领导也常常忽视安全操作。如果员工的违章得不到及时制止，那么离事故的发生也就不远了。

2.　消除人的不安全行为

人的不安全行为有两类，一类是由于安全意识差而做出的有意行为，比如为图省事，私自拆除安全装置或人为地让安全装置失效；另一类是由于个人对信息判断、处理不当而做出的无意识行为，比如误操作、误动作等。人员安全管理就是消除人的不安全行为，预防事故的发生。

（1）人员本质安全化建设。从员工的安全生理、安全心理、安全技术和安全文化 4 个方面培养、提高员工的安全素质。班组长首先自己要全面理解企业的安全文化内涵，进而帮助员工接受和理解安全文化，还要熟练掌握现场的安全技术，与员工共同消除不安全生理和心理因素。

（2）机具本质安全化建设。合理设计人机界面，安装能够避免人员不安全行为的装置。装置的好坏直接影响人的操作方法和操作正确性，比如双手操作开关、安全光电保护装置等。

（3）作业环境本质安全化建设。作业环境对人的安全操作能力有着直接的影响，包括物理、化学、生物、空间、时间 5 种因素，比如噪声对人的情绪会产生不良影响。不适当的作业环境很容易引发不安全行为。

（4）违章违纪的现场管理。由于每次违章违纪并不一定都会导致安全事故，使部分员工觉得违章违纪没什么大不了。但违章违纪是安全事故的最大隐患，班组长一定要杜绝本班组的违章违纪行为。

3．物的不安全状态管理

（1）环境：生产现场环境整洁卫生，无脏、乱、差死角；安全卫生设施完善；工作区域温度、湿度、亮度符合安全要求；"三废"排放、噪声等指标符合要求；操作室、交班室、更衣室等场所干净明亮。

（2）设备：机器、设备保持整洁；安全附件齐全；沟见底、轴见光、设备见本色；班组人员对本岗位的设备做到"四懂三会"，即懂原理、懂性能、懂结构、懂用途，会使用、会维护、会排除故障；严格执行设备巡回检查制度，及时消除事故隐患，及时消除跑、冒、滴、漏等现象。

（3）材料、半成品、成品摆放要齐整；各种工具器材实行定制化管理；做到物流有序；安全标志、标语齐全；安全色醒目。

8.3.3　危险源预知活动

德国安全工程师海因里希提出过一个飞行安全法则，被称为"海因法则"，即每一起严重事故的背后，必然有 29 起轻微事故、300 个未遂事故先兆和 1 000 个事故隐患。该法则强调：事故的发生实际上是一个量的积累的结果。再好的技术、再完美的规章制度，在实际操作层面，也无法取代人的责任心。如何有效地预防事故的发生，发现事故的前期征兆，也就是预知危险源，将事故消除于隐患期，是至关重要的。

危险源是指具有潜在危险性的事物，是有可能对人身、环境和其他财产造成危害的根源或状态。对危险源尤其是重大危险源进行识别和监控是现代企业进行安全管理的重要手段，安全管理重在预防。危险源预知活动是针对生产特点和工艺过程，以危险源为对象，以生产班组为基本单元，开展的预防性安全管理活动。

1. 危险源的分类

按照导致事故和职业危害的直接原因，危险源可分为以下 5 种。

（1）物理因素。主要包括设备、设施和装置的缺陷，以及电气、噪声、振动、电磁辐射、移动物、高温、低温等危害因素。

（2）化学因素。主要包括化学反应引起的腐蚀、燃烧、爆炸，以及产生的有毒有害气体、液体和固体物质等因素。

（3）生物因素。主要包括致病的微生物、传染病媒介物、有害动物、有害植物等因素。

（4）心理、生理性因素。主要包括造成心理压力过大、负荷超限、超出生理限制等因素。

（5）行为性危险、危害因素。主要包括指挥错误、监控失当、误操作等人为因素。

2. 危险源辨识

危险源辨识（也称危害识别）是指识别危险源的存在并确定其性质的过程。确定危险源性质就是预估危险源可能造成危害或损失的程度。

（1）辨识危险源的种类、性质和破坏力。对危险源进行辨识时，一定要充分考虑发生危害的根源及性质，分析危险源会从哪些方面对身体造成伤害，预估危险源会在多大范围内造成何等程度的伤害。

（2）查找危险源的数量。从安全到危险往往是一个量变到质变的过程，如果危险源数量达到一定程度，就会造成不安全的状态。将生产现场的各类危险源分门别类地进行查找和统计，可以为制定对策提供依据。

（3）了解危险源的分布情况。在查找数量的基础上，对于现场危险源的分布地点、危险可能发生的时间进行确认，分不同区域和等级，有针对性地采取预防措施。例如，在易着火的区域配置消防器材。

3. 辨识危险源的方法

对危险源进行辨识应尽可能地从潜在的危险性和危害的破坏性上去查找现场的不安全因素和状态，从人的不安全行为、设备设施的不安全状态、现场环境的不安全条件、管理上的不安全缺陷来分析、识别危险源。

（1）对照法。根据经验，对照相关法规、制度，对现场缺失的措施进行补充。

（2）类比法。利用相同或相近的体系或作业条件进行类比，根据现场的具体实际，分析、评定现场的危险源。

（3）系统安全分析法。利用系统安全工程评价方法对危险源进行分析。较常用的工具有事件树分析、事故树分析，通过这些分析工具，找出危险源的关键因素。

管理知识 8-2　危险源评级方法（LEC 法）

公式：$D=L\times E\times C$

D——危险性，表 8-1 给出了危险等级的划分；

L——发生事故的可能性大小，数值可根据表 8-2 选取；

E——人体暴露在这种危险环境中的频繁程度，数值可根据表 8-3 选取；

C——一旦发生事故会造成的后果，数值可根据表 8-4 选取。

表 8-1　危险等级的划分（D）

危险等级	危险值	危险程度
5	危险值>320	极其危险，不能继续作业
4	160≤危险值<320	高度危险，要立即整改
3	70≤危险值<160	显著危险，需要整改
2	20≤危险值<70	一般危险，需要注意
1	危险值<20	稍有危险，可以接受

表 8-2　发生事故的可能性（L）

数　　值	发生事故的可能性
10	完全可能
6	相当可能
3	可能，但不经常
1	可能性小，完全意外
0.5	可以设想，但很不可能
0.2	极不可能
0.1	实际不可能

表 8-3　人体暴露在危险环境中的频繁程度（E）

数　值	人体暴露在危险环境中的频繁程度
10	连续暴露
6	每天工作时间内暴露
3	每周一次暴露
2	每月一次暴露
1	每年一次暴露
0.5	很少或罕见暴露

表 8-4　发生事故造成的后果（C）

数　值	发生事故造成的后果
100	大灾难，许多人死亡
40	灾难，数人死亡
15	非常严重，一人死亡
7	重大事故，致残
3	严重事故，重伤
1	引人注目，需要救护

8.3.4　职业危害的因素

职业危害来自生产现场，生产现场既然是一线员工受到职业危害的地方，也就自然而然地成为职业危害预防的阵地。职业危害的因素因工作内容的不同而不同，因此对员工的影响和相应的预防措施也不尽相同。

职业危害因素按其性质可以分为 3 类。

1．环境因素

作业环境产生的职业危害因素就其特征而言可分为 3 种。

（1）物理因素。不良的物理因素包括高温、低温、噪声、振动、强烈的光污染、电磁辐射等，这些因素会对身体造成损伤。

（2）化学因素。生产过程中使用或接触到的原料、中间产品、成品及这些物质在生产过程中产生的废气、废液和废渣等都含有毒成分，会对人体造成伤害。这些有毒物质会以粉尘、烟雾、蒸气等形式扩散到生产现场，长时间接触会造成人员慢性或急性中毒。

（3）生物因素。生产过程中使用的原料、辅料以及作业环境中可能存在某些致病微生物和寄生虫，如霉菌、真菌等。

2. 与职业有关的因素

包括劳动组织和作息制度不合理，工作过于紧张等，如超过国家规定的加班时限的过度加班等。

3. 其他因素

其他因素主要是指社会经济因素。如国家的经济发展速度、国民的文化程度、生态环境、管理水平等因素都会对企业的安全、卫生投入和管理产生影响。

8.3.5 职业危害的防护

职业危害的防护应从源头抓起，要做好环境的改善和员工个人的防护。

1. 有毒物质的防护

采取合理有效的措施，可使接触有毒物质的作业人员避免中毒。

（1）控制与消除有毒物质，用无毒或低毒的物质代替有毒物质。改进生产工艺、生产设备，尽量将手工操作变为自动化生产或遥控操作。

（2）避免员工直接与有毒物质接触，加强通风，降低生产现场有毒物质的浓度。

2. 粉尘的危害及防护

生产现场的粉尘超标，久而久之会对生产人员的呼吸系统、眼睛、皮肤等造成伤害。粉尘对人体的危害程度取决于进入人体的粉尘量、侵入途径、沉着部位以及粉尘的物理、化学性质等因素。为根除和减少粉尘的危害，可采取的主要预防措施是改进生产工艺、生产设备，尽量将手工操作改为机械化、自动化操作，封闭粉尘的源头，尽可能采用湿法生产工艺。

3. 噪声的危害及防护

长期在噪声过大的环境中工作，会让人感到烦躁，引起注意力不集中、记忆力下降、反应迟钝等，不仅影响工作效率，还会降低对事故的判断和处置能力。

对噪声作业环境的改善措施有：选择低噪声的设备，改进工艺和操作方法，设立隔音间屏蔽噪声源，缩短作业人员在高噪声环境中的停留时间。最常用的个人防护用品有耳塞、耳罩和帽盔等物品。

4. 辐射的危害及防护

辐射包括电离辐射和非电离辐射。电离辐射是一切能引起物质电离的辐射，包括α射线、β射线、γ射线、X射线和中子。人体受到一定剂量的电离辐射后，可能产生对健康有害的生物反应，严重的会引起骨髓等造血系统损伤。

电离辐射的防护措施主要有：对放射性物质进行监测，严格控制放射量不超标，尽量缩短在放射区工作的时间，要求工作人员必须穿戴防护用品。

非电离辐射包括紫外线、可见光、红外线和激光。过度的非电离辐射会导致人的皮肤受到伤害，对眼睛也有不良影响。为防止受到非电离辐射，现场作业人员一定要穿戴防护用品，要对辐射源进行屏蔽和遮挡。

8.3.6 安全防护用品的使用与管理

企业根据生产现场的实际情况，为保护员工的身心健康，给员工配置相应的安全防护用品。班组长要在生产现场确保发放的安全防护用品完好并让员工按要求穿戴。在第三级安全培训中，班组长一定要教会员工使用安全防护用品，如果安全防护用品失效要及时更换。平时要注意以下几点事项：

（1）安全防护用品使用前必须认真检查其外观和防护性能，确保能够起到安全防护的作用。

（2）使用的安全防护用品应与要防御的有害因素相匹配，例如，当进入有电磁辐射的现场时，员工所穿工作服一定是防辐射的，而不是普通的。

（3）正确使用个人劳动防护用品。天热的时候，有些员工为图凉快，不愿意穿工作服，有些员工的工作服扣子掉了也不补。这些都是班组长应该制止的不良行为。

（4）严禁使用过期和失效的安全防护用品。例如，防毒面具中的活性炭是要定期更换的，否则即使穿戴了，也起不到防护作用。

🌐 管理知识 8-3 职业健康安全管理体系

职业健康安全管理体系（Occupation Health Safety Management System, OHSMS）是 20 世纪 80 年代后期兴起的现代安全生产管理模式，它与 ISO 9000、ISO 14000 等标准化管理体系一样被称为后工业时代的管理方法。

职业健康安全管理体系是一套系统化、程序化，同时具有高度自我约束、自我完善机制的科学管理体系。在我国实施职业健康安全管理体系，不仅可以强化企业的安全管理，完善企业安全生产的自我约束机制和激励机制，达到保护职工安全与健康的目的，也有利于增强企业的凝聚力和竞争力。

→本章小结

在各项管理中安全生产管理永远排在第一位，安全生产的重要性是由安全事故的残酷性所决定的。管生产必须同时管安全，这是国家的法律明确规定的。班组长作为现场的基层管理者，必须承担起班组安全管理责任。要让全体组员树立安全意识，恪守安全规程，养成安全防护的良好习惯，共同筑牢安全生产的防护网！

↘思考与实践

1. 为何说安全生产管理永远排在各项管理的第一位？

2. 如何理解员工之间的安全伙伴关系？

3. 如何让员工理解"三不伤害"原则，并在工作中相互监督？

4. 每位组员在工作中都能做到按安全规程操作吗？如果做不到，你会怎么办？

5. 你如何保证班组的全体员工每天都能正确佩戴劳动防护用品，你有何经验？

6. 遇到违章指挥，你应该怎么办？

7. 如何处置现场突发事故？

8. 安全生产与每位员工息息相关，如何让员工时刻树立安全意识？

9. 如何与员工一起开展现场危险源的辨识与查找？

10. 总结一下自己的班组安全管理经验。

┃▶ 第 9 章

现场的 6S 管理

我国很多企业都在实施 6S 管理，它在日本的 5S 管理的基础上，增加了安全（Safety）管理的内容。5S 是日语"整理"（Seiri）、"整顿"（Seiton）、"清扫"（Seiso）、"清洁"（Seiketsu）和"素养"（Shitsuke）这 5 个单词的简称。6S 管理可以保证生产现场的安全、清洁、整齐，避免浪费，提高效率，使员工养成良好的工作习惯，进而提升员工的职业素养。在一线指挥的班组长应身体力行地带头做好现场的 6S 管理，发挥自己的表率作用，让员工在现场 6S 管理活动中渐渐养成良好的习惯，最终提高一线员工的职业素养。

9.1　全员参与的 6S 管理

9.1.1　6S 管理的作用

在 6S 管理刚起步的阶段，很多人以为 6S 管理活动不过是抓抓现场卫生，使现场整洁常态化。其实 6S 管理是生产制造的基础，也是培养员工的育人

> **理念** 6S 管理是生产基础，也是育人工程

工程。班组长对 6S 管理的认识一定要到位，这样才能积极参与，常抓不懈。6S 管理的基础作用表现在对产品质量（Quality，Q）、成本（Cost，C）、交货期（Delivery，D）、产量（Product，P）、安全（Safe，S）、员工士气（Morale，M）六大生产结果的直接影响上。

1. 6S 管理对产品质量的影响

产品质量是企业赖以生存和发展的基础，没有产品质量的稳步提升，就没有企业的未来。由于 6S 管理强调规范化管理，6S 管理对产品质量的影响是显而易见的，具体表现在以下方面。

（1）技术标准规范化。实施6S管理必须以技术标准的规范化为前提，这就要求产品图纸、技术工艺标准、检验标准等严格按照规范进行审批、发放以及现场管理，这就从源头上杜绝了产品质量的潜在隐患。

（2）工艺动作规范化。实施6S管理必须对生产过程中的各种工艺动作进行规范，并落实到员工行动当中，工艺动作的规范化最大限度保证了工艺质量和员工行为动作质量，而工艺质量和动作质量是产品质量的行为保障。

（3）监控行为规范化。质量检验、管理人员必须严格按照规范标准和要求进行产品检验和质量管理活动，加上规定的工艺过程监控，使得产品质量处在严格、周密的监控环境中。

2. 6S管理对产品成本的影响

成本管理是班组长班组管理的一个重要内容，也是衡量班组长是否称职的重要指标。6S管理对产品成本的影响表现在以下方面。

（1）物料损耗大为减少。物料进出流程清晰，数据及时、准确，投入与产出一目了然，清晰化的管理带来的是人为损耗的大幅降低和采购成本的降低。

（2）返工、报废率大幅降低。由于产品质量和质量管理水平的提高，批量返工率和报废率将大幅降低，连带节省大量的水电费用、办公费用以及机器设备损耗折旧费用等。

（3）规范化的动作带来效率的大幅提升，效率提升带来成本的大幅降低。

3. 6S管理对交货期的影响

品质的稳定保障加上效率的提高，企业的交货期会缩到最短。当前的市场需求已经变成少量多样，灵活多变、快速机动的生产模式成为主流，而6S管理恰好可以发挥及时发现问题、及时提供数据信息的能力，因此，推行6S管理可以确保对交货期进行评估和控制，做到准时交货。

4. 6S管理对产量的影响

品质稳定，效率提升，班组的产能自然会大幅提升，产能的提升将带给企业更大的市场竞争优势。

5. 6S管理对安全的影响

保证安全生产是班组长的关键核心职能，也是对企业和下属的道德责任，无论是人员安全还是设备设施安全，班组长都要牢记在心。6S管理对设施设备安全管理和人员安全管理都有明确的规定，坚持按规定动作操作设备可以最大限度保护设备安全和人身安全。事实证明，认真实施6S管理的企业，重大安全事故几乎为零，员工的稳定性明显高于没有实施 6S 管理的企业，实施 6S 管理不仅让企业在安全管理上受益，更体现了以人为本的管理理念。

6．6S 管理对员工士气的影响

（1）6S 管理对员工士气的影响首先表现在环境上，整洁有序的生产环境会让员工感觉精神愉悦、振奋，从而士气大增，工作效率自然会比在一般懒散的生产环境中高出许多。

（2）6S 管理对士气的影响其次表现在对员工成长的影响上，6S 管理的实施会使员工养成良好的工作习惯，培养出良好的思维能力，随着思维能力和工作能力不断提高，员工会不断获得工作成就感，员工士气将得到持续保持和提升。

✦✦✦ 案例 9-1　万丈高楼平地起

宁波××实业公司是一家台资企业，于某年进入大陆投资建厂。母公司派来了一个管理小组，小组成员是从每个部门抽调的业务骨干，负责人是罗总。由于扩展市场和研发均在台湾完成，大陆工厂实际承担的是生产制造任务。

为了完成公司 6 个月内招工 600 人并形成规模生产、高效率、高品质的管理任务，罗总一开始就确立了在公司内部构建 ISO 9001 质量管理体系的工作思路，要使 ISO 9001 的标准真正落到实处却困难重重，因为临时招聘的大量员工综合素质参差不齐。有没有快速有效的管理工具能让大量的新进员工进行规范化的操作呢？经小组会议讨论，确定在构建 ISO 9001 质量管理体系的同时启动 6S 管理，并且把 6S 管理的推行放在优先位置。

大家一致认为：ISO 9001 质量管理体系的思路要真正落到实处，取决于全员参与的广度和深度，取决于员工的质量意识和行为习惯，取决于员工能否规范地操作，而要在短时间内高效培训素质参差不齐的员工，光靠思想教育培训和质量管理体系培训是不够的。即使员工的思想觉悟能迅速提高，但要在短时间内，在完成团队打造、效率提升、品质保证的同时确保成本、安全等管理事项都达到总公司的要求绝非易事，必须借助行之有效的管理工具，而 6S 管理体系恰好针对上述问题，它就像一剂中药，直接针对质量、成本、安全、效率和产能等方面的问题，并能在员工素养提升方面起到固化习惯、提升效能的作用。

由于管理小组成员对 6S 管理身体力行多年，对推行 6S 管理有着非常丰富的经验，他们很快达成共识并开展了相关工作。

首先，管理小组根据新进员工的综合素质，结合质量、产能、效率要求，用 2 个月时间起草了各类管理标准，在生产现场规划张贴了各类标识、标语，并制订了推行计划。

其次，在公司内部大张旗鼓地宣传培训 6S 管理思想，确保人人知道、理解，干部带头，全员参与。

最后，制定奖惩办法，为实施 6S 管理的行为制定各类明确的考核办法，重罚重奖，毫不妥协地推行既定的各类标准。

经过 3 个月的强化灌输和培训，加上管理小组成员个个带头身体力行，手把手地教新进员工实施规范的工艺动作和标准，从员工进厂的第一天起就不给员工偷懒和执行打折扣的机会，公司的管理风气蔚然改观，所有员工都清晰地知道：必须按 6S 管理规范操作，否则重罚或走人! 形成了良好的管理基础。在此基础上，管理小组趁热打铁，对质量管理体系同样采取了密集轰炸式培训的策略。有些干部原本担心两个体系一起上会给员工带来额外的压力，但没想到 ISO 9001 质量管理体系推行得极其顺利，程序规定一旦颁布，员工都能在很短的时间内积极调整自己的行为习惯。不但没有推行的阻力，6S 管理反而成了 ISO 9001 质量管理体系顺利实施的助推器。到了年底，公司由 4 月初的招工起步，发展到员工 650 人，月度产值居宁波同行业第一，质量优胜，被评为市级管理优秀示范企业。

在总结会上，大家讲得最多的是 6S 管理的基础作用，虽然大家以前都实施过 6S 管理，但从零开始实施还是第一次。当后期实施质量管理体系时，前期 6S 管理塑造的行为习惯和思想意识确保了质量管理体系被严格规范地实施下去，在保障质量的同时解决了安全问题和成本控制问题。更为重要的是，通过 6S 管理和 ISO 9001 质量管理体系两大工程的实施，涌现出许多优秀的储备干部，从经理、主管到班组长都有，他们形成了公司稳定和发展的坚实基础，这是管理小组成员原先没有想到的，而这也被管理小组认为是最大的工作成果。就是这些储备干部，在其后的两年内，复制建立了 4 家分厂，成就了公司的辉煌，也为广大的有志员工提供了良好的学习和发展平台。

○【点评】

6S 管理的基础作用在本案例中表现得非常明显。

（1）6S 管理奠定了公司的法制基础，使员工养成了遵纪守法的好习惯。

（2）6S 管理奠定了公司的行为基础，使员工养成了规范操作的好习惯。

（3）6S 管理奠定了公司的人才基础，在实施过程中为许多想成才的员工提供了充分的学习和锻炼机会，储备了大批人才。

（4）6S 管理奠定了公司的管理基础，为公司其他管理体系的构建打下了坚实的法理根基与执行根基，使得各项管理制度更加快速地落到实处。

　　6S 管理还有很多看不见的好处，这里我们不再一一列举。班组长要深刻认识6S 管理的基础作用，只有自己先意识到，才能带领班组把 6S 管理的功效发挥到最大，也只有将 6S 管理的功效发挥到最大，班组长本人和班组成员才能得到最大的提升。

9.1.2　5 个 S 之间的关系

　　第二次世界大战后的日本，经济开始复苏，企业开始步入正轨。由于日本企业的生产现场空间比较狭小，混乱的现场直接影响了生产的正常运行。为了提升企业的竞争力，很多企业开始搞 3S 管理，即整理、整顿和清扫 3 项现场改善活动，后来为了使 3S 管理制度化、常态化，增加了清洁和素养 2 项内容，扩展为现场5S 管理活动。较为独立的安全管理在前面一章已经阐述，这里重点讲 5 个 S 之间的关系，它们并不是各自独立、互不相关的，而是相辅相成、缺一不可的整体：整理是整顿的基础，整顿又是整理的巩固，清扫则显现整理、整顿的效果，清洁和素养使企业形成一个整体持续改善的机制和氛围。5 个 S 之间的关系和作用如图 9-1 所示。

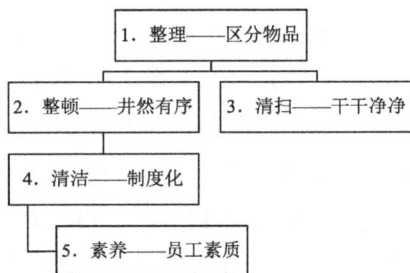

图 9-1　5 个 S 之间的关系和作用

1. 整理的含义及其与其他 S 的关系

　　整理就是把必需品和非必需品区分开，在岗位上只放必需品。没有整理就没法整顿，也无法进入清扫清洁工作，所以说，整理工作是其他 S 推行的基础。在整理过程中，员工通过识别有用没用的物资，为整顿工作打下基础，也为后续的清扫清洁奠定基础，而后续的整顿工作又巩固了前面的整理工作，没有后续的整顿、清扫清洁工作，整理工作将变得没有意义。

2. 整顿的含义及其与其他 S 的关系

　　整顿的含义是将必需品放在任何人都一目了然的地方，保持能立即取到的状态，使寻找物品的时间最小化直至为零。整理为整顿、清扫打下基础，并通过整顿和清扫显现整理的效果。

3．清扫的含义及其与其他 S 的关系

清扫是使岗位没有垃圾、灰尘，干净整洁，将设备保养得非常好，创造一个一尘不染的环境。清扫工作是整理、整顿工作的延续，是显现整理、整顿工作效果的必需环节，通过清扫，现场环境将进一步改观。员工在不断深入执行 6S 管理的过程中会逐渐体会到 6S 管理带给公司、班组和自身的益处，从而为后续的清洁工作打下意愿基础，使员工自觉保持当前已经形成的整洁工作环境。

4．清洁的含义及其与其他 S 的关系

清洁是把前面 3 个 S 的做法规范化、制度化和常态化，坚持循环执行直至养成习惯，使现场环境得以固化，员工行为得以固化。

清洁是前面 3S 工作的集成和固化。有了持久清洁的要求，前面 3S 的推行就有了持久的动力，而这个动力又能使员工在工作中不断重复整理、整顿和清扫工作，客观培养了员工良好的工作习惯。而这种工作习惯必将影响员工的生活，使员工在生活中也能保持良好习惯，个人素养得以不断提高。

5．素养的含义及其与其他 S 的关系

素养的含义是人人依法行事，坚持不懈、持之以恒地推动公司质量、成本、安全和效率的优化改进。素养的培养有利于员工遵守各项管理制度，而其他 S 的实施又客观培养了员工素养，因此，素养与其他 S 是互生互利的关系，员工素养差，其他 S 的推行肯定不好，反之也是一样。班组长要明白这种关系，要以和素养培养齐头并进的态势推动其他 S 的管理活动，才能取得最大成效。

班组长在实施 6S 管理过程中，一定要把 6S 管理的含义和它们之间的关系向员工讲解清楚，使员工认识到 6S 管理之间的关联作用和对自身成长的作用，只有把这层关系交代清楚，员工才能由"了解"过渡到"理解"，行为模式才能由被动接受转化为主动行动。

9.1.3　终身受益和全员参与

班组长要让员工从内心接受 6S 管理并不容易，需要一个过程。在实施 6S 管理的过程中，直接受益的当然是企业，最终受益者则是全体员工。因为 6S 管理活动的落脚点正是员工的素质，员工也将在这个活动的推广中受益终身。质量管理八大原则中第三项就是"全员参与"，没有全体员工的参与，质量管理就没有办法做到最好。同样的道理，6S 管理也需要全体员工的参与，才能真正落地。班组长作为现场管理的最高指挥官,能否发动全体员工积极投身 6S 管理,直接关系到本班组的管理绩效能否持续提升,更关系到企业产品在市场上的终极竞争力。

经验分享 9-1 向毛泽东学管理

1945 年日本宣布无条件投降,抗日战争宣告结束,本以为迎来和平的中华大地却再起战争烽烟,国民党政府凭借美式武器装备、远远超出解放军人数的强大的军队向共产党领导的人民军队展开大规模的“清剿”。由于敌我力量对比悬殊,在战争开始的一年内,解放军处于被动,丧失了许多根据地,形势十分危急。

以毛泽东为核心的党的领导集体一开始就确立了打一场人民战争的路线,把战争的性质定义为“解放战争”,把战争胜利的成果和广大人民群众的切身利益紧密相连,通过各级政府组织、各条战线的统战人员向民族资本家、劳苦大众、知识分子宣传我党的政策方针,积极动员全社会力量以各种方式支持解放军的解放战争。由于宣传得力,加上共产党执行政策不打折扣,在人民大众利益和政党利益发生冲突时,一切以人民利益为先,社会各个阶层尤其劳苦大众深切认识到共产党政府“为人民服务”的宗旨,对比国民党的家族利益优先和腐败盛行,整个中国形成了“心向共产党”的社会氛围。在此基础上,共产党的各级干部、共产党员身先士卒,深入基层一线,发动全社会力量支持解放军。

表面上看,国民党的军队人数远远多于共产党,但战役一打响,许多老百姓都成了解放军的义务通信员。在后勤补给上,国民党是飞机、轮船,共产党则是男女老少肩扛手提的滚滚人流,其他民主党派通过不同形式声援共产党,民族企业家和爱国华侨捐物捐款支持共产党。在全民参与解放战争的背景下,战争胜负的天平在 1948 年发生了根本逆转,到 1949 年三大战役结束后,许多国民党高官感慨:“我们哪里是在跟解放军作战,我们是在和全中国的老百姓作战,怎么能不输?”

● 【点评】

毛泽东是世界公认的政治家、军事家、文学家和哲学家,更是常人难以企及的管理大师。在他的管理体系中,建立统一战线,尽可能多地发动更多的人、以不同形式参与共产党领导的解放运动进程,是最终取得胜利的法宝。应用在我们现在的企业管理当中,实际上就是全员参与。班组长要明白,支持的力量有看得见的、看不见的两种,推行 6S 管理更是需要所有班组成员全身心投入班组管理建设,规定的要做,没有规定但应当做的也要做,只有这样,班组才能取得进步,才能真正达成目标。而要做到这点，成功发动全体成员自发参与 6S 管理是关键中的关键。

9.2 班组长如何抓 6S 管理

班组长拥有良好的执行意愿是做好 6S 管理工作的第一步，但要让 6S 管理结出丰硕的果实，必须有一套系统完整的工作思路和工作方法。

理念　行胜于言

9.2.1 整理的要点

整理就是将混乱的现场变为井然有序的现场。根据物品使用的频率而非价格将物品区分为"要"和"不要"两大部分。表 9-1 将现场的物品分为 4 个大类，根据使用频度，分别采取 5 种存放和处置的方式。

表 9-1　现场物品存放分类表

物品分类	使用频度	存放和处置方式
经常使用	每日或每周使用一次以上	保管于工作现场，放在易于存取的地方
较少使用	每月或每季使用一次	存放于现场的柜子、箱子等储物的地方
很少使用	半年或一年内使用一次	存放于仓库，用时到仓库领取
不要	不能使用	回收有利用价值的零部件后，报废处理
	不再使用	转移、转卖处理

班组长带领员工定期对现场的各类物品进行清点，将剩余不用的料头、切屑、垃圾、废弃的易损易耗品进行清除。对于长期堆放在现场的中间品、在制品、试验品等不易确认分类的物品，征得上级领导指示后按"不能使用"和"不再使用"进行分类处置。

9.2.2 整顿的要点

整顿就是在整理的基础上，将现场使用的物品依规定位置整齐摆放，并做相应的标识给予区分，使工作现场整整齐齐，让有用之物方便取放，减少了寻找物品的时间，营造整齐的工作环境。

1. 整顿三要素

（1）放置地点。凡是现场经常使用的物品，要全部规定放置地点。生产线附近只放置用于生产的物品。

（2）放置方法。要保证安全、方便生产、易于取放，用容器、台架、地面来码放不同的物品。

（3）标识区分。物品和放置场所原则上要一一对应，将场所用色彩进行划分，使人易于归位。

2．三定原则

（1）定点。将生产中使用到的生产材料、辅助材料、工具、治具等物品分类、分区规定放置地点。

（2）定容。用不同颜色的容器存放物品。

（3）定量。不能为了减少存取次数，在现场放置大量的物品，而应根据精益生产的要领，存放合理的物品数量。

9.2.3　清扫的要点

清扫就是始终保持生产现场的干净，将现场不需要的物品清除，保持生产环境无垃圾、无污染。通常是分区负责，每班进行，其中还包括设备的清扫。

1．划分清扫责任区

将生产现场的清扫责任划分到各个班组。公共区域可采用轮流值日和门前承包的方式进行清扫。

2．执行例行清扫

及时清理脏污，规定例行清扫时间、时段及内容，比如班前 5 分钟清扫；每周 30 分钟清扫；每月 1 小时清扫。

3．规范清扫标准

规定清扫对象、清扫方法，以及重点、要求和标准，对清扫周期、时机、清扫工具、清扫时间和责任人做出具体规定。

9.2.4　清洁的要点

清洁就是对 6S 管理的前三项整理、整顿和清扫的保持，通过制度化、规范化使 6S 管理持续地进行，让现场保持干净、安全、高效。

1．前 3 个 S 的例行检查

检查的内容主要包括：现场周围是否有不必要的物品、工具和治具能否正常使用、班前清扫是否做好、工作结束是否做好整理等。

2．定期检查

管理要想有效果，必须进行闭环管理，只布置而无检查，效果一定不理想。定期进行现场检查是促进现场 6S 管理常态化的有效手段。

3．检查评比

检查不是目的，推进 6S 管理的持续改进才是目的。对检查中发现的问题要进行纠正，对于做得好的班组要给予表扬。

9.2.5 素养的要点

6S 管理活动的最终落脚点正是员工的素养，所以我们说它是育人工程。相比其他现场培训，6S 管理对人的培养更具实践性。从员工习惯的养成，到最终员工素养的提升，在潜移默化的过程中由量变产生质变，效果是神奇的。

1．让员工了解提升素养的目的

6S 管理的最后一个 S 是素养，这是为什么呢？班组长一定要好好思考这个问题，不把这个问题想明白，6S 管理推行的效果就难以持久。

6S 管理表面上看全是现场环境的管理，许多人一谈 6S 管理马上想到的是整洁的环境、众多看板标语、彬彬有礼的员工，认为 6S 管理就是现场管理，就是每天坚持打扫卫生。这是许多管理者都存在的肤浅理念，拥有这种理念的人在实施现场管理时往往会中途失败。形式多于内容，把 6S 管理实施当成一种任务，时间一长，任务就成了负担。既然是负担，在执行 6S 管理过程中，就不会有质量、成本、安全的意识，而是心有不甘的怨气，在此状态下，员工生产出来的产品自然在质量、成本、效率方面都难以得到持续改进，员工的能力也得不到持续的提高。如此恶性循环，企业产品质量、成本管理只能是越做越差，员工越做越没有信心。

因此，6S 管理的实施要么走向员工和企业双赢的轨道，要么走向双输的末路，没有中间道路，其中的道理就在于管理的本质。要树立典型，让员工感觉到学有榜样。对于暂时做得不好的员工，班组长要具体指出其不足，并帮助员工一起改进。

在 6S 管理活动中，要贯彻自我管理的原则，不能靠他人代为推动，只有让员工全员参与其中，才能取得效果。让员工在参与整理、整顿、清扫和清洁的过程中养成良好的工作习惯，终身受益。

2．对员工进行相关的培训

对于 6S 管理的具体做法，要对员工进行一定的现场培训和示范，班组长在班前班后会和巡视中要及时给予员工辅导和纠正。

3. 通过检查评比让 6S 管理开花结果

任何管理过程要想取得良好的效果，都必须形成闭环。就像学生有复习考试来巩固学习成果、检验学习成绩，6S 管理活动也是如此。只有常抓不懈，让员工渐渐培养起良好的习惯，把 6S 管理活动融入日常的工作，才能最终达到提升员工素质的目的。在这个过程中，要通过日常的检查评比来推动和促进 6S 管理活动的深入开展。对于现场环境的好坏、对于一些边角处物品的乱摆乱放，可以通过拍照片的方法，将检查结果公布在墙报或网站上，敦促相关部门整改。定期对不同部门的 6S 管理检查结果进行评比，奖励先进，鞭策后进，可以形成相互促进的良好局面，让 6S 管理活动深入人心、开花结果。

经验分享 9-2　松下是做什么的？

松下幸之助有一次参加一个公开座谈会，其中一位与会者不认识他，就询问松下幸之助他们是做什么产品的，松下幸之助笑了笑说："我们是生产优秀员工的，顺便生产电器！"

短短一句话道出了松下的管理理念和成功秘诀。众所周知，松下电器的质量闻名全球，大家都在赞美松下的产品质量，参观工厂时看到的是整洁的环境和辛勤工作的员工，却不知道松下管理的核心重点并不在产品本身，而在于生产产品的人。

松下幸之助认为：优质的产品是由高效优质的动作行为、设备、材料、工艺综合决定的，而优质的动作行为、设备性能、材料好坏、工艺稳定无不取决于相关操作者的行为习惯，而好的行为习惯能否长期坚持下去，只能取决于员工的素养。因此一开始，松下幸之助就教育各级管理者把培养下属良好的习惯和素养作为核心任务之一，而且是最重要的任务。在这种先进管理理念的引领下，松下培育出了一批批习惯良好、素养高尚的员工，这些员工作为种子被分配到松下的全球体系中，不断复制培养后续人才，成就了松下难以撼动的世界强企地位，更成就了无数的优秀员工。

⊃【点评】

6S 管理的本质理念同样如此，班组长只有把现场的强力推动和培养员工习惯素养同步抓起来，6S 管理才能真正在员工心中生根发芽，只有员工真正意识到习惯和素养的培养是成就自己、成就企业的双赢行为时，我们所期待的质量、成本、效率、安全的改善才会成为员工下意识的自发习惯。而正是这种下意识的自发习惯才能真正沉淀为公司的质量、成本、效率和安全的持续改善，成为员工个人和公司的核心竞争能力，而且经久不息，永不衰竭！

9.2.6　6S管理中班组长的榜样作用

知道了6S管理的本质是员工习惯和素养的培养，就为6S管理的实施打开了一扇成功的大门。班组长在做工作计划和总结时，一定要把员工的习惯素养培养作为核心工作计划和总结的一部分。那么该如何快速培养员工的习惯和素养呢？

班组长是员工的言行标兵，在6S管理的推广中更是如此。"十年树木，百年树人"说明了人才培育的长期性。中国正在经历城市化的大变革，将有成千上万的农家子弟进入城市成为产业工人，生产现场就成了他们的社会大学，6S管理就成为他们提升素质最好的培训项目，班组长就成为这项活动的教练。要想让员工做好6S管理，班组长首先要带头做好整理、整顿、清扫和清洁4项任务，并通过自身良好的素质和修养，让员工感觉到6S管理的真正作用。不只是把6S管理的意义告诉员工，而是把每天必做的内容与员工一道完成，以榜样作用带动员工养成自觉实施6S管理的习惯。

📃 经验分享9-3　榜样的力量

2008年5月12日，汶川发生8.0级特大地震，一时间，举世震惊，抗震救灾成了中国最为紧迫的任务。时间就是生命，任何的拖延和迟缓都将产生难以估量的后果，这对于中国政府的最高管理者来说，是一场突然降临的大考。

面对突然降临的灾难，前总理温家宝没有按照一般的办公程序处理。他知道，等他回到中南海，召集各部委会议，然后各部队再分配任务进入救灾状态，以中国这么大的国家，最佳的救人时机必将错过，更关键的是，灾区人民急切需要的是马上的行动和万众一心、永不放弃的信心！温总理在回北京的飞机上果断决定飞向汶川，在飞机上电话通告有关方面负责人在震区集中，自己则义无反顾地奔赴一线。地震发生仅仅几个小时后，总理的身影和声音就出现在灾区现场，于是我们看到了一幕幕这样的场面。

白发苍苍的将军直扑最危险的地方，面对镜头，他说："我的兵到哪儿，我必须到哪儿！"

无数的校长、老师没有选择回家救助自己的亲人，而是选择了和学生在一起，保护学生，用生命捍卫着老师的尊严！

航空兵 13 勇士面对根本无法预测的危险，写下遗书，从 5 000 米高空义无反顾地跳了下去，为空投物资做人为引导！

许多企业家在出差的路上，一面安排公司捐款捐物，一面自己赶赴现场！

许多志愿者，徒步冲向灾区！

这样的事迹还有很多很多，我们无法一一列举。

当这些感人事迹通过电视台传递到千家万户时，全中国沸腾了，全世界感动了，不需要会议、不需要指令、不需要理由，大家只有一个想法：抗震救灾，尽自己最大的力量！

⊃【点评】

事后许多境外媒体在分析中国政府的这次危机处理时，无不为中国政府的危机管控能力感到敬服，从管理的角度来讲，我们可以得到以下启示：

（1）榜样的力量是无穷的，温总理以身作则，带动了各级领导干部，而各级领导干部又带动了自己的下属，以此类推，温总理用一己之力撬动了中国整个行政系统，用行动而不是行政指令迅速启动了救灾程序，执行之快、之坚决、之到位让世界瞩目！

（2）制度的贯彻和执行是上级领导带出来的，绝不是命令出来的，尤其在中国，领导干部的以身作则是制度得以贯彻的重要保障。

（3）各媒体对以温总理为首的各级榜样人物的报道，又影响带动了千千万万各行各业的人们投身救灾，捐钱捐物，最大限度地发挥了全体中国人乃至世界的力量，达到了救灾效果的最大化。

9.2.7　与员工共同提升

班组长要完成班组成员良好习惯和素养的培养任务，光有决心是不够的，还必须掌握一定的工作方法，具体来说需要关注以下几点。

（1）让自己成为榜样。不仅成为执行的榜样，更重要的是要成为成功的榜样，这样才对员工具有强大的说服力和感召力。

（2）"逼"下属成才。严师出高徒，要千方百计让员工明白执行的过程就是员工成长的过程，从而让员工体验苦尽甘来的成就感。

（3）学会关联。改变员工对动作行为的价值认知：习惯的改变从小处着手，如随手关灯、随手关水等日常动作，班组长要利用各种会议向员工反复灌输这些动作和质量、成本、效率的关联关系，和个人素养的关联关系，以及素养提升与员工个人发展、家庭经营、未来子女教育的关系，千方百计挖掘良好习惯带来的潜在价值，使员工明白，一丝一毫的改变都意味着个人财富的积累，从而慢慢建立自我改进的愿望。

（4）及时鼓励。班组长在现场巡视和日常管理中，要千方百计地发现员工的进步，无论是态度还是业绩，都应该及时记录并在公开场合予以表扬。记住：员工是在鼓励中成长的。

9.3　融入公司的 6S 管理

凡事预则立，不预则废。6S 管理的推行也必须做好现场实施前的准备工作，其中最重要的是排除不利因素的"排雷计划"。班组长在做实施计划前，要先了解、确认、掌握以下基本情况。

（1）公司总体氛围对本班组开展 6S 管理活动是否有利，有哪些不利因素，该如何解决。

（2）班组成员对实施 6S 管理的支持程度，哪些人是需要重点关注的，哪些人是能够起带头作用并希望发展提升的。

（3）实施 6S 管理所需的配套管理制度是否落实，如奖罚制度等。

（4）培训宣传是否到位，大部分班组成员是否已经做好准备。

9.3.1　理解公司 6S 管理方针和整体计划

6S 管理方针是推行 6S 管理必需的方向原则，好的方针不仅提出行动的方向，更会隐含行动的目标，有的还把推行 6S 管理对公司、对个人的好处也涵盖进去，用浅显易懂、朗朗上口的语言表达出来。通过日积月累的重复宣传，这些内涵和精神会深入人心，潜移默化地影响员工的思维和行为习惯。

案例 9-2　某公司 6S 管理方针的宣传和贯彻

某公司制定了这样一个 6S 管理方针：全员参与，人人行动，点点滴滴，历历在目，你说我行，结果表明，舒适环境，温馨共存。

班组将公司 6S 管理方针张贴在现场显眼处，每天班前会上大家都会齐声诵读 6S 管理方针。班组长把方针隐含的意义详细向员工解读，确保员工全面了解、理解，同时编制了现场整改表（见表 9-2），作为贯彻 6S 管理方针的工具。

表 9-2　现场整改表

部门名称：装配车间　　　　　　　　　　　　　　　　编制日期：年__月__日

序号	改善问题点	改善对策	责任人	完成期限	备注
1	工作现场生产物料定置定位摆放（生产线旁）	根据产品种类设定不同的摆放方式（确定岗位）	各班组长	月　日	
2	休息室及工装制具室定置定位	摆放整齐，标识明显	马志刚/孙海/王伟	月　日	
3	清洁工具定置定位	在现有基础上进行改善	马志刚/孙海/王伟	月　日	
4	车间办公室桌面资料定置定位（包括计算机资料）	确定位置并做好标识，确定路径并统一	莫小芳/王伟	月　日	
5	车间架构照片改善	重新更新相应照片	王伟/张晓明	月　日	
6	流水线上的电线有多处裸露	找电工来更换修补	电工	月　日	
7	一线放五金小件的架子上灰尘很多	立即找员工清理，并坚持每天清扫	王军焕/查砚青	月　日	
8	化学药品用完乱放	寻找固定的地方，标示好并定位，贴上化学药品名签	各班组长	月　日	

部门负责人核准：张强　　　　　　　　　　　　　　　　　　　　编制人：王伟

9.3.2　理解 6S 管理推进的步骤和方法

方针与计划等准备工作做好了，接下来就是现场推进，下面以案例形式介绍一些常用的现场推进方法。

1. 现场巡视和定点拍照

利用相机或摄像机对现场做得不好的地方进行拍照或记录。现场巡视和定点拍照主要用于整理、整顿、清扫等环节。其实施的要点包括：记录问题和改善要点；记录改善后的效果；通过改善会议展示问题点，逐渐强化责任意识；通过改善前后效果的直观对比，让不断改善的成就感增强员工的信心。

现场巡视工作内容一般包括以下几点。

1）发现并指出现场存在的具体问题；

2）对改善方法提出可行的指导意见；

3）协调解决跨部门的难点问题；

4）与相关部门负责人确定实施改善的期限；

5）监督实施改善的过程。

巡视时应该对所发现的问题和改善要求进行记录，使其具有可追溯性，以便于后续的改善实施。

进行定点拍照时应该注意以下几点。

1）两次拍照尽量站在同一位置；

2）取相同的方向和画面；

3）若是变焦镜头，应尽量使用同一焦距；

4）照片上打印拍照时间。

进行定点拍照所拍摄的改善前后的两张照片，应该能够反映改善前后的状况并分别标注拍摄时间。把两张照片冲印出来后，贴在同一张 A4 纸上，并对改善前后的状况进行必要的文字描述。将定点拍照的改善事例展示在 6S 管理看板上，以增强实施改善的员工的成就感，同时很直观地告诉其他员工什么是好，什么是不好，培养广大员工的问题意识。

表 9-3 就现场环境管理规范给出了参考样本。

2．红牌作战

红牌作战是将现场内找到的问题点用红牌给予警示，让员工一看就明白，从而积极去改善，达到整理、整顿的目的。

（1）红牌的作用。

1）使必需品和非必需品的区分一目了然，提高每个员工的自觉性和改进意识；

2）红牌上有改善期限，要求限期整改；

3）引起责任部门注意，警示他们及时清除非必需品；

表 9-3　现场环境管理规范参考样本

××设备制造有限公司		名　　称	饮水区　环境管理规范	
使用要求	1. 请注意节约用水，用后检查水龙头是否关紧 2. 车间所有口杯须集中按顺序号码摆放于方格内 3. 公共场所环境卫生请大家共同维护，喝完水后请及时将口杯归还原处 4. 横向、纵向都要保持一致	保洁频次	责 任 人	
			检查人	相片
保洁标准	1. 桌台口杯保持明亮洁净 2. 桌面、地面应无水渍、污渍、线头等杂物，清洁整齐 3. 无明显灰尘、蜘蛛网等	1次/天		张三
环境规范图			环境保洁	相片
				李四

（2）实施红牌作战时的注意事项。

1）向全体员工说明挂红牌是为了把工作做得更好，是为了培养员工良好的习惯，绝不是为了揭短，因此对红牌不可置之不理或以为挂红牌是故意刁难。

2）让每个人都能正确判断什么样是好的，什么样是差的。

3）挂红牌时事实要清晰、可追溯，理由要足够充分。

4）区分问题严重程度，对实实在在的问题要挂红牌；仅仅是提醒注意的问题，可挂黄牌。

5）单个区域挂红牌频率一般为一月一次，最多为一星期一次，实施集中力量彻底解决问题的策略。

（3）红牌作战实施步骤。

1）第一步：红牌作战的开端。

① 成员：各部门领导。

② 时间：1~2个月/次。

③ 重点：教育要求现场人员不可将没用的东西藏起来，不可制造假象。

2）第二步：确定挂红牌的对象。

① 物品：原材料、零部件、半成品、成品、返修品、废品等。

② 设备：机械设备、工装夹具、模具、安全设备、相关辅助设备。

③ 储运：货架、流水线、电梯、车辆、箱包等。

注意：挂红牌对事不对人，要促进员工的改善意愿，如果产生打击员工士气或引起冲突的后果就违背了挂红牌的初衷。

3）第三步：明确判定标准。什么是必需品，什么是非必需品，事先要确定标准。例如，工作区域当天要用的为必需品，其他为非必需品。非必需品被放在工作台上时要挂红牌。

4）第四步：分发红牌（用醒目的红纸制作），记录发现区、时间、地点、问题描述、严重程度、判定原因、改善要求等。

5）第五步：挂红牌。

① 对达到严重程度的问题才挂红牌，红牌要挂在引人注目处。

② 由检查小组的人员挂红牌。

③ 挂红牌时要光明正大、理直气壮，注意不要伤害责任人员的自尊。

④ 红牌即命令，其权威不容置疑。

⑤ 挂红牌的时间要集中，时间跨度不宜过长。

6）第六步：跟进与效果评价。

① 对红牌的问题点要跟进改善措施，评估计划制订的适宜性和充分性。

② 对改善措施的实施效果进行有效性评价。

③ 将改善前后的对比情况进行记录和摄像，作为经验和成果向员工展示并留档。

3. 看板作战

红牌作战是为了让员工分清必需品和非必需品，并对非必需品进行及时处理。看板作战则是为了让员工明白对现场物品的管理方法，以便使用时能用最短的时间拿到，尽量使寻找物品的时间最短化直至为零。看板和红牌相互补充，缺少其一，整理、整顿的效果就会大打折扣。

看板作战管理是班组进行现场管理的有效手段。常用的看板有区域划分图、清扫责任表、日常6S管理检查表、小组活动宣传栏、生产任务监控栏等多种形式。班组长可以通过看板管理增强6S管理活动的推广力度。利用区域划分图和清扫责任表，将现场6S管理的责任落实到人；通过日常6S管理检查表，督导员工每日执行6S管理内容；用小组活动宣传栏曝光不合格行为事项、表扬先进个人和事迹，定期对6S管理活动的检查结果进行公布和评比，形成班组全员参与6S管理的氛围。

4．油漆作战

（1）油漆作战的原因。

油漆作战主要适用于清扫环节。其目的在于通过彻底清扫、修理修复和全面油漆，创造焕然一新的工作环境，使老旧的场所、设备、用具等焕发活力，给员工以清新和舒适的感觉。

在彻底清扫阶段，班组长要带领员工把看得见和看不见的地方都清扫干净。但是，仅仅清扫是不能解决所有问题的，在一些特别脏乱差的现场，经常会出现各类设施破损，表面锈迹斑斑，地面、墙面表层脱落的现象。单纯的扫除难以达到令人信服的效果，员工对 6S 管理的参与热情就不能很好地保持。

经验告诉我们，解决这类问题的最好办法就是实施"油漆作战"，通过自主刷油漆，彻底改变现场的面貌。

（2）油漆作战的价值。

1）促进员工的广泛参与。让员工在参与过程中体会现场变化的乐趣和理解变化的来之不易，强化员工的成果自愿维护意识。

2）节约开支。一般情况下自主完成涂刷工作的开支是委托加工费用的几分之一，甚至更低，可以大大节省开支，顺便培养了员工的成本意识。

3）让员工得到额外的技能提升。参与油漆作战的员工将从油漆作战中学到很多生活技能，包括对油漆特性的认识、涂刷油漆的方法窍门，还能提升部门间、员工间协同作战的能力。

4）享受环境变化带来的成就感。当员工看到破旧不堪的环境通过自己的双手变得焕然一新时，成就感和自豪感就会油然而生，尤其在得到上级领导的赏识和认可后，更会大大激发员工参与实施 6S 管理的工作热情。

5）为后续的 6S 管理持续展开和坚持下去奠定基础。由于员工亲身参与，既获得了油漆作战的技能，又是自己的劳动成果，员工会分外珍惜，今后的生产布局调整和修理、修复工作都将变得轻而易举，工作效率大幅提高。

（3）油漆作战的实施步骤。

油漆作战的实施一般有以下几个步骤。

1）油漆作战的准备工作和标准制定。进行油漆作战之前，要制订一个具体详细的工作行动计划，包括：

① 决定改善对象区域、设施、设备等。

② 对处理前的状况进行记录、拍照等。

③ 确定标准，如进行区域、通道的规划，确定不同场所所用油漆的品种、颜

色及质量要求等。

④ 工具、材料的准备。

⑤ 参与人员和责任分担。

⑥ 学习滚涂油漆的方法等。

涂刷油漆看似简单，但实际操作起来会有一些具体的问题。例如，涂刷油漆方法的学习就是很重要的一个方面，最好的办法是咨询油漆厂家或者专业油工师傅，首次进行建议聘请一位专业油工师傅做指导，在师傅的指导下进行相关作业，注意记录整个涂刷油漆过程的关键控制点，形成简易的油漆作业指导书，以便下次独立操作。

2）不同表面区域试验。在全面涂刷油漆之前，要选定代表区域进行试验，由于水泥墙面、金属表面、木制表面对油漆的种类和操作要求都不同，因此必须组织员工学习不同表面的油漆、喷涂方法，在专业师傅的指导下进行，掌握后再展开全面的工作。否则不但浪费材料，甚至可能导致安全事故。

3）全面展开。在上述工作完成的情况下全面展开油漆作战活动。注意事项有：

① 选择合适的时机，以不影响生产为前提确定作业时间。

② 彻底清理、处理各类设施的表面杂物和灰尘、胶纸、油污、铁锈等其他附着物是保证油漆涂刷质量的关键。

③ 安全防范，特别是要注意防火、防毒、机器设备搬动中的保护以及员工接触油漆溶剂过程中的安全等，配备手套、口罩等安全防护设施，保持清洁并通风。

4）注意保存涂刷油漆前后的现场对比照片或者录像。

5. 现场改善会议

6S改善的一个有效管理手段就是现场改善会议，班组长要善于利用每天的班前班后会以及临时现场会来解决问题。

（1）要开好改善会议，就必须让员工感受到会议的必要性和价值，班组长就得掌握良好的会务沟通技能。好的会议要达到以下目的：

1）具体说明问题，问题发生的时间、地点、发生情况，造成的直接危害和潜在危害都要一一明确，一定要把必要性强调突出，让员工感觉到确有必要在会上强调。

2）形成激励。会议是一对多的群体沟通，班组长沟通的语气、语调、形体语言要和需要表达的内容相匹配，虽然是在说明问题，但最终的落脚点一定要回归到"激励"上，使员工在接受批评的同时，产生自我改进的前进动力。

（2）要达到上述目的，需要掌握以下3点会议技巧：

1）言简意赅。会议议程要简短，不能占用太多时间，能把问题说清楚即可。

2）地点选择。地点一般放在车间，有条件时，让员工能够面向 6S 管理方针标语。临时的现场会议，一般放在问题发生的地点，便于快速说明问题。

3）完成追踪闭环。班组长一定要把当天的会议要点记录下来，尤其是决议事项，怕忘记时，可以请班组成员帮助记录，也可以用录音笔录下来，事后整理。一定要在规定的时间内追踪完成情况，并在下一次会议上向员工汇报执行情况，客观告诉员工"任何问题都绝不放过"，强化执行力。

6. 坚持现场推进的原则

（1）身体力行。班组长要起带头作用，要求员工做到的，自己必须首先做到。

（2）全员参与。无论什么事情，班组长都要尽可能发动全员参与，包括决策、制度、检查等。

（3）先易后难。从最简单处入手，容易使员工积累信心，然后再逐步加大难度。

（4）树立标杆。在班组内树立行为标杆和结果标杆，从积极性和实施效果两方面入手展开激励。

（5）绝不妥协。对问题采取绝不放过、绝不妥协的原则，坚定班组成员的实施决心。

（6）奖罚分明。奖罚要客观，公开、公正、及时，表扬是一种奖励，批评同样是一种惩罚。

现场推进的方法还有很多，班组长可以多和同行沟通，取长补短，也可发动班组成员参与，一起制定现场管理办法，有员工参与的各类办法一般收效更好。至于在自己的车间班组推动 6S 管理时，以上方法还需结合实际情况进行删减补充。

→ 本章小结

6S 管理在中国推广之后，很多企业加入了节能减排等内容，将其扩展为 7S、8S 乃至 9S，这说明大家在实践中认可 6S 管理在企业中的基础作用。6S 管理要持之以恒，每天都做，最终让员工形成良好的习惯，进而提升员工的素养。6S 管理是一项育人工程，尤其是在受教育水平不高的员工比较多的企业效果尤其显著。班组长在抓 6S 管理时要有耐心，不要对各种检查有抵触情绪。

↘**思考与实践**

1. 谈谈你对 6S 管理的真实看法。

2. 推动 6S 贵在坚持，你是如何做的？

3. 员工对 6S 管理有抵触情绪怎么办？

4. 班组在 6S 管理评比中被公开批评了怎么办？

5. 如何提升老员工对 6S 管理的积极性，让他们成为推动 6S 管理的骨干？

6. 如何看待 6S 管理与质量管理的关系？

7. 为什么说 6S 管理是现场管理的基础性工作？你的做法与经验是什么？

8. 如何看待 6S 管理的育人作用？谈谈你的体会。

9. 在坚持了多年的 6S 管理后，如何提升它的效果？

10. 总结一下班组开展 6S 管理对推动现场管理其他内容的积极作用。

┃▶ 第 10 章

班组设备管理

古人说得好："工欲善其事，必先利其器。"保证生产设备稳定运行，既是班组长必须担负的责任；也是班组进行正常生产所必需的物质保障条件。

班组现场设备管理主要在于发挥设备运行效率，保证设备正常运转和维持长期的稳定运行状态，尽可能延长设备的稳定运行期。这样，既可以提高生产率，又可以保证质量，还可以降低成本。提高班组设备管理水平能够体现综合效益，更是班组管理水平的真实反映。

10.1 班组设备管理要点

10.1.1 班组设备分类

设备管理是企业根据自身的经营策略，包括从设备的研制、选购、搬运、安装、调试、使用、维护、修理、改装到报废与处置等一系列的管理环节和过程。班组设备管理从设备正式投入生产开始，重点在于正确使用和操作设备、日常点检、现场维护与保养，重在维持设备的正常运转，尽量延长设备的平稳运行期。

班组所管理的设备可分为六大类型。

（1）生产设备，如机床等加工设备、自动插件机等组装设备、平衡调试机等调试设备、包装机械等主要设备。这类设备价值昂贵，在正常使用期，用均摊的办法将其价值转为设备摊销费用，摊入产品的生产成本。

（2）工模夹具，如各种模具、工装夹具等为生产设备配套的专用器具。这类设备主要是为提高生产率而专门定做的，有很强的专用性，能大大提高生产率。

（3）计量器具，有通用的千分尺、卡尺等量具，还有专用的测量器具和测试设施。它们是生产参数的度量基准，必须保证其精准度，并定期进行校验。

（4）工具，如油壶、扳手、电钻、钢锯等。

（5）样板或样品，如为便于观察与判断而放置在现场的大样、标准制品等。

（6）辅助器物，如小推车、各种包装箱和容器等。

10.1.2　班组设备管理规范

规范班组设备管理的制度主要有《设备使用规程》《设备操作规程》《设备维护规程》等。班组长应该熟悉这些规程，并按规程检查和监督员工对设备的使用和操作。

1. 设备使用规程

《设备使用规程》对操作人员使用设备给出了明确规定和要求，规定操作人员在具备一定条件时才能使用相关设备。例如，操作人员必须经过设备操作的培训并通过考核，合格后获得操作证，持证操作；不得超负荷使用设备；必须遵守设备交接班的相关规定。

2. 设备操作规程

《设备操作规程》对操作人员正确操作设备的相关步骤、设置条件等内容给出明确、具体的规定。各类设备结构不同，操作的复杂程度也不一样。制定《设备操作规程》时，应以制造厂商提供的《设备说明书》为主要依据，结合本企业实践，对操作要点给予详细说明。

3. 设备维护规程

《设备维护规程》对操作人员维持设备正常运转、延长设备平稳运行期所必须采取的相关措施和注意事项做出具体的规定。例如，规定操作人员开机前必须对设备进行日常点检和加油，按润滑图表要求进行润滑等；规定操作人员下班时进行设备复位、清扫和保养；要求维修人员定期巡视设备、定期保养设备。

10.1.3　班组设备管理具体内容

班组设备管理的基本要求就是班组长和操作人员正确使用及精心维护设备，做好保养维护，及时排除故障，使设备始终保持良好的运行状态。班组设备管理的内容主要是使用、点检、维护保养。班组长设备管理工作是设备管理的主要内容，负责监督本班组内每位员工做好设备维护保养，合理操作、正确使用所有设备。

班组设备管理的具体内容有如下几点。

（1）明确本班组设备管理目标，将具体指标落实到机台、班次和员工身上。

（2）管理本班组的设备管理资料，如《操作说明书》《现场维修记录》等。

（3）组织并指导员工做好班组内设备的维护保养、日常点检、清扫、加油和紧固等工作。

（4）做好检查工作，认真填写班组设备巡检记录。

（5）参与设备运行中的故障处理，负责联络相关部门及时修复设备。

（6）根据操作规程对员工的操作行为进行检查和监督。

（7）教导并培训本班组员工，帮助他们树立爱护设备的意识，提高他们的操作水平，提升他们保养与维护设备的技能。

10.1.4　员工操作管理

员工都应通过应知应会考核，证明其确实具备操作设备的能力，熟悉并掌握设备的性能、结构、工艺加工范围和维护保养技术。对于大型、精密、贵重设备和关键设备，应指定具有专门技能的员工操作，实行定人定机、持证操作制度。

班组设备管理必须做到"三好""四会"，遵守"五项纪律"。

1．设备管理的"三好"

（1）管好设备。不准他人随意开启设备，不准操作人员擅自离开工作岗位，离岗必须停机、停车、停电。

（2）用好设备。按《设备操作规程》操作设备，禁止超负荷开机，禁止变更设备使用用途和性能。

（3）维护好设备，按设备管理要求做好一级保养。

2．员工操作必须做到的"四会"

（1）会使用。操作人员应了解设备结构、性能、工作原理，懂得加工工艺要求，能按说明书正确操作设备。

（2）会保养。操作人员应了解设备运动的相关部位，会点检判断、会给油润滑等一级保养的操作。

（3）会检查。操作人员应了解设备特点、性能，掌握易耗品、易损零部件的检查和更换方法。

（4）会排除小故障。操作人员应知道如何恢复设备正常状态，懂得拆装注意事项并能鉴别设备正常与异常现象，会做一般的调整和简单故障的排除。

3．设备操作必须遵守的"五项纪律"

（1）必须持证上岗，遵守安全操作的要求，实行定人定机制度。

（2）必须保持设备清洁、完好，做好日常保养。

（3）必须遵守交接班制度，做好设备运行状况的交接记录。

（4）必须管好工具、附件，不准遗失或非正常损失。

（5）发现异常，必须立即停机。切断电源后检查，对自己不能处理的故障应立即通知相关部门和人员。

经验分享 10-1　培养五星级的操作能手

班长张一帆管着30多名一线操作人员。由于人员流动大，培训跟不上，总是发生操作失误的情况，班组奖金多次被扣，弄得大家都不开心。张一帆把几名骨干召集到一起共同商量对策。最后决定在班组内开展操作技能评比，共分为5个层级，分别对应五星级标准。

（1）能够独立顶岗操作的一星标准：凡新人进入班组，必须经过操作培训，必须通过应知应会的书面考试与实操考核，达标后才允许其独立操作设备。

（2）不出设备事故的二星标准：基本了解设备的结构，能熟练地操作设备，不出设备事故，不因设备操作而出质量问题。

（3）能处理设备小故障的三星标准：能够判断、处理设备的小故障，能为设备维修人员提供设备故障的基本判断，能提高设备效率，保证生产线的正常运转。

（4）担当教员的四星标准：张一帆将几名经验丰富的老师傅组成了班组培训小组，梳理了近几年设备的运行状况，将典型故障整理成案例，共同制作了设备培训的PPT，将整个生产线分成几组关键设备，由不同的老师傅担任教员。

（5）能够进行设备改造的五星标准：能够对设备改造提出《员工改善提案》，并协调或组织实施设备改造的"明星"。

五星操作技能评比的方法实施一年多以来，张一帆的班组质量很稳定，设备事故率大为降低，员工的流动率也比其他班组要低。公司总结了他们的经验，并召开现场交流会推广他们的做法。

⊃【点评】

虽说这家公司并没有对生产一线的操作人员进行分级，但班长张一帆肯动脑，能够结合本班组实际，想出非常有效的管理办法，并在实施中充分调动了生产骨干的积极性，是一位用心的好班长。

10.2　设备点检与维护保养

10.2.1　设备点检概述

常言道："小洞不补，大洞吃苦。"设备点检就是对设备有针对性地进行检查，及时发现设备隐患。设

理念　千里之堤毁于蚁穴

备出厂时制造厂商一般都会提供设备的点检规程或点检卡，主要内容包括检查内容、检查方法、检查周期及检查标准等。确定班组设备点检内容时可以制造厂商提供的点检规程和点检卡为准，还可以根据自己的经验补充、增加一些点检项目。设备点检时可以停机检查，也可以随机检查。点检时检查人员可以通过听、看、触、闻等方式，也可利用仪器、仪表进行诊断。通过设备点检，可以掌握设备的性能、精度、磨损等情况，及时消除隐患，防止突发事故。点检不但保证了设备的正常运行，还为检修计划提供了准确的信息。设备点检通常分为日常点检、定期点检、精密点检 3 种。

1．日常点检

日常点检的重点在于发现异常现象。通常由操作人员自己每日、每班进行，主要靠听、看、触、闻等方式和简单测试仪器对设备规定部位在运行前、运行中、运行后进行检查，以便及时发现故障征兆和事故隐患。实践证明，80%以上的设备早期故障可以在日常点检中被发现。日常点检的内容主要包括以下几点。

（1）运行基本状态及主要参数。

（2）安全保护装置是否失效。

（3）易磨损的零部件有无变化。

（4）易污染部位、需要经常清洗更换的部件的变化状况。

（5）在运行中经常要求调整的部位有无变化。

（6）在运行中出现不正常现象的部位及引起变化的原因。

2．定期点检

定期点检侧重于检测设备或零部件的劣化趋势，其检查项目和内容比日常点检重大。定期点检的执行一般以专业维修人员为主，操作人员协助。定期点检应该使用专用的仪器、设备和方法，以得到准确、可靠的点检结果。

定期点检的内容主要包括以下几点。

（1）检查设备的磨损情况，并做记录，查看有无其他异常。

（2）更换易损、易耗的部品、部件。

（3）确认修理的部位、部件，预估修理时间。

（4）安排检修计划并准备实施。

3．精密点检

精密点检由设备职能部门的专业技术人员进行，采用专用仪器装备，定期或不定期地对设备部分或全部进行鉴定检查。精密点检包括随机的抽查、事故处理的鉴定检查、工作试验的解体检查、设备维修或大修后的鉴定和验收测试等。

10.2.2　班组设备点检

班组设备点检应按照《点检指导书》进行，简单的日常点检由操作人员直接负责，复杂的点检则由班组长或专业人员负责。根据各个设备的不同点检项目，分别按每日、每周、每月的点检周期进行点检。点检后要将点检结果记入《点检记录表》。在设备修复时或使用备品前必须按《点检指导书》进行点检并记录。点检记录每月报告一次，具体可依据企业实际、设备性质决定报告周期。点检记录平时由班组长保管，并根据各自企业的标准、规定或重要程度确定保管期限。在日常点检中如发现不良现象，点检者应记录不良内容，并立即报告上级。班组长要进行现场设备巡检，对员工的日常点检起到监督、补充和深化的作用。

班组设备点检有如下 6 项基本要求。

1．定点记录

定点记录就是对每个点检点点检查并做记录。

2．定标处理

定标处理就是按照标准检查，对达不到标准的点做出标记并进行调试或维护。

3．定期分析

定期分析就是每月对点检记录进行分析，并对发展趋势给出判断与评估。

4．定项设计

定项设计就是查出问题后，责成专人负责设备改进设计。

5．定人改进

定人改进就是由专人对设计、改进的全过程负责，并负责实施。

6．系统总结

系统总结半年小结一次，一年全面总结一次，并应形成书面总结报告。总结报告还要对下一年度的班组设备点检工作做出布置。

10.2.3　设备维护保养

设备在使用过程中难免会发生污染、松动、泄漏、堵塞、磨损、振动、发热、噪声、压力异常等故障现象，影响设备的正常运转，严重时会造成设备事故，以至于人身事故。因此，班组长应指导、监督设备操作人员对所用设备进行检查、保养和调整，使设备始终处于良好的运行状态。

班组设备的维护和保养一般由设备操作人员实施，主要对设备进行清洁、补给、润滑、紧固和安全检查。这类维护和保养技术难度不大，通常作为日常工作的一部分进行。班组设备的维护保养主要分为日常维护保养和定期维护保养两类。

1. 日常维护保养

日常维护保养要求设备操作人员在班前对设备进行外观检查；在生产中按操作规程操作设备，定时巡视设备运行状况并记录相关参数，随时注意运行中有无异常声响、振动、烟雾、气味等不正常现象发生；在班后做好设备清洁工作，让设备复原。在冬季，对于即将停用的设备，应在下班前放空设备内残留的水，以免设备冻裂。

2. 定期维护保养

定期维护保养设备能够消除事故隐患，减少磨损，延长设备使用寿命，更好地发挥设备的技术功能和经济特性。定期维护保养工作应由操作人员主要负责，有计划地停止设备运行，进行维护保养，根据设备的用途、结构复杂程度、维护工作量以及操作人员的技术水平等来决定维护的周期和维护时的停机时间。实施定期维护保养需要对设备进行部分解体，应做好以下几项工作。

（1）彻底对设备内外进行清扫、擦洗、疏通。

（2）检查部件运转是否灵活及其磨损状况，调整配合间隙。

（3）检查安全装置的性能。

（4）检查润滑系统油路和过滤器有无堵塞，润滑是否有效。

（5）检查油箱内的油量、油质，必要时进行更换。

（6）检查电器线路和自动控制的元器件的动作是否正常，有无老化、失效。

10.2.4　班组设备维护保养的要点

班组设备维护保养的要点在于清洁、紧固、润滑、调整及外观检查。

1. 清洁

空气中的灰尘进入设备，会加速设备磨损或引起局部堵塞，还会造成润滑剂恶化和设备锈蚀，致使设备技术性能下降、噪声增大。所以，设备清洁工作看似简单，实际上却是维护保养工作的重要基础。

2. 紧固

设备运转一段时间后，因频繁启停和运行中的振动，可能会造成地脚螺栓和其他连接部分的紧固件产生松动，随之导致设备振动幅度加大，甚至导致螺帽脱落、连接尺寸错位和设备移位以及密封不严造成泄漏等故障，因此必须经常检查设备的紧固状况。在调整紧固件时，用力要均匀恰当，紧固顺序按规定进行，确保紧固有效。

3. 润滑

设备润滑是正确使用和维护设备的重要基础。润滑油型号、品种、质量、润滑方式、油压、油门及加油量等都有严格的规定。润滑管理要求做到"五定"，即定人、定质、定时、定点、定量，并制定相应的润滑管理制度和措施。另外，对设备的清洗、换油要有定期的计划，确保设备润滑系统正常运转。

4. 调整

要确保设备零部件之间的相对位置及间隙在规定的合理范围内。因设备振动等原因造成零部件之间的相对尺寸和位置发生变化，就会造成设备不正常的错位，导致设备磨损、发热、噪声、振动甚至损坏。因此，必须对设备中重要的位置、间隙尺寸做定期的精度测量、调整，并在调整后加以紧固。

5. 外观检查

外观检查指对设备的外观做目视或观察、测量、检查，主要包括：设备表面有无损伤、裂痕；磨损是否在允许的范围之内；温度、压力等运行参数是否正常；电机有无超载或过热；传动皮带有无断裂或脱落；振动和噪声有无异常；设备密封面有无泄漏；设备油漆有无脱落，表面有无锈蚀；设备的防腐层、保温层有无损坏等。如果在检查中发现异常，要找出隐患的原因并消除隐患。

10.2.5 设备三级保养

生产设备能否在其生命周期内平稳运行，除了合理使用，在很大程度上取决于对设备的保养维护是否到位。根据设备保养的难易程度，可将设备保养分为三级，通常由班组进行现场的一级保养，但有些企业将二级保养也交给班组长负责。

1. 一级保养（因为每日进行，所以也叫做日常保养）

一级保养由设备操作人员实施。

（1）每日开机前的检查和保养。

① 将尘埃、污物擦拭干净，对滑动部位加油润滑。

② 不必要的杂物不得放置于设备、传动部位和管线之上。

③ 检查润滑系统是否有足够的油量。

④ 检查各紧固螺丝是否松动。

⑤ 检查空转试车正常与否，传动部分有无异样或异常声响。

（2）操作中的要求。

① 不得从事超出设备性能范围的加工。

② 因故离开机器时应请人照看或停机。

③ 随时注意机器运转情况，如有无异常声响、振动、松动等情况。

④ 注意轴承或滑动部位有无发烫现象。

⑤ 保持油路系统畅通。

⑥ 注意工件的加工状态是否正常，必要时停机检查。发现不良现象应立即报告。

（3）停机后的要求。

① 工件必须从设备上取下。

② 清扫铁屑、污物，擦拭设备，清扫周围环境。

③ 检视设备各部位是否正常。

④ 工具、仪器及其附件等应保持清洁并放置在规定位置。

⑤ 导轨等滑动面擦拭干净后，涂抹适量润滑油以防生锈。

2．二级保养

二级保养根据企业设备的复杂程度和企业的情况，可由专人负责，也可以由班组长或设备保养人员负责。二级保养如果由领班或班组长负责，其工作内容则为督促一级保养人员实施保养工作并对其进行指导。

二级保养的具体事项有以下几点。

（1）特殊部位的润滑及定期换油。

（2）突发故障的排除及精度的调整。

（3）处理一级保养人员的异常报告。

（4）当发现零件损坏时，依情况决定自行处理或报告上级处理。

（5）依定期保养日程，配合一级保养人员执行、制定保养任务。

（6）新设备的安装与调试。

3．三级保养

三级保养通常由设备职能部门或专业公司实施，主要针对设备的整修、性能校正与改善。三级保养的具体事项有以下几点。

（1）对设备进行部分解体检查和修理。

（2）对主轴箱、变速传动箱、液压箱、冷却箱等进行清洗和换油。

（3）修复或更换易损件。

（4）检查、调整、修复设备加工精度。

10.2.6 易损、易耗品的班组管理

通常备品、备件的管理由设备部门负责，但生产过程中一些易损、易耗品的管理应该由班组负责。这些物品包括机床使用的各种切削刀具、砂纸、砂轮片、过滤芯等。根据全员生产维护的要求，设备操作人员应尽可能地掌握设备调试、维护与保养技能，能够自己更换设备上的易损、易耗品。

1．培训操作人员

班组长要把更换易损、易耗品的操作要领教给操作人员，如果是专业性很强的技能，则由相关专业人员进行培训，如平面磨床砂轮的动、静态平衡调试等。

2．计划与统计

易损、易耗品的消耗量必须做统计。当发现消耗量过大时，班组长必须分析其原因并采取对策。根据统计，班组长应该分月度、季度、年度做出消耗量预测并报上级或相关部门进行采购。易损、易耗品的分发要做完整的记录，以旧换新，保管责任要落实到具体的操作人员身上，不可多领、冒领。

10.3 全员生产维护

现代企业生产自动化程度比较高，要维持整条生产线的平稳运行，实行全员生产维护（Total Productive Maintenance，TPM）是非常有效的途径。企业推行 TPM能够显著提升人力和设备的生产率，降低产品不良率，并能够缩短生产及管理周期，减少各类不必要的损耗，节约成本，从而使企业获得更好的综合效益。在 TPM活动中，员工能够树立改善意识及参与意识，不断地提高自己的工作技能，使员工与企业取得双赢的成效。

10.3.1 TPM 要点

企业都希望自己的生产现场能够故障为零、事故为零和缺陷为零。要实现这些目标，推行业已成熟的 TPM 应是企业的最佳选择。班组长应对 TPM 的基础理

论及其在班组推广的要点有所了解，以便更好地指导班组员工开展 TPM 活动。

TPM 以达到最高设备综合效率（Overall Equipment Effectiveness, OEE）为目标，以设备为管理对象的生产维修体系，涉及设备计划、使用、维修等所有部门，从高层领导到一线员工全员参与，依靠开展小组自主活动来推行生产维修管理。TPM 强调"全员、全系统、全效率"地进行"生产维护"，主要包括事后维修、预防维修、改善维修等内容。它不但能提升生产率，也能提升产品质量和改善企业的运行水平，是企业降低成本、增加效益最直接、最有效的途径。

1. 强调"三全"的意义

TPM 的中心思想是"三全"，即全效率、全系统、全员参与。

（1）全效率强调综合效益。综合考虑生产经营结果中质量、成本、产量、交货期、安全、员工士气六方面的总体效益。

（2）全系统强调对设备整个生命周期的全过程管理，从设备添置到最终处置。

（3）全员参与要求从企业高层领导到生产一线的员工，以及设备管理相关部门人员均参与设备管理的过程，分别承担相应职责。

2. TPM 的主要内容

TPM 主要内容有日常点检、定期检查、计划修理、改善修理、故障修理、维修记录分析等内容。

3."四个零"的目标

TPM 的总体目标是零缺陷、无停机时间，最大限度地提高生产率。为达到这一目标必须致力于消除产生故障的根源。TPM 的目标可以概括为"四个零"，即停机为零、废品为零、事故为零、速度损失为零。

（1）停机为零。停机为零要求规定外的设备停机时间为零。超过规定的停机会对正常生产造成破坏，使整个生产系统面临混乱，造成资源闲置与浪费。要实现停机为零的目标，可以将允许的停机时间限制在一个合理区间之内，并逐年缩小范围。

（2）废品为零。废品为零是指由设备原因造成的废品为零。产品的高质量要靠完善的设备做保障，设备是保证产品质量最重要的物质基础，人则是保障设备高质量运行的决定性因素。

（3）事故为零。事故为零是指设备运行过程中的事故为零。设备事故的危害巨大，不仅会影响生产，还有可能造成人身伤害，甚至发生机毁人亡的恶性事故，所以，必须杜绝设备事故。

（4）速度损失为零。速度损失为零是指因设备速度降低造成的产量损失为零。由于设备保养不好，设备精度降低而不能保持高速运转，等于降低了设备性能和生产能力。

4．TPM 的"八定"点检

为使点检能够更加有效，TPM 强调"八定"点检，具体要求如下。

（1）定人。确定操作人员、兼职和专职的点检员为点检责任人。现代企业普遍采用谁使用谁负责的管理制度。在多数情况下都由设备操作人员具体负责。但是新员工必须经过培训后才可以胜任点检责任人，在新员工未完成培训前，可由其他人员负责。

（2）定点。明确设备的点检点，即点检部位、项目和内容，使点检人员做到有目的、有针对性地点检。

（3）定量。对有劣化倾向的设备进行量化测定，了解劣化发展的速度，提早进行预防维修。

（4）定周期。针对不同设备、不同故障点制定不同点检周期，并且随着点检人员素质的提高和经验的积累，对其进行修改和完善。

（5）定标准。给出判断每个点检部位是否正常的依据，这也是判别该部位是否劣化的尺度。凡是点检的对象设备都应有规定的判定标准。

（6）定计划。制订点检计划，使点检人员按照固定的期限进行点检，完成计划中的点检项目。

（7）定记录。制定固定的记录格式，包括作业记录、异常记录、故障记录和倾向记录。

（8）定流程。规定点检作业和点检结果的处理程序，明确点检的先后顺序，如遇到员工无法处理的问题，要立即通知维修人员进行设备维修。

10.3.2　TPM 的八大支柱

为达到"四个零"的目的，全面推行 TPM，通常会在八个方面展开活动，这些活动也称 TPM 的八大支柱。

1．设备改善活动

设备改善活动关乎影响效率的各种损失的减少与根除。根据设备的不同状况，如设备的利用情况、设备稼动率、生产合格率、设备所处的生命周期阶段等，有针对性地进行设备改善，能使企业设备的总体化利用率达到最高。开展设备改善活动需要企业各部门的通力合作。

2. 自主维护活动

自主维护活动的目的在于保持设备的正常运转状态,强调保养活动要有效果。自主维护活动强调"谁使用设备,谁负责保养",不再单纯依靠设备部门,尤其不能完全依赖外部厂家,因此设备操作人员必须接受点检、加油、小修理的基本训练,以提升设备操作水平及设备维护能力。

3. 建立计划维修体系

企业建立计划维修体系,根据企业的具体情况,对于设备的维修和检查制订计划,制作检查表,促使生产部门的操作人员定时给设备加油、紧固、去除灰尘;责成设备部门定时进行检修,检查机器是否存在问题,然后利用生产间隙,对设备进行修整。这一切均必须有完整的计划做保障。计划维修体系由专职的设备部门负责,实施定期计划、预防计划,确保设备计划的有效实施。

4. 质量维护活动

为确保和提升产品质量,针对设备方面开展质量维护活动。找出产生不良品的原因和条件,从生产的 5M1E 六大生产要素分析入手,通过改善活动,提高产品质量。

5. 建立教育培训体系

根据层次、专业、技能等方面的不同,结合人力资源管理,建立针对设备使用、维护和保养的教育培训体系。通过培训,让操作人员熟悉设备构造,熟练掌握操作技能,能够对设备进行点检、加油和故障排除。

6. 安全、健康与环境管理

结合企业安全、职业健康标准的推行和管理,改善工作环境和设备工作状况,建立无灾害、无伤害的工作环境。努力追求"四满意"的目标,即客户满意(Customer Satisfaction, CS)、员工满意(Employee Satisfaction, ES)、社会满意(Society Satisfaction, SS)和地球满意(Global Satisfaction, GS)。

7. 维修预防及初期管理活动

为有效降低设备整个生命周期的费用,需要通过设备部门与生产部门的相互配合,对设备实施预防性维修,并使设备易于维护和保养。对于新设备,要尽快使其达到稳定运行状态,通过开展 TPM 活动尽量延长设备的平稳运行期。

8. 非生产部门的效率化

正像 6S 管理活动不只局限于生产现场一样,TPM 活动也要在非生产部门推广。要把生产能力、设备效率发挥到极限,不能只靠生产现场,必须依靠企业内各职能部门的共同参与，才能高效率地实现最终目标。

10.3.3 开展自主维护活动

1. 自主维护活动的要点

自主维护活动是 TPM 活动的八大支柱之一，是深入推行 TPM 的重要内容，自主维护与班组日常管理也密不可分。自主维护是指以生产现场操作人员为主，通过听、看、触、闻等方式，对设备进行点检，并适时进行加油、紧固等维护。通过自主维护，使现场操作人员更熟悉设备构造和性能，能更好地操作设备、实施保养并对微小故障进行初步诊断和处理。

2. 自主维护活动的五项内容

自主维护活动主要依靠操作人员进行，包括以下几方面的内容。

（1）设备周围的整理、整顿、清扫，以保持良好的工作环境。

（2）基本条件的准备，包括加油、紧固等开机前的准备工作。

（3）目视管理。包括外观检查、对设备的基本情况的判断。

（4）作业前、中、后的三种点检。作业前点检要求操作人员在开启设备之前，确认开机条件，并对设备进行点检。作业中的点检就是在设备运行的过程中，确认设备的运行状态、参数是否正常，如果出现异常应该立即排除故障或者停机检修。作业后的点检是在生产结束后，对设备进行检查和维护，让设备复位。

（5）小修理。对易损、易耗品进行更换，以及对微小的故障进行处理。

班组长要培养员工自觉维护设备的意识。进行自主维护不仅对设备的维护保养有益，对提升员工技能、培养员工的自觉意识也非常有效。表 10-1 对自主维护的内容与作用进行了总结。

表 10-1 自主维护的内容与作用

内　　容	作　　用
整理、整顿、清扫	用 6S 管理做基础
基本条件的准备	加油、紧固等
目视管理	易于判断，可视化的效果
点检	作业前、作业中、作业后的"三检"
小修理	易损、易耗品的更换，小故障的排除

3．自主维护的三个阶段

自主维护可分为三个阶段：日常的防止劣化阶段、发现劣化阶段及改善阶段。在作业中注意预防，一旦出现隐患，比如螺丝松动、跑冒滴漏等现象，应立即停机进行检查，并对故障加以排除。

（1）日常的防止劣化阶段。该阶段的重点在于设备的保养：清扫、加油、紧固。企业要使员工把做这三项工作养成一种习惯，每天都对设备的相应部位进行灰尘清扫，润滑加油，螺丝紧固，然后再启动设备。另外，还要对设备的运行情况做好日常记录，尤其是对设备异常的声音、异常的情况要详细记录。所以，防止劣化就是防止人为加速设备的劣化，尽量将突发故障造成的损失降至最低。

（2）发现劣化阶段。这个阶段的重点是定期对设备进行检查，特别是对设备的重要部位进行检查，并记录检查结果。另外，可以通过听、看、触、闻来发现劣化倾向，找出潜在的故障和缺陷，并迅速地加以解决。

（3）改善阶段。这一阶段主要是处理异常情况。在处理之前可以对设备进行小维修，如采取更换油封、油垫、螺丝等，一旦出现故障就要立即通知维修人员到场进行故障排除。

10.3.4　积极开展 TPM 班组活动

TPM 班组活动应纳入现场管理，以达到"四无"的目标，即无废品、无故障、无事故、无工作差错。TPM 班组活动最大的特点就是全员参与，把原来少数人做的事情变为全体员工的自觉行动。

1．TPM 班组活动的主要内容

（1）根据企业 TPM 总计划，制定本班组 TPM 目标。分解班组目标，落实每个人的努力目标。

（2）提出减少故障停机的建议和措施，并付诸实践。

（3）认真填写设备运行记录，对异常情况进行分析。

（4）定期召开 TPM 班组会，评价目标完成情况。

（5）在年中和年末进行 TPM 评定，并制定下一轮的新目标。

TPM 班组活动各阶段的侧重点不同，TPM 实施初期以清洁、培训为主，中期以维修操作为主，后期以班组检查、会商和自主维修为主。

2．TPM 班组活动的管理模式

TPM 班组活动的目标要与企业目标一致，即把完成企业的目标变成每个员工的自觉行为。TPM 强调一线员工的主动参与，"参与型"管理比较注重参与者的能力提升、成就感和上进心。生产率的提升是长期的任务，班组长要能够理解 TPM 的内涵，将执行 TPM 活动融入本班组的管理，并根据现场设备的具体情况，摸索出适合本班组特点的管理模式。

3．TPM 班组活动的推进

班组内的自主维护活动，随着阶段的不同，其活动的内容和侧重点也各有不同。

（1）启动阶段，侧重对操作技术的掌握，要培养员工的自信心。

（2）改进、提升阶段，重点在于不断改进操作技术和提高设备点检、维护保养的能力，让员工有成就感。

（3）解决问题阶段，重点在于能够结合企业目标，主动解决一些设备问题。

（4）自主管理阶段，重点在于设定班组目标，能够独立自主地开展改善活动。

→本章小结

生产设备越来越先进，也越来越昂贵。正确使用设备、保养设备、不损坏设备成为班组设备管理的基本要求。班组长一定要让员工严格按照设备规程的要求操作设备，对设备实施点检、加油等维护保养活动，始终让设备处于正常、平稳运行的状态，要在班组内杜绝违规操作。

↳思考与实践

1. 怎样对现场设备进行必要的分类管理？

2. 新员工一定要先接受培训，考核合格才能独立上岗操作，你们做到了吗？

3. 每位员工都能按操作规程操作设备吗？如果做得不好，如何改进？

4. 你的班组员工对每台设备的日常点检、加油做得如何？能否持续地做到位？班组长对此事如何管理？

5. 如何对新员工进行设备操作培训？

6. 班组设备管理的"三好"内容是什么？如何做到？

7. 员工操作设备的"四会"是什么？班组长如何让员工做到？

8.《设备使用规程》有什么作用？

9.《设备操作规程》包含什么内容？在现场有何作用？

10.《设备维护规程》有何作用？班组长如何监督大家遵守该规程？

┃▶ 第 11 章

班组质量管理

企业通过销售产品和提供服务体现企业的社会价值，产品和服务的质量关系到企业的生存和发展。优质的产品和服务能给顾客带来方便和快乐，也能给企业带来效益和发展；劣质的产品和服务则会给顾客带来困扰和烦恼，甚至灾难，也会给企业造成亏损甚至导致企业倒闭。

11.1 班组质量管理概述

11.1.1 质量与质量管理

1. 质量及其特性

质量是"一组固有特性满足要求的程度"，也可以看作产品和服务满足顾客需求的能力。因此，质量管理就是通过让顾客满意而使企业长期发展的管理方式。

> 理念 质量是企业的生命

对于产品来说，质量特性包括以下 5 个方面。

（1）性能。性能是指产品满足使用目的所具备的技术特性，如冰箱的冷冻速度、钟表的准确性、房屋的使用功能等。

（2）寿命。寿命是指产品在规定的使用条件下完成规定功能的工作总时长，如节能灯的使用小时数、电视机的使用年限等。

（3）可靠性。可靠性是指产品在规定的时间内和规定的条件下，完成规定功能的能力，如手机的平均无故障工作时间，洗衣机在使用中的无故障率等。

（4）安全性。安全性是指产品保证顾客的生命不受到危害，身体和精神不受到伤害，以及财产不受到损失的能力，如电热水器的防漏电功能、汽车的安全气囊等。

（5）经济性。经济性是指产品从设计、制造到整个产品使用生命周期的成本和费用方面的特征，如手机的购置费用、使用费用等。

2．质量管理

质量即品质，质量管理在我国台湾地区也称"品保"或"品控"（Quality Control）。早期的品控中的"控制"意味着管理手段，包括4个步骤。

① 制定质量标准。

② 评价标准的执行情况。

③ 偏离标准时采取纠正措施。

④ 制订改善标准的计划。

根据解决质量问题的手段和方式的不同，现代质量管理走过了3个阶段。第一阶段主要通过检验的方式来控制和保证产出或转入下道工序的产品质量，通常称为质量检验阶段。为改变第一阶段"事后把关"的落后状况，第二阶段积极地向"事前预防"转变。这一阶段广泛地应用数理统计的方法来检查和控制质量，通常称为统计质量控制阶段。后来，人们意识到解决质量问题不能局限于制造过程，解决问题的手段也不能局限于统计方法，为了满足顾客需求，必须关注各个方面。经过长期而广泛的实践、积累、总结和升华，全面质量管理成为全球企业的共识。后来全面质量管理也由 TQC（Total Quality Control）演变为 TQM（Total Quality Manage）。在 TQM 中，无论何时、何处都会用到数理统计方法，但是，数理统计方法只是 TQM 中的一项内容，并不等同于 TQM。

班组长有责任帮助员工树立质量意识，可具体参考质量管理八大原则。只有全体员工都有了较强的质量意识，企业生产的产品才能满足顾客的需求。

管理知识 11-1 质量管理八大原则

对于企业而言，质量已经不再简单地指产品或服务的质量，而是扩展到整个组织经营管理的质量，可以通过贯彻八大质量管理原则来加强企业的质量管理。

1．以顾客为关注焦点

顾客是决定企业生存和发展的最重要因素，服务于顾客并满足他们的需要应该成为企业存在的前提和决策的基础。

2．企业领导的作用

企业领导要能够将组织的宗旨、方向和内部环境统一起来，并创造使员工能够充分参与、实现组织目标的条件，从而带领全体员工实现企业目标。

3. 全员参与

企业的质量管理不仅需要高层管理者的正确领导，还需要全员参与。只有全员参与，才能全面保障质量。为了激发全员参与，应该对员工进行质量意识、职业道德、以顾客为中心的意识和敬业精神的教育，激发全员的责任感。

4. 过程方法

任何活动都是通过"过程"实现的，通过分析过程、控制过程和改进过程，能够将影响质量的所有活动和所有环节控制住，确保产品和服务的高质量。

5. 系统的管理方法

将相互关联的过程作为系统加以识别、理解和管理，有助于组织提高实现目标的效率。因此，企业的质量管理工作应被视为一个持续改进的开放系统，使之良好运转，并不断完善。

6. 持续改进

顾客的需求水平在不断地提升，因此，企业必须持续改进才能不断地获得顾客的认可和支持。

7. 以事实为基础进行决策

为防止决策失误，必须以事实为基础，广泛收集信息，用科学的方法处理、分析数据和信息。

8. 与供应方建立互利的关系

企业与企业之间是相互依存的生态共同体。不应因供大于求而不顾供应方利益，而应该相互协作，共同提高。否则，最终受损的是双方的利益和未来。

11.1.2 全面质量管理

全面质量管理是指为了能够在最经济的水平上，以及能够充分满足顾客需求的条件下进行市场研究、设计、生产和服务，把企业各部门研制质量、维持质量和提高质量的活动构成为一体的一种有效管理体系。

1. 全过程的质量管理

全面质量管理中的"全面"包括制造过程的全面。产品质量有产生、形成和实现的过程，这一过程包括市场研究、研制、设计、制定标准、制定工艺、采购、配备设备与工装、加工制造、工序控制、检验、销售、售后服务等多个环节，它们相互制约、共同作用的结果决定了最终的质量水准。因此，全面质量管理必须体现两个主导思想：第一，预防为主、不断改进的思想；第二，为顾客服务的思想。

2．全员参与的质量管理

企业中任何一个环节、任何一个人的工作质量都会直接或间接影响着产品或服务的质量。因此，产品质量人人有责，必须人人关心产品质量和服务质量，人人做好本职工作，全员参与质量管理，才能生产出让顾客满意的产品。为此要做好 3 方面的工作：第一，必须抓好全员的质量教育和培训，树立"质量取胜"的意识，提高员工的技术能力和干部的管理能力，增强参与意识；第二，明确各部门、各层级、各类人员的质量责任、任务和职权，各司其职，相互配合；第三，开展形式多样的质量管理活动，充分发挥人力资源管理的积极作用。

班组长不仅自己要牢牢树立质量意识，还要向员工灌输质量意识，通过日常管理提高员工的工作质量。只有大家都树立质量意识，才能确保产品的质量。

3．全企业的质量管理

全企业的质量管理可以分纵横两个方向进行。纵向管理，即质量目标从高层、中层、基层直至员工，层层分解进行落实；横向管理，即从产品研发、生产到销售，各部门间相互配合。

4．多方法的质量管理

全面质量管理中广泛使用各种方法，其中使用最多的是统计方法，但也会应用一些非统计的方法。常用的质量管理工具有所谓的"老七工具"，即因果图、排列图、直方图、控制图、散布图、分层法、调查表（见管理知识 11-2）；还有"新七工具"，即关联图法、KJ 法、系统图法、矩阵图法、矩阵数据分析法、PDPC 法、矢线图法。为了改进质量，还可以使用质量功能展开、田口方法、故障模式和影响分析、头脑风暴法、六西格玛法、水平对比法、业务流程再造等方法。

班组长首先要掌握最常用的"老七工具"，并随着企业的发展学习其他方法。

11.1.3 现场质量管理

现场质量管理以生产现场和服务现场为对象，以对生产现场影响产品质量的有关因素和行为的控制和管理为核心，通过建立有效的管理点，制定严格的现场监督、检验和评价制度以及现场信息反馈制度，进而形成强化的现场质量保证体系，使整个生产过程处在严格的受控状态，从而确保生产现场能够稳定地生产出合格品和优质品。

现场质量管理又称制造过程质量管理、生产过程质量管理，是全面质量管理的重要内容。它是对从原材料投入到产品形成的整个生产现场所进行的质量管理。

由于生产现场是影响产品质量的 5M1E 六大要素的结合点，因此，搞好现场质量管理可以确保生产出稳定的、高质量的产品，使企业增加产量，降低消耗，提高经济效益。

1. 现场质量管理的含义

现场质量管理是指产品生产（加工、制造或组装）和服务过程中的质量管理，也称为产品生产和服务的一线质量管理，其范围包括从原材料投入到产品加工完成所经过的整个过程。

2. 现场质量管理的作用

（1）现场质量管理可以提高产品合格率，减少残次品的损失。

（2）现场质量管理是实现新产品零缺陷的基本手段。

（3）现场质量管理可以促进全员参与，改善工作状况，提高员工技能。

3. 现场质量管理对员工的具体要求

（1）学习并掌握现场质量管理的基本知识，了解现场与工序所用数据记录表、控制图或其他控制手段的作用，并能正确使用。

（2）熟悉所操作工序管理控制点的质量要求。

（3）熟记《操作规程》《检验规程》的内容和要求，严格按照《操作规程》(《作业指导书》)《检验规程》(《工序质量管理表》) 的规定进行操作和检验，以工作质量保证产品质量。

（4）认真实行自检，按照自检的频度要求和内容要求进行检测。

（5）树立下道工序是顾客的意识，为下道工序提供方便和服务，不将不良品输出给下道工序。

（6）真实地填写数据记录、控制图和操作记录，按规定时间抽样检验、记录数据，保持图、表和记录的整洁、清楚和准确，不弄虚作假。

（7）现场若出现工序质量异常波动，如控制点超出控制限或出现排列缺陷，应立即分析原因并采取对策。

11.1.4　班组长在质量管理中的作用

班组是实施现场质量管理、开展过程或工序质量控制的最基层的组织，班组长就是班组实施质量控制和质量改进的责任者和组织者。因此，充分发挥班组长的作用是质量管理的重要环节，班组长的工作要求如下。

（1）带领员工理解并实现本班组的质量目标，将质量目标分解到每日、每人。

（2）熟悉本班组各岗位的操作规程，能够培训新员工掌握相关的操作技能。

（3）落实自检、互检和他检。特别要注意对首件的复检和确认，做好过程检验，适时进行巡检和抽查。

（4）实施并配合控制点管理，保证生产运转的稳定状态。

（5）组织开展 6S 管理活动，创造良好的现场环境，并培养员工的职业素质。

（6）及时关注下道工序的质量反馈意见，尽量为下道工序提供方便。

（7）开展质量改进活动，尤其是组织或参与 QC 小组活动，不断改进生产条件和工作环境，培养员工的质量改进技能。

11.1.5　让员工参与质量管理

　　质量是制造出来的，而非检验出来的。全体员工的质量意识和工作质量是产品质量的基础。让员工从被动的被要求、被监督的状态转成主动参与的积极状态，才是质量管理的根本。

> **理念**　质量是制造出来的，而非检验出来的

（1）使员工树立让顾客满意的理念。一切工作为顾客着想，一切从顾客需求出发，不断满足内外部顾客的需求与期望。

（2）让员工积极参与质量管理，结合各自工作岗位对质量改进提出合理化建议。针对质量管理和操作中存在的具体问题，开展 QC 小组活动，使质量管理体系得到不断完善。

（3）主动把好过程质量控制关，在生产过程中加强对不合格品的控制。自觉执行《工艺规程》《作业指导书》，通过控制影响过程质量的操作、设备仪器、毛坯、原材料、工艺方法和生产环境等因素，确保生产质量的稳定。

（4）做好质量记录。生产现场的各种质量记录是质量管理的原始信息，也是质量管理体系的重要内容。质量记录应准确、及时、清晰，并得到妥善保存。

11.2　班组现场质量管理方法

　　班组既然是企业的基层单元，也自然而然地成为企业质量管理的基础。班组质量管理的重点在于生产现场中的过程控制。班组长是班组实施全面质量管理的责任者和管理者，充分发挥班组长的作用是搞好现场质量管理的关键。

　　对于班组来说，班组现场质量管理包括建立现场质量保证体系和生产过程中的质量监控两个方面。而现场质量控制是现场质量保证体系的基本组成部分。

11.2.1　员工管理

生产高质量的产品,依靠的是人;产品质量上不去,最终的原因往往也是人。因此,班组长在生产现场对员工的管理就显得尤为重要。

（1）多关注新员工。新员工由于不熟悉生产环境,操作技能也不熟练,往往会犯许多很低级的错误。班组长要多花一些精力在他们身上,通过培训和手把手的训练,使他们尽快独立顶岗操作。

（2）培养员工树立"三不"的理念,即"不接受不良,不制造不良,不输出不良"。只要每道工序都能把牢质量的关口,企业就不会有不良品流入市场。

（3）用好《作业指导书》。《作业指导书》既是质量管理的要求,又是培训新员工的教材,班组长要用好《作业指导书》。

11.2.2　标准化作业

标准化作业要求操作人员按作业的标准进行操作。标准既然已经固化了原有的经验和成果,推行标准化作业就可以大大减少因个人情况变动对质量产生的影响,有利于生产过程平稳进行,保证产品的质量。标准化作业的内容与工种有关,例如,机械加工的标准化作业包括员工作业时的操作程序与要领、机床的切削用量、设备的点检与润滑、刀具的定时更换及更换要领等。

11.2.3　生产过程的"三检"

生产过程的"三检"包括操作人员的自检、员工之间的互检和专业检验人员的专检。实行"三检"就是动员员工参与全面质量管理,这比单纯依靠专业质量检验制度更加合理有效。班组长要十分熟悉和掌握现场质量管理中的"三检"内容和方法。

1. 操作人员的自检

自检要求操作人员对自己加工的产品,根据工序质量控制的技术标准自行检验。自检最显著的特点是检验与生产加工过程同步进行。通过自检,操作人员可以及时地了解自己加工的产品的质量问题以及工序所处的质量状态,并及时给予判断和调整。自检不但可以防止不合格产品流入下道工序,及时消除异常因素,防止产生大批不合格品,而且产品无论流转到哪道工序,只要发现问题,便可以找到责任者,操作者对产品质量必须负责到底。

2. 员工之间的互检

互检就是员工之间的相互检验。主要是下道工序对上道工序流转过来的在制品进行检验、交接班的相互检验、班组长或班组质量员对本班组员工加工的产品进行检验等。互检是自检的补充和监督，互检搞得好还有利于员工之间协调关系和提升操作技能。

3. 专业检验人员的专检

专检由专业检验人员进行。专业检验人员更加熟悉产品技术要求和工艺知识，经验丰富，检验技能熟练，效率较高，所用检测仪器更加精密，因此，专检的检验结果更加合理、可靠。专业检验人员受职责约束，与受检对象无直接利益关系，其检验过程和结果更加客观公正。班组长要重视专检的作用，不能为了员工个人和班组一时的利益，要求专业检验人员放宽标准。

11.2.4 及时处理现场不良品与加工工序质量异常

1. 不良品的统计与管理

不良品是指不符合产品图纸要求的在制品、返修品、回用品、废品及赔偿品。对生产制造过程中的不良品，应根据有关质量的原始记录，进行分类统计，还要对不良品的种类、数量、生产不良品所消耗的人工和材料、产生不良品的原因和责任人等，分门别类地加以统计，并将各类数据资料汇总编制成表，为进一步单项分析和综合分析提供依据。对不良品统计分析后，要查明形成原因，及时处理，防止再度产生。

质量检验员对现场出现的不良品要进行确认，做好标记，开不良品票证，建立台账。车间质量员根据质量检验员开出的票证进行数量统计，并用看板形式将"不良品统计日报"公布于众。当天出现的不良品要陈列在展示台上，由技术员、质量员、检验员、班组长及其他有关人员在展示台前会诊分析，判定责任，限期改进，防止事故重演。

2. 加工工序质量异常处理

班组长在发现加工工序质量异常时应马上采取措施，使问题立刻得到妥善解决，并防止类似事件再次发生，以维持质量的稳定。

加工工序质量异常有以下几个处理要点。

（1）在加工工序中发现质量异常，应立即采取临时措施并填写《异常处理单》，通知质量管理部门。

（2）填写《异常处理单》时应注意，该单据应由生产人员直接填写，填写需详细，尤其是异常内容和临时措施要具体。同一异常如果 24 小时内再度出现，不必重新填写。

（3）质量管理部门要设立管理登记簿，并判定责任单位，通知其妥善处理。当质量管理部门无法判定责任单位时，则会同有关部门共同判定。

（4）责任单位确认后须立即调查异常原因，如果无法查明原因，则会同有关部门商定改善对策。

（5）质量管理部门应对改善对策的实施进行检查，了解具体现状，如发现仍有异常，则再请责任单位调查，重新拟定改善对策，并向主管领导汇报。

11.2.5　严把物料质量关

班组长应对现场所用物料进行管理，各类物料的领用、搬运、放置、存储、使用，以及料头处置，都必须井井有条，让全体员工熟悉自己所负责的物料的领用和使用。

1. 当心有毒有害物品

安全永远是第一位的！有些工序会用到一些有毒有害物品，班组长要提醒员工在领用和使用中特别小心，一定按规定用量领取，不得为图省事，在现场放置过多的有毒有害物品。

2. 杜绝领用差错

一定要按企业的规定领取生产所需物料。严格遵守相关的规定流程，不得出现材质、型号、品种、批次等差错。物料到了班组后，班组长要亲自核查，以免出现差错。

3. 遵守先领先用原则

受保质期、采购途径、生产批次等因素的影响，企业购入的原材料采取"先入先用"的原则进行保管和分发。班组在进行生产时，也必须按照这个原则"先领先用"。一旦出现物料品质不良的情况，在追索的过程中，就能帮助调查人员分析质量不良的原因，缩小调查范围。

4. 不良物料的区分

为确保不良物料不会在生产过程中被误用，一定要对现场的不良物料用不同的标识加以区分，能及时返回库房的要尽快返回。不良物料太多、太大、太重不得已要放置在现场的，也要划出专门的区域进行放置，并标出特殊区域。

5. 物料放置莫混乱

按照定置管理的方法将生产现场所用材料、物品、工具分不同区域放置和保存。不同批次的原料用不同的标识或文字加以区分，为保持货架的稳定，重的、大的物料放下面，轻的、小的物料放上面。为落实"先领先用"原则，一定要"新里旧外，新下旧上"码放材料，这样虽然堆放时有点麻烦，使用起来却很便利。不得让员工随意拿取原料，一个包装箱内的原料没有用完，不得开启新包装箱取料。

11.2.6 计量器具绝对精准

计量器具是专门用于直接或间接测量被测对象量值的特殊器物，主要包括装置、仪器、仪表、量具和用于统一量值的标准物质。在生产过程中计量器具是操作人员的"眼睛"，正确保管、使用它们是一线生产人员的职责。

班组长应保证本班组所有员工会正确使用与生产有关的计量器具，并能妥善保管它们。当有新员工到来时，计量器具的使用应包含在生产技能的培训之中。需要班组长格外注意的一点是，本班组内部计量器具的精准度不得有偏差，要按规定进行定期校准。

11.2.7 班组长应掌握的现场品控技能

1. 首件检验不马虎

首件是指开班或停机后经调试稳定生产的第一件产品，一定要仔细检验，确保各项指标合格后，方可正式生产。

2. 样品保管须尽心

样品是生产现场为方便观察而保留的标准工件，起到标准的判定作用，必须妥善保管。但样品也有保质期，随着时间的推移，样品也会发生变化。因此，班组长一定要尽力保持样品的原样，并定期到相关部门进行校对和核查，以保证其作为标准的价值。

3. 现场巡视有学问

现场巡视最能考验班组长的现场功夫，班组长一定要在现场多花一些时间，通过对5M1E六大因素的观察及判断，及时发现异常并进行处理。

4. "三检"不走过场

"三检"包括自检、互检和专检，班组长必须十分熟悉和掌握"三检"的内容和要求，保证现场的"三检"不走过场，确保相关人员都能够担当起质量把关的重担。

5. 警惕现场变化

一开始生产，员工的注意力往往都集中在操作岗位上，而班组长从进入生产现场起，就要留意各方面的变化，大到安全，小到声响、异味的变化都要当心，以免发生事故和产出不良品。

经验分享 11-1　班组质量控制法

一、质量控制点

1. 建立质量控制点

根据产品特性的转化及延伸，重点控制生产工序中某些重要或关键特性，防止重大失误或批量不合格品产生，这就是建立质量控制点。建立质量控制点后即组建质量控制小组，其中应以操作人员为主，包括技术人员、检验人员。可以班组为单位组建，也可以跨班组组建，由班组长或技能经验丰富的技师担任负责人。

2. 确定控制目标

质量控制点要控制哪些目标、实现哪些目标？这是质量控制点的目的所在。应将重要或关键的工序特性及相应的影响因素，经综合分析确定为控制目标。控制目标应可观察、可测量或可计算。一般控制目标包括：① 形成产品的最终性能参数，如外观、尺寸；② 工序间参数，如下道工序基准、加工余量；③ 设备参数，如压力、温度、时间、电压、电流等。

3. 明确控制措施

控制目标是预期的愿望，要靠行之有效的、切实可行的措施来实现。控制措施要明确、简练、可操作性强，用好以下表单可以事半功倍。

（1）《作业指导书》。《作业指导书》是员工操作的指导文件。一般由操作人员自行编制草稿，然后由技术人员（现场工程师）整理、标准化，经过试作业（或生产节拍演示）验证、修订后颁布。《作业指导书》中必须有如下内容：工序名称、零件名称、图号、材料、设备型号、作业顺序、上下工序接口、工艺参数、产品（零件特性值）、检验要求（主要指自检），工具、辅具、检具编号，工具、工装的易换件更换周期、反应计划等。《作业指导书》也可以采用标准样件、极限样件、图片等形式。

（2）《检验指导书》。《检验指导书》是专职检验人员使用的检验作业指导文件。其编写方法及内容与作业指导书大致相同，但要求将间接检测、破坏性检验等方法及计算公式、判定标准详细编制其中，让使用者无须再翻查其他文件或手册。

（3）《控制图表》。《控制图表》一般分为两类，一类是作业准备验证表，另一类是趋势图表，如 X-R 图等。要求技术人员将此类图表先做好，操作人员只进行填表。操作人员在作业中如发现异常，立即通知技术人员，分析原因，采取措施，验证后恢复作业。

二、工序停止点

在质量体系标准中如此定义"工序停止点"：相应文件规定的某点，未经指定组织或授权（人）批准，不能越过该点继续活动。

1．确定工序停止点

工序停止点的确定应慎重，因为工序停止点会抑制生产。一般工序停止点一定是要害工序，也就是这个工序一旦出现问题，将造成不可挽回的巨大损失。因此，工序停止点必须由设计人员、工艺人员、检验人员共同确认。

2．工序停止点的管理

当停止点工序出现异常时，第一时间做出反应的就是本工序的操作人员。因此，必须授予其停止工序的权力。

"停"，立即停止本工序操作，通知相应工序停止。

"呼"，向相关技术管理及技术支持人员或生产人员报告，通过检验、试验、现场会等多种形式分析原因，制定措施。

"待"，相应操作人员立即暂停操作，等待指令。

"启"，待原因分析清楚，措施明确、有效后，方可启动本工序乃至相关工序。

三、配备资源

上述工作完成后，要配备充分的资源及操作条件。

四、文件准备

工程技术人员要编制所有的作业文件、表格，并制定相应的程序及规范，由一线操作人员充分讨论后颁布执行。

五、建立封闭反馈系统

质量管理中要求 PDCA 循环。因此，必须建立一个封闭的管理系统。做法是将班组这一最基本的质量管理单元设成一个独立闭环的系统，在一般情况下不超出车间这一级。要求所有的指导文件必须准确无误，过程稳定可控，人员充分授权。否则会导致效率极低，甚至发生阻滞。

六、培训

培训主要是解决如何操作的问题，主要内容有以下几点。

（1）对产品特性、工序特性的培训。这种培训不仅仅针对本工序，员工应全面了解相关工序的所有特性，这对于"停止点"工序操作人员尤为重要。

（2）作业培训。包括对作业文件的熟知和理解程度，对设备、工艺装备的掌握程度。

（3）权力培训。因为管理关键工序及工序停止点的责任重大，往往使员工不敢使用或滥用停止权力。因此，对于何时、何地、何种情况如何使用工序控制点权力，必须予以充分的培训。

（作者单位：沈阳矿山机械集团有限公司　摘自《现代班组》2008 年第 5 期）

11.3　开展 QC 小组活动

质量管理（Quality Control，QC）小组活动是企业，尤其是制造企业一线员工参与全面质量管理的最

理念　没有最好，只有更好

有效的途径和方法。开展 QC 小组活动能够体现企业"以人为本"的精神，调动全体员工参与质量管理、质量改进的积极性和创造性，可帮助企业提高质量、降低成本、创造效益。小组成员共同学习、相互切磋，有助于提高员工素质，塑造充满生机和活力的企业文化。QC 小组活动也是建立质量保证体系的一个重要手段。

客观地讲，生产一线的工作是比较刻板的，方法固定，日复一日。QC 小组活动能激发一线人员的创造力，提升生产品质和效率；对参与者来说，也丰富了自己的工作内涵，丰富了自己的人生。

生产一线蕴藏着丰富的人力资源，开展 QC 小组活动既可以激发员工的积极性，又可以改善现场的质量、成本、效率等生产问题及顽症。实践证明，QC 小组活动开展得比较好的企业，员工有较强的归属感，企业有较强的竞争力。

11.3.1　QC 小组的分类

QC 小组是指在自愿的原则下，将工作性质相同或接近的员工，以小组形式组织起来，通过定期的会议及其他活动进行品质改进的一种行之有效的基层管理活动。QC 小组组建工作做得如何，将直接影响 QC 小组的活动效果。因此，对小组的分类、程序、人员等问题必须有明确的概念。QC 小组可分为以下 4 个基本类型。

1. 现场型 QC 小组

现场型 QC 小组是以稳定工序质量，提高产品质量，降低物资消耗和改善生产环境为目的而组成的小组，其成员以现场员工为主。这类小组的课题比较小，问题集中，活动周期短，容易出成果。因此，应该大力提倡现场型 QC 小组的发展。

2. 攻关型 QC 小组

攻关型 QC 小组大多由领导干部、工程技术人员和普通工人组成。这类 QC 小组的课题难度一般较大，活动周期比较长，可以跨班组、跨单位组合。例如，为了确保产品生产和销售的正常进行，人力资源部门、行政部门等后勤单位可以联合起来开展活动。

3. 管理型 QC 小组

管理型 QC 小组是以提高管理水平和工作质量为目的而组建的质量管理小组。它的成员以管理人员为主，通常以提高工作质量、管理效率等为课题开展活动。例如，企业制定的今年的质量目标是将产品合格率提高到 98.5%，这就需要一个合适的管理型 QC 小组开展活动推动目标达成。

4. 服务型 QC 小组

服务型 QC 小组以提高服务质量，推动服务工作标准化、程序化、科学化，提高经济效益和社会效益为目的，主要由从事服务性工作的员工组成。这类小组多以如何提供优质服务、加快资金周转和开展多功能服务等内容为课题，活动周期有长有短。

另外，还可以根据现有的质量问题或其他课题组建 QC 小组。QC 小组可以由原有班组内的人员自愿组成，这类小组侧重于质量控制类的课题；可以由跨班组、车间、部门的人员联合组成，这类小组侧重于质量改进类的课题；也可以由不同层次的人员，如员工、管理人员、技术人员共同参与。总而言之，QC 小组的形式可以各式各样，应根据具体情况进行组建。一般情况下，一个小组以 5 ~ 10 人为宜，人数过多反而不利于开展活动。

11.3.2 开展 QC 小组活动的步骤与方法

1. 选择课题

QC 小组成立后，首先要选择课题，明确小组到底要改善什么。课题一般来自 3 个途径：一是上级交给的指令性课题；二是指导性课题，通常由企业质量部门根据企业的年度经营重点，确定基层课题的方向；三是自选课题，完全由 QC 小组根据现场的实践情况确定。QC 小组的选题可以从以下 3 方面考虑。

（1）针对企业方针、目标在本部门落实的关键点进行选题。例如，企业要求降低消耗，而本部门某项消耗指标比较高，QC 小组就可以有针对性地选择攻关课题。这样，就容易得到各级领导的支持，QC 小组活动所需要的时间、物质、费用等方面要求都更容易得到满足。

（2）针对现场或班组本身存在的问题进行选题。选题方向主要针对产量（P）、质量（Q）、成本（C）、交货期（D）、安全（S）及员工士气（M）6 个方面。

（3）从"抱怨"声中找选题。不仅外部客户投诉中暴露的问题可以作为选题，内部客户反映的问题也可以作为选题。质量管理中常讲："下道工序就是客户"，本着多为下道工序着想的心态来开展 QC 小组活动是非常有益的。

选题过程中还要注意以下 3 点。

（1）课题宜小不宜大。不要觉得课题小就没有意义，小课题开展起来容易取得成效，便于从小渐大，先易后难。

（2）课题名称要准确，不宜冠太大的帽子，华而不实。要具体、明确，有针对性，让大家容易理解，知道 QC 小组到底要解决什么问题。

（3）至于选题理由，应直接说明选题的目的性和必要性，不用过多赘述，成果发表时应腾出有效的时间用于讲解具体内容。

2. 现状调查

课题确定之后，就要对现状进行全面的调查，以便了解问题的严重程度。通过调查，将所收集到的数据进行整理、分析，将症结寻找出来。然后就可以设定目标，分析原因，一步一步进行下去。现状调查做得全面、彻底、扎实，可以为后续的工作打下牢固的基础。调查现状时要注意以下几点。

（1）用数据说话。数据只要是真实的，就最能反映事件的具体程度。收集数据时不要想当然，避免只收集对自己观点有利的数据，而不全面地收集数据。数据要有可比性，否则，活动开展以后就会缺乏可比性。对收集数据的节点、时间段要有要求，要收集最近、最新的数据，这样才能准确反映现状。

（2）不要贪图省事，只用已有数据。小组成员要亲自到现场观察、测量、跟踪、复核各种数据，直接获取一手资料和数据。

（3）对数据要进行整理和分类，以便尽快找到症结所在。

3. 设定目标

目标决定问题解决的价值，有些人怕规定时间内难以完成任务，就把目标设定得低一点。其实这样不妥，是没有自信心的表现。缺乏自信就不能挖掘潜力，就没法发挥众人的智慧。在目标设定中要注意以下 3 个问题。

（1）目标要与问题相对应。如课题确定为"降低某零件的加工废品率"，目标就是要回答废品率将由现在的多少，降低到多少。随后的分析原因、制定对策、采取措施都将针对症结进行，最终达到目标。

（2）目标要明确。所谓明确，就是要用数据表达目标值。目标不量化，就无法证明对策是否最终有效，只有量化的目标才能进行检查和比对。

（3）目标的制定要有依据。目标要有挑战性，但经过努力最终可以实现。说明目标水平的时候也可以提出可对比的水准，如企业中优秀的水准、同行业的高水准、世界水准与趋势等。

4. 分析原因

为了找到真正的原因，刚开始的时候要发动 QC 小组成员打开思路，从各个可能的方面去寻找原因。有 4 个方面尤其要注意。

（1）要针对所存在的问题分析原因。

（2）分析原因要看问题的全貌，不要偏颇，不要想当然。通常从影响生产的 5M1E 六大要素进行分类分析。

（3）分析原因要彻底。就像剥洋葱那样，一层一层地把问题的最终原因寻找出来。

（4）要正确、合理地进行统计分析。分析原因常用的工具有因果图、系统图与关联图。

5. 确定主要原因

通过分析原因，会发现可能造成问题的原因有很多，但我们要找出主要原因。确定主要原因可按下述 3 个步骤进行。

（1）将因果图、系统图或关联图中的末端因素收集在一起。末端因素就是不可再分解的最终因素。分类后的末端因素不能遗漏，应确保能在末端因素中找出主要原因。

（2）剔除末端因素中的不可抗力。如停水、限电等不可抗力，虽然对问题造成严重影响，但超出企业自身的解决能力范畴，故应将其从主要原因中剔除。

（3）对末端因素逐条确认，在其中找出真正的主要原因。确认的过程就是分析、测试末端因素是否影响问题的过程，要用事实说话，要用数据说明。一次不能确认的，要做多次试验加以确认。常用的方法有 3 种：

① 现场验证。在现场通过试验，取得数据加以验证，这对确认方法类的因素相当有效。如"由于压紧位置不当"引起加工零件变形的分析，只要在现场"改变压紧位置"重新加工一个零件就能得到验证。

② 现场测试、测量。QC 小组成员亲自到现场测试、测量，取得数据，与标准进行比对，观察其符合程度来进行确认。这种方法对机器、材料、环境类因素进行甄别非常有效。比如机床的精度、环境的温度等因素就可以通过现场测量进行确认，看是否与标准产生了偏差。

③ 调查、分析。对于人员方面的因素采用调查和分析的方法。可以设计一些调查问卷，也可以当面访谈。取得数据后再做分析，以得出正确的结论。

6．制定对策

确定主要原因后，就要对不同的主要原因分别采取不同的对策。制定对策一般分以下 3 个步骤进行。

（1）提出对策。QC 小组成员打开思路、开动脑筋、独立思考、相互启发，从不同的角度提出改进的建议。例如，要解决"冷冻速度不够快"的问题，就可以提出"换大冰箱""将物体切小""提前预冷"等对策。刚开始，先不要考虑对策是否可行，也不要限制别人提对策，对策越具体越好。把能想到的，都先提出来。

（2）研究、确定要采取的对策。将大家提出的各个对策进行汇总、提炼，确定准备实施的对策。最后确定的对策要具备：① 有效性。要具体分析对策是否能够控制或消除问题产生的主要原因，如果把握不大，先不采用，留作备选。② 可行性。要根据"现场、现物、现实"的条件，研究对策的可行性。③ 不要采用临时性对策。应尽量避免采用应急的临时性措施，因为这样会使最终成果无法固化。④ 主要依靠小组自身的力量。QC 小组的灵魂是"自主"，唯有依靠自己的力量才有意义，才能激发积极性和创造性。否则，过程和结果也不可把控。

（3）制定对策表。将针对每一主要原因所采取的对策汇总后，制成表格以指导随后的工作。对策表可根据"5W1H"方法制定。

7．实施对策

制定好对策表以后，QC 小组要认真地按计划实施对策。组长也要做好一些与相关部门的沟通、联络工作。在对策实施中若遇到困难，要及时沟通和协调，必要时要开小组会共同商量新对策。

实施对策时，要认真做好记录，数据要齐全、准确，为复盘做好准备。

8. 检查效果

全部对策实施完毕后，应该使所有的要因都得到解决或改进。要按新的对策进行试生产，并从中收集数据，用以检查效果。

（1）将实施对策后的数据与原先的状况、小组定的目标进行对比。达到了当初设定的目标，固然很好。没达到目标，说明没有完全解决问题，就要对此次 QC 小组失利的原因进行分析和总结，到底是目标设定得太高，是没有找准主要原因，还是对策不力？让这次失败成为下次成功的起点。

（2）评估经济效益。解决了现场的难题，就可以计算由此为企业带来的经济效益。计算时应扣除 QC 小组活动的成本与费用。经济效益不但可以让企业和同事看到成果，还能鼓舞员工的士气和激发创造力。

9. 制定巩固措施

为巩固所取得的成果，防止问题再度发生，要制定巩固措施。

（1）将对策表中已经被验证有效的措施，如变更的工作方法、改进的操作标准、修正过的参数、变动过的图纸、修改过的资料、完善了的规章制度等，进行相应的报批和审核，成为新的标准。

（2）重新回到现场进行再确认，检查是否已按新的标准实施。

（3）在取得效果的巩固期内要做好相应记录，完善相应的统计，保存好相应的数据资料。

10. 总结和新计划

总结是进步的开始。做好总结工作，可以让小组成员回顾活动过程，同时分享彼此的体会和经验，共同提高大家的工作技能。分析不足，是为了在下一次 QC 小组活动中改进。

11.3.3 班组长应掌握开展 QC 小组活动的技能

不管企业是否在积极地推动 QC 小组活动，班组长都应该掌握开展 QC 小组活动的管理技能。

1. 在本班组内开展 QC 小组活动

班组长本人应该能担当 QC 小组组长，当然，如果企业条件好，班组内的优秀员工能担当 QC 小组组长就更理想了。"全面质量管理始于教育，也终于教育"，班组长通过开展 QC 小组活动，可以增强员工的质量意识、问题意识、改善意识、参与意识，加深员工对工作意义的理解。开展 QC 小组活动对班组长管理能力的提升也是非常有意义的。班组长可以按照 QC 小组活动的步骤来进行管理，还可以在对策制定与验证的过程中熟练掌握质量管理中的新、老七工具。

2. 与班组团队管理相联系

最早开展 QC 小组活动的日本企业，也把 QC 小组活动叫做小团体活动。现在我们更多地从团队管理和建设的角度，把它看作团队管理的形式之一。所谓团队，是有共同的目标，且成员的行为相互依存、相互影响，并能很好地合作以追求整体成功的少数人的组合。不管 QC 小组由本班组成员组成，还是由跨班组成员组成，搞好 QC 小组活动对于我们进行班组团队管理都是非常有益的。因为 QC 小组活动培养的团队精神是成员为了团队的共同利益与目标而相互配合、相互学习、共同努力的意愿与作风。团队精神会让成员有很强的归属感，以团队的成功为骄傲，为团队的困境而忧虑，成员之间能坦诚交流意见和看法，让成员积极主动、尽职尽责地工作，充满活力地生活。这些正是解决当下一线员工流动率过高问题的良方。

3. 让员工在活动中成长

"90 后""00 后"的员工在工作、生活中更强调自身的价值体现。如果班组长只是一味地强调服从，而不能提升他们的能力，他们是不会信服的。让员工参与 QC 小组活动，虽然给他们的工作增加了担子，但当班组长真心帮助他们学会各种方法和工具的使用时，他们是会感激班组长的。留住一名员工会很难，留住一批员工却不难，这就是管理的智慧。

管理知识 11-2　QC 七工具

工具一　调查表

调查表（Data-collection Form）又称检查表、核对表、统计分析表。它是用来系统地收集资料和积累数据，确认事实并对数据进行粗略整理和分析的统计图表。它能够促使我们按统一的方式收集资料，便于分析，一般在质量管理活动中，特别在 QC 小组活动、质量分析和质量改进的活动中被广泛应用。

1. 不合格品项目调查表

不合格品项目调查表主要用来调查生产现场不合格品项目频数和不合格品

率，以便用于排列图等分析研究。表 11-1 是某卷烟厂成品抽样检验及外观不合格品项目调查表，共检查了 250 批共 2 500 箱卷烟，批平均不合格率为 0.8%。从外观不合格品项目的各项频次可以看出空松、贴口、切口的质量问题较为突出。

表 11-1 某卷烟厂成品抽样检验及外观不合格品项目调查

批次	产品型号	成品量（箱）	抽样数（支）	不合格品数（支）	批不合格品率（%）	外观不合格项目								
						切口	贴口	空松	短烟	过紧	钢印	油点	软腰	表面
1	烤烟型	10	500	3	0.6	1		1			1			1
2	烤烟型	10	500	8	1.6	1	1	2	2				2	
3	烤烟型	10	500	4	0.8		1	2				1		
4	烤烟型	10	500	3	0.6		2			1				
5	烤烟型	10	500	5	1.0	1		1		1			1	1
⋮	⋮	⋮	⋮	⋮	⋮									
⋮	⋮	⋮	⋮	⋮	⋮									
250	烤烟型	10	500	6	1.2	1	1	2						1
合计		2 500	125 000	990	0.8	80	297	458	35	28	10	15	12	55

调查者：王××　　　　　　　　　　　　　　　　　　　____年____月____日

地点：卷烟车间

表 11-2 列出了某 QC 小组对中继线插头焊接缺陷的调查数据。根据此表还可以进一步画出排列图。

表 11-2 中继线插头焊接缺陷调查数据　　　　　　　　　N=4 870

序　号	项　　　目	频数（次）	累计（次）	累计（%）
A	插头槽径大	3 367	3 367	69.14
B	插头假焊	521	3 888	79.84
C	插头焊化	382	4 270	87.69
D	插头内有焊锡	201	4 471	91.82
E	绝缘不良	156	4 627	95.05
F	芯线未露	120	4 747	97.48

续表

序　号	项　　目	频数（次）	累计（次）	累计（%）
G	其他	123	4 870	100.00

调查者：吴×× 　　　　　　　　　　　　　　　____年____月____日

地点：×公司插头焊接小组

2. 质量分布调查表

质量分布调查表是对计量数据进行现场调查的有效工具，它是根据以往的资料，将某一质量特性项目的数据分布范围分成若干区间而制成的表格，用以记录和统计每一质量特性数据落在某一区间的频数。表 11-3 就是一张某零件重量实测值分布调查表。

表 11-3　某零件重量实测值分布调查

调查人：李××　　　　　　　　　　调查日期：××××年××月××日

调查数（N）：121 件　　　　　　　调查方式：根据原始凭证统计_____

1	3	6	14	26	32	23	10	4	2
				一	正				
				正	正				
				正	正	正			
				正	正	正			
			一	正	正	正	正		
一		正	正	正	正	正	正		

0.5　5.5　10.5　15.5　20.5　25.5　30.5　35.5　40.5　45.5　50.5　55.5（g）

3. 矩阵调查表

矩阵调查表是一种多因素调查表，它要求把产生问题的对应因素分别排列成行和列，在其交叉点上标出调查到的各种缺陷、问题和数量。表 11-4 是某厂两台注塑机生产的塑料制品外观质量调查表。

表 11-4　塑料制品外观质量调查

缺陷符号：○气孔　　　　△成形　　　　●疵点　　　　□变形　　　　×其他

机号	2月5日		2月6日		2月7日		2月8日		2月9日		2月10日	
	上午	下午	上午	下午	上午	下午	上午	下午	上午	下午	上午	下午
1	○● ×○	●□	○○	×□ ×	△○ △○	○	○○ ○○ ●△ ○○	○○ ●△ ○○ △	□○	○△	○	××●
2	△○ ○● □	○○ ○● ×	○× ×× ●	●● △△ ×	○● ●× ×	○○ ×× ×	○○ ○○	○○ ●○ △× ○○ ○○	×● ○○	×○ △□	○○ ×	○□

调查者：李××	
时间：××××年×月×日	备注
地点：××厂××车间	
调查方式：实地观测	

从表中可以看出，2 号注塑机发生的外观质量缺陷较多。进一步分析原因，缺陷是由于对 2 号注塑机的维护保养不当所致。2 月 8 日两台注塑机所生产的产品外观质量缺陷都比较多，而且气孔缺陷尤为严重。经调查分析是当天的原材料湿度较大所致。

调查表在应用中常见的错误和注意事项，主要是调查表设计不当和记录数据上的差错。这是由于设计调查表时未能正确分层或分层项目的概念混淆，使分类数据混杂，而无法进行归纳分析。

工具二　分层法

分层法又称为分类法、分组法。它是按照一定的标准，把收集到的大量有关某一特定主题的统计数据加以归类、整理和汇总的一种方法。目的在于把杂乱无章和错综复杂的数据加以归类汇总，使之能确切地反映客观事实。

分层法常用于归纳整理所收集到的统计数据。分层法常与其他统计方法结合起来应用，如分层直方图法、分层排列图法、分层控制图法、分层散布图法和分层因果图法等。

分层的原则是使同一层次内的数据波动幅度尽可能小，而层与层之间的差别尽可能大，否则就起不到归类、汇总的作用。分层的目的不同，标志也不同。一般来说，分层可采用下列标志：

（1）人员。可按年龄、工级和性别等分层。

（2）机器。可按设备类型、新旧程度、不同的生产线和工夹具类型等分层。

（3）材料。可按产地、批号、制造厂、规格、成分等分层。

（4）方法。可按不同的工艺要求、操作参数、操作方法、生产速度等分层。

（5）测量。可按测量设备、测量方法、测量人员、测量取样方法等分层。

（6）时间。可按不同的班次、日期等分层。

（7）环境。可按照明度、清洁度、温度、湿度等分层。

（8）其他。可按地区、使用条件、缺陷部位、缺陷内容等分层。

分层方法很多，可根据具体情况灵活运用，也可以在质量管理活动中不断创新，创造出新的分层标志。

应用分层法的步骤如下。

（1）收集数据。

（2）将收集到的数据根据不同目的选择分层标志。

（3）分层。

（4）按层归类。

（5）画出分层归类图。

例 1　某装配厂的汽缸体与汽缸盖之间经常漏油。对 50 套产品进行调查后发现两种情况：① 3 个操作者在涂黏结剂时，操作方法不同；② 所使用的汽缸垫是由两个制造厂提供的。于是对漏油原因进行分层分析：① 按操作者区分，如表 11-5 所示；② 按汽缸垫生产厂家区分，如表 11-6 所示。

表 11-5　按操作者区分

操作者	漏油（套）	不漏油（套）	漏油率（%）
王师傅	6	13	32
李师傅	3	9	25
张师傅	10	9	53
共　计	19	31	38

表 11-6　按汽缸垫生产厂家区分

供应厂	漏油（套）	不漏油（套）	漏油率（%）
A 厂	9	14	39
B 厂	10	17	37
共计	19	31	38

从表 11-5 和表 11-6 容易看出：为降低漏油率，应采用李师傅的操作方法并选用 B 厂的汽缸垫。然而事实不是这样，由表 11-7 可以看出，李师傅用 B 厂的汽缸垫时，漏油率为 3/7×100%＝43%。因此，这样简单处理是有问题的。正确的方法应当是：① 当采用 A 厂生产的汽缸垫时，应当采用李师傅的操作方法；② 当采用 B 厂生产的汽缸垫时，应当采用王师傅的操作方法。这时漏油率都是 0。可见，运用分层法时，不宜简单地按单一因素分层，必须考虑各个因素的综合影响。

表 11-7　　按两种因素交叉分层　　　　　　　　　　单位：套

操作者	漏油情况	汽缸垫		合　计
		A 厂	B 厂	
王师傅	漏油	6	0	6
	不漏油	2	11	13
李师傅	漏油	0	3	3
	不漏油	5	4	9
张师傅	漏油	3	7	10
	不漏油	7	2	9
合　计	漏油	9	10	19
	不漏油	14	17	31
共　计		23	27	50

工具三　排列图

排列图又称帕累托图。它是将质量改进项目从最重要到最次要顺序排列的一种图表。排列图由一个横坐标、两个纵坐标、几个按高低顺序（"其他"项除外）排列的矩形和一条累计百分比折线组成。

排列图建立在帕累托原理的基础上。帕累托原理是意大利经济学家帕累托在分析意大利社会财富分布状况时得到的"关键的少数和次要的多数"的结论。应用这个原理，就意味着在质量改进的项目中，少数项目往往起着主要的、决定性的影响作用。因此，通过排列图区分重要的和次要的项目，就可以用最少的人力、物力、财力的投入获得最大的质量改进效果，如图 11-1 所示。

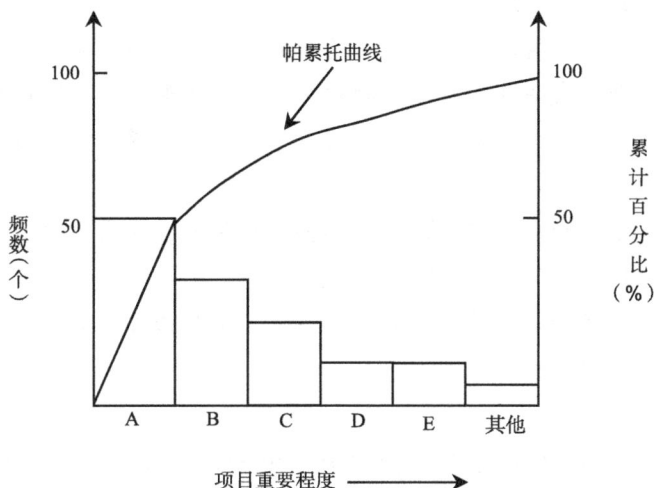

图 11-1　排列图

排列图的主要用途是：① 按重要顺序显示每个质量改进项目对整个质量问题的影响程度；② 识别进行质量改进的机会。

1. 应用排列图的步骤

（1）选择要进行质量分析的项目。

（2）选择用来进行质量分析的度量单位，如出现的次数（频数、件数）、成本等。

（3）选择进行质量分析的数据的时间间隔。

（4）画横坐标：按度量单位量值递减的顺序自左至右在横坐标上列出项目，将量值最小的一个项目或几个项目归并成"其他"项，放在最右端。

（5）画纵坐标：在横坐标的两端画两个纵坐标，左边的纵坐标按度量单位标定，其高度必须与所有项目的量值相等。右边的纵坐标应与左边的纵坐标等高，并从 0% 到 100% 进行标定。

（6）在每个项目上画长方形，它的高度表示该项目度量单位的量值，显示每个项目的影响力大小。

（7）由左到右累加每个项目的量值（以"%"表示），并画出累积频率曲线，用来表示各个项目的累计影响。

（8）利用排列图确定对质量改进最为重要的项目（关键的少数项目）。

2. 画排列图的注意事项

（1）一般来说，关键的少数项目应是本 QC 小组有能力解决的最突出的一个或几个项目，否则就失去找主要矛盾的意义，要考虑重新进行项目的分类。

（2）纵坐标可以用"件数""金额"等来表示，原则是能让人更快地找到"主要项目"。

（3）当不太重要的项目很多时，横轴会变得很长，通常把这些项目共同列入"其他"栏内，因此"其他"栏总排在最后。

（4）确定了主要因素，采取了相应措施后，为了检查实施效果，还要重新画出排列图。

3. 应用实例

某工业有限公司 QC 小组在 2021 年对其电子产品的用户反馈单进行统计，经整理后得到质量统计数据如表 11-8 所示。

表 11-8　质量统计数据

序　　号	项　　目	频数（次）	累计（次）	累计百分比（%）
A	插头焊接缺陷	4 871	4 871	46.02
B	网线外露	2 123	6 994	66.08
C	内毛边	1 521	8 515	80.45
D	成型不足	998	9 513	89.88
E	成型部缩水	981	10 494	99.15
F	绝缘缺陷	51	10 545	99.63
G	导通缺陷	41	10 586	100.00

根据排列图的应用步骤，将上表的统计数据加工整理成排列图，如图 11-2 所示。

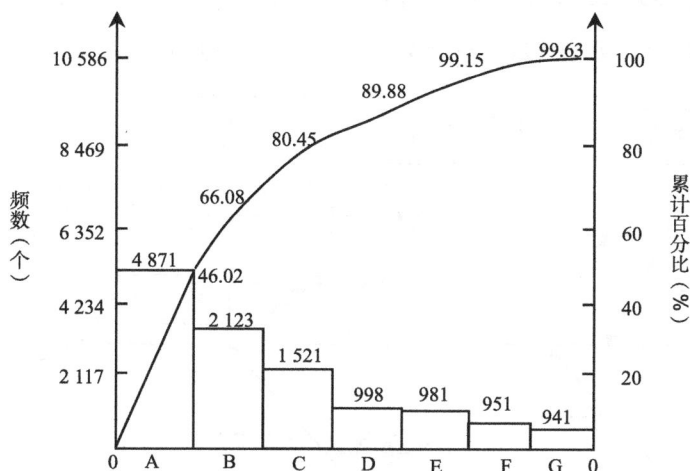

图 11-2 质量统计排列图

工具四 因果图

因果图又称为石川图、特性要因图、鱼骨图等。它是表示质量特性波动与其潜在（隐含）原因的关系，即表达和分析因果关系的一种图表。运用因果图有利于找到问题的症结所在，然后对症下药，解决质量问题。因果图在质量活动中，尤其是在 QC 小组质量分析和质量改进活动中有着广泛的应用。

1. 应用因果图的步骤

（1）简明扼要地规定结果，即规定需要解决的质量问题。如主轴颈出刀痕、烟支空松、中继线插头槽径大、青霉素瓶消毒后胶塞水分高等。

（2）规定可能存在的原因的主要类别。可以考虑下列因素作为原因的主要类别：数据和信息系统、人员、机器设备、材料、方法、度量和环境等。

（3）开始画图。把"结果"放在右边的矩形框中，然后把各类主要原因放在它的左边，作为"结果"框的输入，如图 11-3 所示。

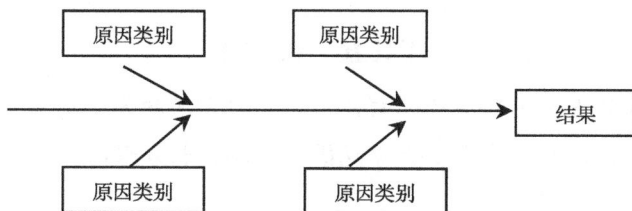

图 11-3 因果图示例

（4）寻找所有下一个层次的原因并画在相应的分类上，一层层地展开下去，如图11-4所表示，某些情况下还可以有3层以上的分解。

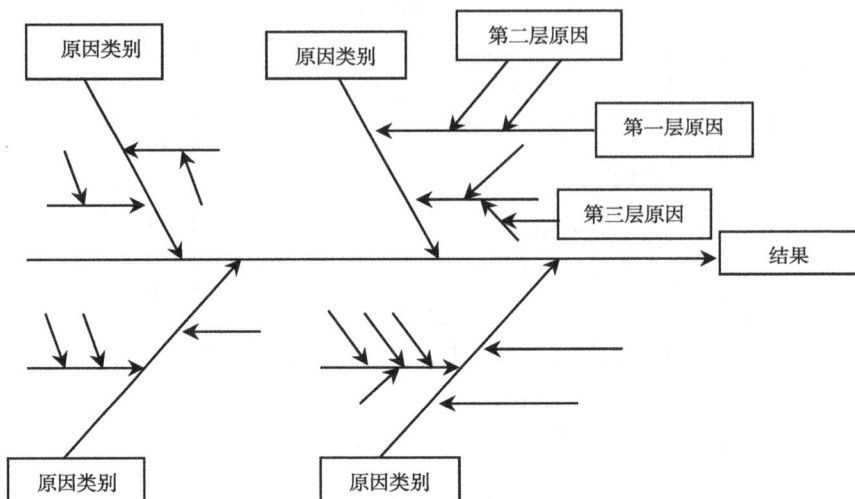

图11-4　因果分类、分层图示例

2. 画因果图应注意的点

（1）画因果图时必须开"诸葛亮会"，充分发扬民主，让团队成员各抒己见，集思广益，把每个人的意见一一记录在图上。

（2）确定要分析的主要质量问题（特性），不能笼统，一个主要质量问题只能画一张因果图，多个主要质量问题则应画多张因果图。因果图只能用于单一目标的分析。

（3）因果关系的层次要分明，最高层次原因应追溯到可以直接采取对策为止。

（4）对分析出来的所有末端原因，都应到现场进行观察、测量、试验等，加以确认。

因果图常与排列图、对策表联合起来应用，因而在许多企业将它们统称为"两图一表"。

工具五　直方图

直方图是频数直方图的简称。它是用一系列宽度相等、高度不等的长方形表示数据的图。长方形的宽度表示数据范围的间隔，长方形的高度表示在给定间隔内的数据值。

直方图的作用是：① 显示质量波动的状况；② 较直观地传递有关质量过程状况的信息；③ 当人们研究了直方图所示的质量波动状况之后，就能掌握质量过程的状况，从而确定在什么地方集中力量进行质量改进工作。

1. 应用直方图的步骤

现在以某厂生产的产品重量为例，对应用直方图的步骤加以说明。该产品的重量规范为 1 000～1 050g。

（1）收集数据。直方图数据的数量一般应大于 50 个。如表 11-9 所示的某产品重量数据表是在生产过程中收集的 100 个数据。

（2）确定数据的极差（R）。用数据的最大值减去最小值可求得极差，本例最大值 X_{max}=48（g），X_{min}=1（g），所以极差=48-1=47（g）。

表 11-9　某产品重量数据

测量单位（g）

43	28	27	26	33	29	18	24	32	14
34	22	30	29	22	24	22	28	48	1
24	29	35	36	30	34	14	42	38	6
28	32	22	25	36	39	24	18	28	16
38	36	21	20	26	20	18	8	12	37
40	28	28	12	30	31	30	26	28	47
42	32	34	20	28	34	20	24	27	24
29	18	21	46	14	10	21	22	34	22
28	28	20	38	12	32	19	30	28	19
30	20	24	35	20	28	24	24	32	40

注：表中数据是实测数据减去 1 000g 后的简化值。

（3）确定组距（h）。先确定直方图的组数（k），然后以组数去除极差，可得到直方图每组的宽度，即组距。组数的确定要适当。组数太少，会引起较大计算误差；组数太多，会影响数据分组规律的明显性，且计算工作量加大。组数的确定可参考组数选用表，本例就用表 11-10 来确定分组。

表 11-10　确定分组

数据数目	组数 k	常用组数 k
50～100	5～10	
100～250	7～12	10
250 以上	10～20	

本例取$k=10$，将数据分为10组。于是组距（h）为$R/k=47/10=4.7$（g）≈ 5（g）。组距一般取测量单位的整数倍，这样便于分组。

（4）确定各组的界限值。为避免出现数据值与组的界限值重合而造成频数计算困难，组的界限值单位应取最小测量单位的1/2。本例最小测量单位为个位，其界限值应取0.5。分组时应把数据表中的最大值和最小值包括在内。

第一组下限值为：最小值减0.5，即$1-0.5=0.5$；

第一组上限值为：第一组下限值加组距，即$0.5+5=5.5$；

第二组下限值就是第一组上限值，即5.5；

第二组上限值就是第二组下限值加组距，即$5.5+5=10.5$；

第三组以后依此类推，算出各组的界值。

（5）编制频数分布表见表11-11。把各组的上下界限值分别填入频数分布表内，并把数据表中的各个数据"对号入座"地列入相应的组，统计各组频数（f）。

表11-11　编制频数分布

数据记录 No.		频数分布表		年 月 日
组 号	组 界		组 中 值	频数统计（次）
1	0.5 ~ 5.5		3	1
2	5.5 ~ 10.5		8	3
3	10.5 ~ 15.5		13	6
4	15.5 ~ 20.5		18	14
5	20.5 ~ 25.5		23	19
6	25.5 ~ 30.5		28	27
7	30.5 ~ 35.5		33	14
8	35.5 ~ 40.5		38	10
9	40.5 ~ 45.5		43	3
10	45.5 ~ 50.5		48	3
合计				100

（6）按数据值比例画横坐标。

（7）按数据值比例画纵坐标，以观测值数目或百分数表示。

（8）绘制成品重量直方图（见图11-5）。按纵坐标画出每个长方形的高度，它代表了落在此长方形中的数据数（注意：每个长方形的宽度是相等的）。在直方图上应标注公差范围（T）、样本量（n）、样本平均值（$\overline{X}$）、样本标准偏差（S）和标准中心 M 的位置等。

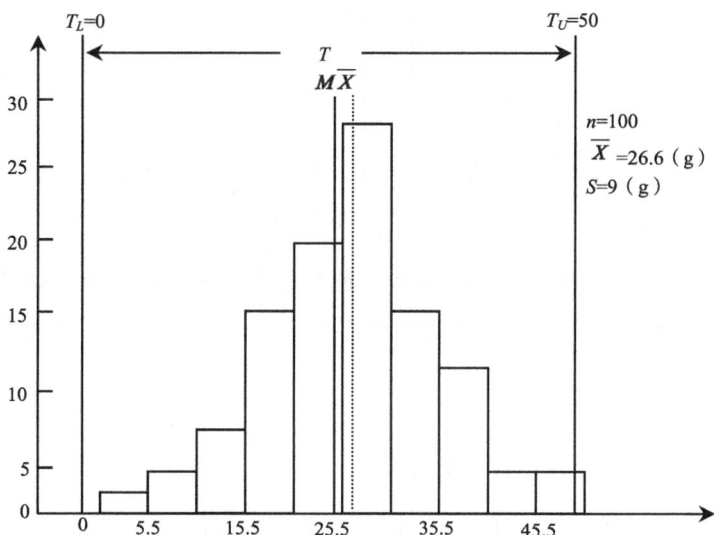

图 11-5　成品重量直方图

2. 直方图的观察分析

对直方图的观察分析可以从以下两方面入手。

（1）形状分析与判断。观察分析直方图应着眼于整个图形的形状。常见的直方图如图 11-6～图 11-9 所示。

1）正常型直方图。中部有一顶峰，左右两边逐渐降低，近似对称。这时，可判定工序正常，处于稳定状态，正常型直方图如图 11-6 所示。

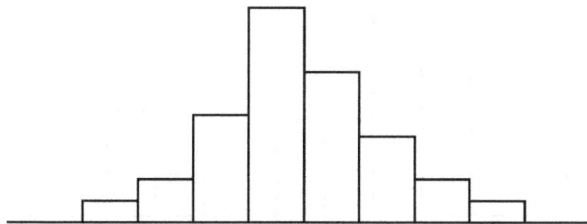

图 11-6　正常型直方图

2）偏向型直方图。偏向型又分为左偏型和右偏型。一些有形位公差要求的特性值分布往往呈偏向型；孔加工习惯造成的特性值分布常呈左偏型，而轴加工习惯造成的特性值分布常呈右偏型。左偏型直方图如图 11-7 所示。

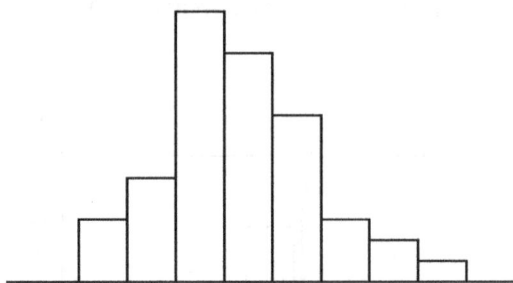

图 11-7　左偏型直方图

3）双峰型直方图。如图 11-8 所示，直方图中出现两个顶峰，这是由于数据来自不同的总体造成的，例如，把由两个工人或两批原材料，或者两台设备生产的产品混在一起。

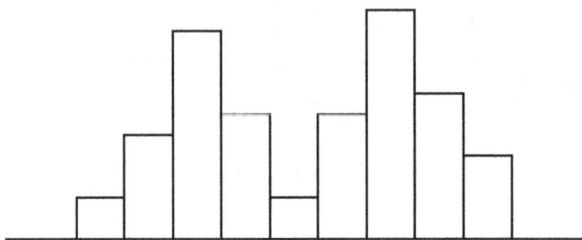

图 11-8　双峰型直方图

4）孤岛型直方图。如图 11-9 所示，这是由于测量工具有误差，或者原材料一时的变化、刀具严重磨损、一段时间内有不熟练工人替岗、操作疏忽、混入与规范不同的产品造成的。

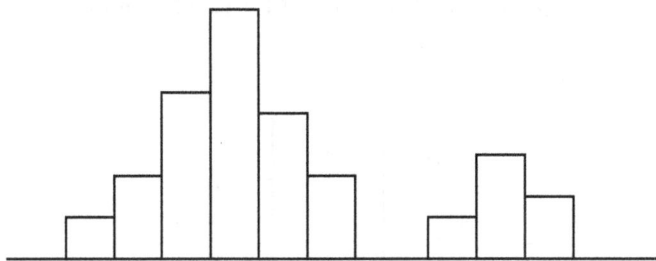

图 11-9　孤岛型直方图

此外，还有平顶型直方图和锯齿型直方图等。平顶型直方图往往由于生产过程有缓慢因素作用造成，如刀具缓慢磨损、操作者疲劳等。锯齿型直方图是由直方图分组过多或测量数据不准等原因造成的。

（2）与规范界限的比较分析。当直方图的形状呈正常型，即工序在此时刻处于稳定状态时，还需要进一步将直方图同规范界限（公差）进行比较，以分析判断工序满足公差要求的程度。常见的典型状况如表 11-12 所示。

表 11-12　将直方图与规范界限比较的几种典型状况

图　　例	调整要点
 （1）理想型	图形对称分布，且两边有一定余量，是理想状态，此时，应采取控制和监督办法
 （2）偏向型	应调整 $\overline{X}$，使 $\overline{X}$ 与 M 重合
 （3）无富余型	应采取措施，减少标准偏差 S

续表

图　　例	调整要点
（4）能力富余型	工序能力过剩，经济性差。可考虑改变工艺，放宽加工精度或减少检验频次，以降低成本
（5）能力不足型	已出现不合格品，应多方面采取措施，减少标准偏差 S 或放宽过严的公差范围

工具六　散布图

散布图是研究成对出现的两组数据之间关系的简单图示技术。如 (X, Y)，每对为一个点子。在散布图中，成对的数据形成点子云，研究点子云的分布状态便可推断成对数据之间的相关程度。在散布图中，当 X 值增加，相应地 Y 值也增加时，我们就说 X 与 Y 是正相关；当 X 值增加，相应地 Y 值减少时，我们就说 X 和 Y 之间是负相关。

散布图可以用来发现、显示和确认两组数据之间的相关程度，并确定其预期关系，常在 QC 小组的质量改进活动中应用。

1. 应用散布图的步骤

（1）收集成对数据 (X, Y)。从将要对它的关系进行研究的相关数据中，收集成对数据 (X, Y) 至少 30 对。

（2）标明 X 轴和 Y 轴。

（3）找出 X 和 Y 的最大值和最小值，并用这两个值标定横轴 X 和纵轴 Y。两个轴的长度应大致相等。

（4）描点。当两组数据值相等，即数据点重合时，可围绕数据点画同心圆表示。

（5）判断。分析研究画出来的点子云的分布状况，确定相关关系的类型。

2. 散布图的相关性判断

散布图中数据点的相关性分析判断方法有：① 对照典型图例判断法；② 象限判断法；③ 相关系数判断法。以下通过一个实例来具体说明。

某厂测得钢的淬火温度与硬度之间的成对数据如表 11-13 所示，并绘出如图 11-10 所示的散布图，对这 30 组数据的相关程度进行分析研究。

表 11-13　钢的淬火温度与硬度之间的成对数据

序　号	淬火温度（℃）	硬度（HRC）	序　号	淬火温度（℃）	硬度（HRC）
1	810	47	16	830	45
2	890	56	17	820	46
3	850	48	18	820	48
4	840	45	19	860	55
5	850	54	20	870	55
6	890	59	21	830	49
7	870	50	22	820	44
8	860	51	23	810	44
9	810	42	24	850	53
10	820	53	25	880	54
11	840	52	26	880	57
12	870	53	27	840	50
13	830	51	28	880	54
14	830	46	29	860	50
15	860	52	30	840	49

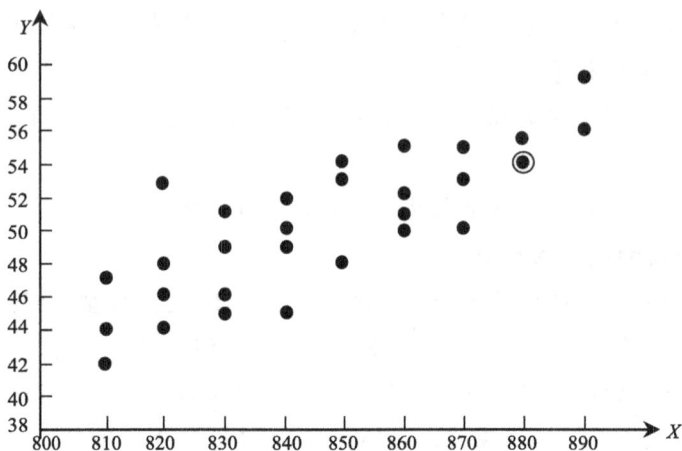

图 11-10　钢的淬火温度与硬度的散布图

工具七　控制图

控制图又称管理图，它是用来区分由异常原因引起的波动或由过程固有的随机原因引起的偶然波动的一种工具。偶然波动一般在预计的界限内随机重复，是一种正常波动；异常波动则表明需要对其影响因素加以判断、调查，并使之处于受控状态。

控制图建立在数理统计学的基础上，它利用有效数据建立控制界限，一般分为上控制界限（UCL）和下控制界限（LCL），如果该过程不受异常原因影响，那么，进一步得到的观测数据将不会超出控制界限。

1. 控制图的作用

控制图的作用包括：① 在质量诊断方面，可以用来度量过程的稳定性，即过程是否处于统计控制状态；② 在质量控制方面，可以确定什么时候需要对过程加以调整，而什么时候需要使过程保持相应的稳定状态；③ 在质量改进方面，可以用来确认某过程是否得到了改进。

2. 应用控制图的步骤

（1）选取控制图拟控制的质量特性，如重量、不合格品数等。

（2）选用合适的控制图种类。

（3）确定样本容量和抽样间隔。在样本内，假定波动只由偶然原因引起。

（4）收集并记录 20~25 个样本的数据，或使用以前所记录的数据。

（5）计算各个样本的统计量，如样本平均值、样本极差和样本标准差等。

（6）计算各统计量的控制界限，其中用到的系数可参见表 11-14。

表 11-14　控制图系数选用表

n	2	3	4	5	6	7	8	9	10
A_2	1.880	1.023	0.729	0.577	0.483	0.419	0.373	0.337	0.308
D_4	3.267	2.575	2.282	2.115	2.004	1.924	1.864	1.816	1.777
E_2	2.660	1.772	1.457	1.290	1.134	1.109	1.054	1.010	0.975
m_3A_2	1.880	1.187	0.796	0.691	0.549	0.509	0.43	0.41	0.36
D_3	—	—	—	—	—	0.076	0.136	0.184	0.223
d_2	1.126	1.693	2.059	2.326	2.534	2.704	2.847	2.970	3.087

（7）画控制图并标出各样本统计量。

（8）研究在控制界限以外的点和控制界限内排列有缺陷的点以及标明异常（特殊）状态的原因。

（9）决定下一步行动。

3. 应用实例

某公司新安装一台产品装填机。该机器每次可将 5 000g 的产品装入固定容器。规范要求为 5 000~5 050g。

应用控制图的步骤如下：

（1）将多装量（g）看作应当加以研究并由控制图加以控制的重要质量特性。

（2）选用 $\overline{X}$ -控制图。

（3）以 5 个连续装填的容器为一个样本，于是样本容量 n=5。每一小时抽取一个样本。

（4）收集 25 个样本数据，即样本个数 k=25，并按观测顺序将其记录到表上（见表 11-15）。

表 11-15　样本数据

样本号	X_1	X_2	X_3	X_4	X_5	$\sum X$	$\overline{X}$	R
1	47	32	44	35	20	178	35.6	27
2	19	37	31	25	34	146	29.2	18
3	19	11	16	11	44	101	20.2	33
4	29	29	42	59	38	197	39.4	30
5	28	12	45	36	25	146	29.2	33
6	40	35	11	38	33	157	31.4	29

样本号	X_1	X_2	X_3	X_4	X_5	ΣX	$\overline{X}$	R
7	15	30	12	33	26	116	23.2	21
8	35	44	32	11	38	160	32.0	33
9	27	37	26	20	35	145	29.0	17
10	23	45	26	37	32	163	32.6	22
11	28	44	40	31	18	161	32.2	26
12	31	25	24	32	22	134	26.8	10
13	22	37	19	47	14	139	27.8	33
14	37	32	12	38	30	149	29.8	26
15	25	40	24	50	19	158	31.6	31
16	7	31	23	18	32	111	22.2	25
17	38	0	41	40	37	156	31.2	41
18	35	12	29	48	20	144	28.8	36
19	31	20	35	24	47	157	31.4	27
20	12	27	38	40	31	148	29.6	28
21	52	42	52	24	25	195	39.0	28
22	20	31	15	3	28	97	19.4	28
23	29	47	41	32	22	171	34.2	25
24	28	27	22	32	54	163	32.6	32
25	42	34	15	29	21	141	28.2	27
					累计		746.6	686
					平均		$\overline{\overline{X}}$ =29.86	$\overline{R}$=27.44

（5）计算每个样本统计量 $\overline{X}$（5个观测值的平均值）和 R（5个观测值的极差）。

如第一个样本： $\overline{X_1}$ =（47+32+44+35+20）÷5=35.6（g）

R_1=47-20=27（g）

其余类推。

（6）计算各统计量的控制界限。

① 计算各样本平均值的平均值（ $\overline{\overline{X}}$ ）和各样本极差的平均值（ $\overline{R}$ ）。

$\overline{\overline{X}}$ =（ $\Sigma\overline{X}$ ）÷k=746.6÷25≈29.86（g）

$\overline{R}=(\sum R)\div k=686\div25=27.44$

② 计算各统计量的中心值和控制界限。

$\overline{X}$ 图：

中心值 CL=$\overline{X}$ =29.86（g）

UCL=$\overline{\overline{X}}+A_2\overline{R}$ =29.86+0.577×27.44≈45.69（g）

LCL=$\overline{\overline{X}}-A_2\overline{R}$ =29.86−0.577×27.44≈14.03

R 图：

CL=$\overline{R}$ =27.44（g）

UCL=$D_4\overline{R}$ =2.115×27.44=58.04（g）

LCL=$D_3\overline{R}$ ，由于 n=5 时，D_3 为负值，所以 LCL 取 0。

A_2 为随样本容量 n 而变化的系数，可从表 11-15 中选取。本例中 n=5，查表得 A_2=0.577。

（7）画控制图。用坐标纸或控制图专用纸来画控制图。一般在上方位置安排 $\overline{X}$ 图，相应的下方位置安排 R 图，横轴表示样本号，纵轴表示质量特性值和极差。中心线用实线，上下控制线用虚线，并在各条线的右端，分别标出对应的 UCL、CL、LCL、符号和数值，在 $\overline{X}$ 图上控制线的左上方标记 n 的数值，如图 11-11 所示。

（8）根据控制图进行分析判断。

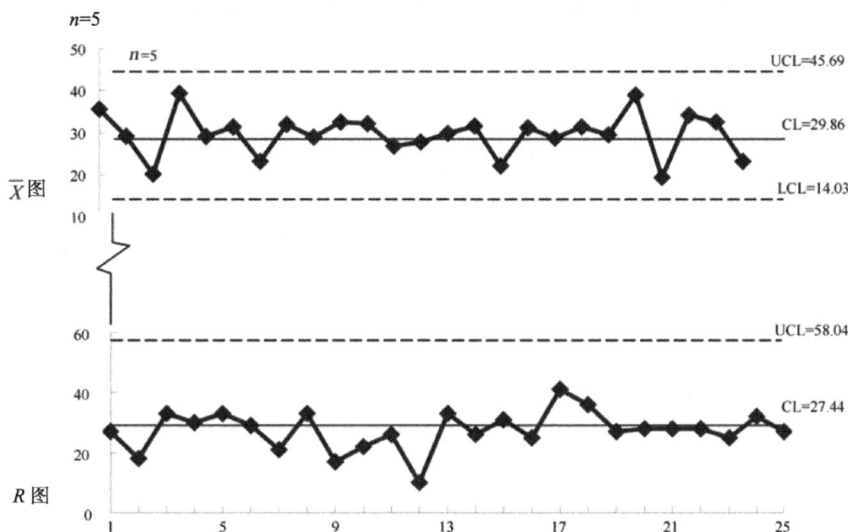

图 11-11　控制图示例

→ 本章小结

　　质量是企业的生命，为满足客户不断提升的需求，企业必须不断提高自己的产品和服务的质量。质量是制造出来的，现场作为生产环节，必须严控生产过程，确保质量的稳定。班组长要带头理解全面质量管理的内涵与要求，进而要求员工将质量意识落实到每天的实际操作之中。

↘思考与实践

　　1．作为班组长，你如何看待质量的内涵？

　　2．如何理解全过程的质量管理？如何通过生产过程的控制来保证产品的质量？

　　3．如何在日常工作中，切实做到全员参与的质量管理？

　　4．在现场的质量管理中，你是如何发挥班组长的作用的？

　　5．为什么要搞标准化作业？它有什么好处和难点？

　　6．生产中"三检"的内容是什么？你是如何落实到班组的？

　　7．在现场巡视中如何控制质量异常？

　　8．班组长如何在现场开展 QC 小组活动？

　　9．如何设定 QC 小组活动的目标？

　　10．如何调动员工的积极性共同参与 QC 小组活动，你有何经验？

┃▶ 第 12 章

班组成本管理

成本管理力度决定企业竞争力。班组是企业创造利润的单元,班组生产是整个企业生产过程中的"子过程",班组现场管理的绩效就体现在这个"子过程"是否能够创造价值,以及生产成本管理的效果上。这样一来成本管理就成为班组长必须关注的焦点,降低成本就成为贯穿班组现场管理的课题,成为班组长要长期坚持的改善方向。因此,学习和掌握成本管理的方法和技能,进而在现场管理中灵活运用并提升班组绩效,成为班组长的主要任务之一。

12.1 降低生产成本

12.1.1 生产成本

具体而言,一家企业所花的成本大概有三部分:第一部分是研发成本,即从市场调研到研发和设计所花掉的费用;第二部分是生产成本,就是为了生产制造产品所花去的各种相关费用;第三部分是把产品变成商品,销售到顾客

> **理念** 从成本的海绵中挤利润出来

手中所花掉的各种费用。身处生产一线的班组长要重点了解与生产相关的各种成本。

生产成本是指产品从原材料投入生产加工、装配、调试,直到产品生产完成整个过程中所花费的总费用,包括物料费用、人工费用、生产加工费用等。从"成本"一词的字面上看就是制出成品所需的费用,或者说是构成产品使用价值的那些原材料、零件、部品以及将这些元素加工装配到一起的资源价值的总和。

生产成本主要由三部分组成,第一部分是材料成本;第二部分是人工成本;第三部分是直接成本,如机器、厂房等成本的摊销。

🌀 **管理知识 12-1　以生产圆珠笔为例说明生产成本**

一支圆珠笔，主要由笔芯、笔杆、笔头螺帽、笔帽及附件等部分组成，购买这些材料的费用就叫材料采购成本，包括相关的储运费、保险费、相关税费及其他属于存货采购成本的费用。有了原材料就可以从事生产，即组装圆珠笔了，这个环节产生的成本叫生产成本，包括直接成本和间接成本。原材料成本、员工工资、水电气暖的动力费用、备品备件及维修费用构成了直接成本，生产环境如厂房、设备等消耗的费用叫间接成本，通过摊销计入生产成本。

12.1.2　质量成本

质量成本是企业为了保证令顾客满意的质量而支出的一切费用，以及由于产品质量未达到顾客的满意度标准而产生的一切损失和费用的总和。质量成本反映了因生产有缺陷的产品而直接或间接发生的有关费用，也就是因制造有了缺陷的产品而支出的成本，可以分为直接质量成本和间接质量成本两部分。

1. 直接质量成本

直接质量成本是指在产品的制造和销售过程中所发生的质量成本，一般由内部故障成本、外部故障成本和预防成本三部分构成。内部故障成本是指由于生产的产品有质量缺陷而造成的损失和为处理质量缺陷而发生的费用的总和，包括废品损失、返修费、复检和筛选费用、停工损失、不合格品的处理费用等。外部故障成本是指用户在使用中发现产品缺陷而产生的由生产企业支付的一切费用的总和，包括保修费、索赔费、诉讼费、退货费等支出。预防成本是指为了防止质量缺陷发生，保证和提高产品质量，使故障成本和鉴定成本最低而消耗的费用，包括质量管理培训费用、产品评审费用等。

2. 间接质量成本

间接质量成本是指在直接质量成本基础上延伸和扩展出来的质量成本，涉及生产和销售以外的企业活动，包括供应商质量成本和设备质量成本。

班组主要在生产现场从事生产活动，班组长要与员工一道控制直接质量成本中的内部故障成本，尽量避免生产次品、返修品和废品。

12.1.3　竞争下的成本压力

世界上绝大多数的商品已经供大于求，这样一来，商品的价格就由市场决定。企业要想生存，就必须盈利，企业的内功就在于在保证质量的前提下努力降低成本，尤其是同质化程度比较严重的商品，更是价格决定生死。以下 3 个公式直观地展示了竞争下的成本压力。

公式 1：利润=价格（市场决定）-成本（企业内功）

公式 1 告诉我们，企业要想获得利润只能在成本上下功夫，成本降得越低，利润空间就越大。

将公式 1 转化为公式 2：价格=成本+利润

公式 2 表明企业有定价权，企业在各项成本的基础上，确保留有足够的利润后，给出市场定价。现在只有很少的企业能够做到这样的定价，如中国的茅台酒就属于公式 2 的定价模式。这类企业具有相当的竞争优势，往往针对高端消费人群推出高端商品。

将公式 1 转化为公式 3：成本=价格-利润

公式 3 适用于采用差异化竞争策略的企业。例如，某家企业生产的商品与同类企业有很大的不同，使其价格与同类企业的商品价格失去了可比性，这时，价格、成本、利润三者都会变化。

12.1.4　让员工认识到控制成本的重要性

班组长要认识到控制成本的重要性，因为多数企业均用公式 1 的模式来获取利润，不论企业规模大小，都感受到了成本竞争的巨大压力。班组长需要增强成本意识，掌握一些控制生产成本的方法。

还有一点非常重要，就是要培养员工的成本意识，让生产现场的所有员工都把控制生产成本当作自己的事情。很多企业的员工都有不同程度的雇佣思想：不管今天生产如何，哪怕整整停机一天，我也要拿到我的工资、津贴甚至奖金。其实企业发给员工的工资不是企业自己的善款，而是顾客给的酬劳，所以说顾客是企业的衣食父母。企业没有了利润就无法生存，也就不能给员工发放工资了。而企业的利润是靠员工共同创造的，员工与企业的关系好比水手与轮船。

"节省一元钱就等于多挣一元钱"，这个持家的道理员工都懂，但班组长要把这个观念贯彻到员工平时的生产实践中。社会的物价在不断上涨，员工也希望工资能够不断增加，这个要求是合理的。我们前面分析了企业利润与员工工资的关系，既然这样，员工就应该与企业一道，加入成本控制的行列。也只有调动了员工的积极性，班组的成本控制才能真正见到成效。

12.1.5　6S 管理在成本控制中的基础作用

6S 管理作为生产制造的基础，能给企业带来多方面的收益，管理界常讲"整洁的现场是企业最好的活广告""高素质的员工是企业最好的名片"，而在成本控制中，6S 管理又发挥着以下基础作用。

1．帮助节省原材料和消耗品

在进行"整理"的过程中，要区分必需品和非必需品，及时清除非必需品，调查必需品的使用频率，以此确定必需品的日常使用量，以及消耗品的合理用量，避免不必要的浪费。

2．帮助减少库存量

6S 管理有助于防止过量的生产，避免零件、半成品、成品的库存过多。

3．降低设备故障发生率

整洁的环境有利于设备的平稳运行。高素质的员工有利于提高设备的点检和保养水平，从而降低设备故障发生率。

4．节省现场空间

清除了现场的非必需品，就能腾出空间，有效、合理地区分不同的区域和通道，有助于提高生产率。

5．节省时间，提高效率

现场清除了非必需品，只放置有用物品，并分门别类地进行存放，使员工获取物品的时间大大缩短，免除了寻找物品的时间浪费。

从上述作用中我们也可以看出，6S 管理的确是现场管理各项工作的基础，没有 6S 管理就不可能实行现代化的生产。

12.1.6　TPM 在成本控制中的关键作用

设备是生产的基础，TPM 可以保证生产的正常运行，保证生产的产品质量。同样的道理，搞好 TPM 对生产成本的控制也是非常有益的。只有设备平稳运行，企业才能正常生产，生产现场才不会出现过度停机从而耽误生产。设备的精度能保证企业不出次品，避免浪费。员工做好点检、加油、紧固这些日常的维护，就能让设备平稳运行期延长，减少维修的费用。

12.1.7　班组在成本控制中的作用

1．杜绝差错

不管从质量还是从成本的角度来讲，员工都应该在工作中少出差错。出了差错，轻则要返工重修，重则造成报废，既影响质量，又造成浪费。

2．避免浪费

生产现场理应是创造财富的场所，但管理不善就会成为浪费的源头。班组长和员工都工作在生产一线，最能发现"跑、冒、滴、漏"的浪费，只要大家用心，就能杜绝现场浪费的发生。

3．提高效率

提高效率，是降低成本最有效的方式。杜绝浪费，只要有责任心就能做到，但提高效率，就必须花一番功夫了。员工要通过培训，提高操作技能，缩短生产时间，以此来提高效率。

12.2　班组现场成本管控

从生产六要素 5M1E 入手，结合班组生产现场的实际，可以采取不同的措施来降低各方面的成本。

12.2.1　人员成本控制

人是企业中最活跃、最富创造力的资源。良好的人员成本控制会为企业带来巨大的利润，相反，人员成本的浪费则会使企业蒙受惨痛的损失，甚至造成企业倒闭。

人员成本也称为劳动成本或人工成本，是指在一定时期内企业生产经营中投入劳动力要素造成的所有直接费用和间接费用的总和，包括职工工资总额、职工福利费、社会保险费、职工劳动保护费、职工教育经费、职工住房公积金、工会费、职工招聘费等相关的人工成本支出。中国正处于发展的上升期，单就个体工资及福利来讲，绝对数很难降低，只能在人员成本占比方面想办法，即通过提高生产率，在人员总数不变的情况下，提高生产总量。

作为班组长，了解了人员成本的构成以后，还是可以大有作为的。

（1）帮助稳定员工队伍，既保住了技能熟练的员工，使生产线的质量稳定，避免产生质量损失，又减少了新人的招聘费用和培训费用。

（2）发挥员工的工作积极性，使员工真正起到人力资源的作用，提高生产率，多生产、快生产。

（3）发挥员工的创造性，积极提交合理化建议，进行现场改善。这时人工成本就不再是负担，而成为投资，会给企业带来更高的回报。

（4）培养员工的多种技能，让员工能够胜任多种岗位，既能锻炼员工自己的能力，又能使企业提高生产率。

12.2.2　设备成本控制

设备是企业生产的物质基础，设备作为固定资产，要在较长的周期内进行成本摊销。另外，设备在使用中还有使用费用、维护费用、修理费用等成本。班组长和员工作为设备的直接操作者，保养好设备，使其正常运转，并通过点检、加油、紧固预防设备事故，以通过自己的努力，使设备尽量处于平稳运行的周期之中，延长平稳运行期，帮助企业减少不必要的维修费用，节省支出。

（1）首先要避免损坏设备。为此，要培训全体员工正确操作设备，特别是大、精、尖的设备，一定要持证上岗。

（2）设备的保养费用远远低于维修费用，培养员工保养设备的好习惯，让员工在日常工作中正确保养和维护设备，延长设备的平稳运行期。

（3）做好备品备件的管理，最大限度上减少设备故障所引起的损失，并从事后抢修改进为事前预防性维修。

（4）进行改善活动，提高设备利用率。

12.2.3　物料成本控制

提到物料成本的控制，人们首先想到的就是压低采购价，其实这只是一方面，对于生产环节来说，仍然有很多降低物料成本的空间。

（1）防止断料、缺料，因为出现这些问题就会引起生产线的停产，造成极大的损失。

（2）省钱就是挣钱，减少废料的产生，提高废料的综合利用率。

（3）提高原材料的利用率，如大料套小料的合理剪裁、料头的重新使用等。

（4）提高物料的周转速度，原材料放在车间长期不动，好像没有多花钱，将来还可以再用，也好像没有消耗。其实物料不流动，会占压资金，积少成多，各种物料加起来，资金占用数额是很大的。所以，要提高管理水平，合理地配置各种物料，并加强物料的流动。班组长要学会掌握物料流动管理的"五适"原则，即适时、适量、适质、适地、适价。

12.2.4　实行标准化作业

班组长如何避免因操作方式混乱造成的损失呢？实行标准化作业就是很好的方法。标准化作业适用于作业内容明确、可以重复的工作。生产制造企业的班组通常需要进行重复性的批量生产，这就有必要强调标准作业。在进行标准作业培训之前，必须有一个可以参考执行的样本，其实就是《作业指导书》，它体现了最佳的方法和效果，能够使效率、安全、质量、成本达到最佳。

《作业指导书》给生产现场带来诸多好处：

（1）以《作业指导书》为教材对员工进行培训，避免了因培训教员水平不同而造成的培训效果的差异。

（2）让员工按照优化的、确定的操作方式进行生产。

（3）为产品质量的稳定、避免成本损失提供保障。

（4）有了《作业指导书》，就可以将已有的操作经验固化下来，从而避免因人员流动引起的质量波动。

12.2.5　通过 6S 管理减少生产现场的浪费

企业实行 6S 管理就是为了消除生产过程中出现的各种不良现象，改善产品质量，提高生产率，确保生产安全，培养员工的良好素质。

（1）减少生产现场的浪费。生产现场经常会出现一些不良现象，在人员、时间、士气、效率等方面造成巨大的浪费。实行 6S 管理就可以有效减少生产过程中的浪费，减少人员、时间和场地的浪费，降低产品的生产成本，最终降低成本。例如，在进行整理时，就已经将必需品和非必需品区别开来，并将非必需品进行了清除，这就减少了空间的浪费，使生产现场整洁、道路畅通。员工如果要寻找备件，就能迅速地找到。

（2）降低产品的不良率。实行 6S 管理可以培养员工认真负责的态度，使其遵守生产规则，从而使产品的质量得到保障，大大降低产品的不良率。

（3）提高生产率。整洁的工作环境，良好的工作氛围、友善的工作伙伴，给人以舒适的工作心情，有利于发挥员工的工作积极性。整齐的物品摆放，也减少了寻找和搬运物品的时间，进而提高了生产率。

12.2.6　通过监测减少损失

测量和检查既是质量控制的关口，又是避免损失的管理控制点。通常把牢质量关能够避免成本的升高，但有些时候，质量关把住了，成本却上去了。比如不合格品的返工，虽然最终的产品是合格的，但企业却花了双倍的人力和物力。所以，班组长要抓产品一次生产合格率（一次通达率）。为此，抓质量的"三检"，即操作人员的自检、员工之间的互检、专业检验人员的专检一定不能放松。

（1）杜绝出现检查时的差错，尤其要做好首检，杜绝出现批量的不合格品。

（2）培训员工掌握自检的技能，提高员工的责任感，在生产中认真进行检查，绝对不允许发生弄虚作假、以次充好的责任事故。

（3）保证测量器具的完好和精准度，班组长负责计量器具的定期校准。

（4）提高检查效率。从精益生产的角度来讲，检查和测量不产生价值，属于最终要减少和取消的范围。

12.3　消除 8 种浪费

日本丰田汽车公司创造了精益生产的生产方式，并获得了巨大的成功。在精益生产中特别强调消除浪费。丰田公司认为消除了浪费，就降低了成本，在与同行的竞争中，同样的价格下丰田公司就可以获得比对手更多的利润。

> 理念　省钱就是赚钱

12.3.1　过多、过早生产的浪费

有些人认为不管怎么说，多生产、早生产总是比缺货、停工待料要强。其实，企业真正的利润来自生产并销售出去的产品，多生产的中间品只能停留在现场或进仓库保管，为此挤占了生产空间，增加了中间品的码放和保管费用，还要占用资金。

要解决过多、过早生产的问题，生产部门与销售部门要充分沟通，按交货期的时间进行管理。

12.3.2　等待的浪费

不管是等上司的指示、他人的回复还是下级的汇报都会浪费时间，如果是空等，比如因为等上道工序的半成品，而中断了生产，就会造成更大的浪费，因为这时没有创造价值。若多数人一起等待就更严重了，常言道"无事生非"，员工一边窝工，一边发着牢骚，这是现场最混乱的情景了。

消除等待浪费的最好办法就是彻底消除等待，实在不能消除也要尽量减少等待时间与等待次数。

12.3.3　搬运的浪费

搬运是生产过程中不可缺少的环节。但搬运本身并不创造价值，搬运过程中的移动、码放、整理、取货等动作都会造成浪费。首先，要尽量减少搬运；其次，可以用传送带代替人工搬运。最彻底的解决办法则是重新进行设备布置，缩短设备与设备间的距离。

12.3.4　不良品的浪费

生产中不良品的出现不仅影响了产品总体质量，还造成了极大的浪费，涉及的浪费还比较多：材料的浪费、人工的浪费、设备的浪费、其他生产费用的浪费等。所以，杜绝不良品的出现，既有利于提高质量，又能减少损失，是一举两得的事情。

12.3.5　库存的浪费

不少企业都面临资金紧张的困境，企业的流动资金却被大量的原材料、中间制品、半成品、在库品占用着。精益生产认为"库存乃万恶之源"，因为它掩盖了大量的问题，造成极大的浪费：

（1）挤占了生产空间，还为保管物品耗费了物力和财力。

（2）导致大量的资金沉淀，影响资金的周转。

（3）掩盖了生产管理的问题。由于有大量在制品存在，虽出现停机等问题，但仍可以维持整条生产线的运转，好像没出现问题似的。

12.3.6　过度加工的浪费

不必要的加工、过高的加工精度，会消耗过多的资源，如多占用了人工工时、多使用了设备等。

12.3.7　动作的浪费

由于相对设备、台架等位置的不合理，或者员工自己习惯不好，生产中会有很多多余动作。不仅浪费了时间，还容易造成员工在工作中的疲劳。

12.3.8　管理的浪费

没有效果的管理也会造成浪费，不仅仅是人工的浪费，还会让员工对管理感到失望。例如，班前会开完之后，让大家感到任务交代得清楚，调整了大家的情绪，这个班前会就有意义。否则，开会只是应付，白花了时间，从成本控制上讲就属于管理的浪费。

📝 经验分享 12-1　班组长如何识别现场损失

损失是现状与理想状态之间的差距。要想消除这些差距，首先要能够认识和识别现场的各种损失，然后加以改善。现场的损失各式各样，如设备故障、设备空转、运转速度偏低、性能不达标、产品不良、交货期被推迟、人员过剩等。班组长可以采取对应措施来改善主要的现场损失。

1．作业损失

作业损失是指机器设备在无负荷地空转，虽然处于运转状态，但并没有加工产品。实际上造成了作业时间的损失。

2．更换刃具的辅助时间

更换刃具的过程也会造成作业时间损失。提高员工技能水平、缩短刃具更换时间是减少这种损失的好方法。

3．设备故障损失

在生产过程中，机器设备发生故障的情况几乎是不可避免的，尤其是保养不良的设备发生故障的频率更高。所以，提高员工设备点检、保养的能力，确保设备的平稳运转就显得非常重要了。

4．速度低下造成损失

设备的生产速度低下也是一种损失，而这种问题往往得不到足够的重视。例如，某设备设定的正常生产速度为每小时产出 100 单位，但是实际的生产速度只能达到每小时产出 70 单位，那么两者之间的差距就是速度低下引起的损失。

5．成品率损失

毛坯要经过多道工序的加工，才可能成为合格的产品。在加工的过程中，由于操作不当、生产设备等原因，也会造成成品率的损失。这种损失不仅影响原材料采购，导致追加订货，更会对交货期产生影响，甚至会遭到顾客的索赔。

6．动作损失

操作人员频繁走动、多余的操作动作，就是动作损失。一般来说，手动脚不动是生产现场最好的操作，脚的走动被视为一种浪费。动作损失通常是由于操作人员技能不熟练造成的。所以，尽快提高员工的操作技能将有利于消除动作损失。

7．调试损失

设备不可能永久地保持正常的运转状态。因此，需要定期调整设备的精准度，这样就产生了调试损失。要提高员工调试设备的技能，缩短调试的时间，也可以制作一些专用的器具，帮助调试。

8．管理损失

管理失误会导致操作人员处于等待指示或等待原材料的状态，这是很不应该的。企业要通过周密的计划来杜绝这些管理的损失。

→ 本章小结

市场决定价格，企业必须努力控制成本，才能够创造利润。随着土地、人工、原材料等成本的不断上涨，逼迫企业不断挖掘潜力，提高生产效率，降低生产成本和销售成本。班组作为生产的基本单元，也必须努力控制生产成本。努力减少差错、厉行节约。从生产过程的方方面面杜绝 8 种浪费。

↘ 思考与实践

1．作为班组长，你知道生产的主要成本包括哪些项目吗？

2．为什么掉在地上的钞票很快会被人捡起，现场成千上万的浪费却长期无人问津呢？

3．如何理解 6S 管理与成本控制的关系？

4．如何让员工具备成本控制意识？

5．如何通过提高生产效率，加快周转来降低生产成本？

6．占用生产材料就等同于占用资金。所以，减少中间品、再制品、库存都能够减少资金的占用。那么，我们在生产现场应该如何做呢？

7．等待、搬运都不创造价值，如何改进现场的生产工艺，减少此类的浪费？

8．如何识别现场损失？

9．如何优化生产操作来提高效率，减少浪费？

10．如何通过现场改善活动来提升效率，减少浪费？

▮▶ 第 13 章
现场改善与班组创新

生产率（*P*）对生产投入与产品或服务的产出之比进行衡量，充分反映了企业竞争力的高低。班组作为生产现场的基本单元，最基本的要求就是按生产计划进行生产，保证协调好 5M1E 生产六大要素，按时完成生产任务，即交货期（*D*）的管理。后来，为了满足顾客单件少批的需求，又进一步要求生产现场能够应对频繁切换生产产品规格的实际，减少辅助时间，使企业的利润最大化，对生产现场提出了产量管理的要求。因此，为了提升生产率，充分发挥一线生产人员的人力资源优势，企业一般都会组织一线员工进行现场改善，全方位提高企业的竞争实力。

13.1 提升生产率

13.1.1 生产率概述

企业要不断提升竞争力，生产现场就要不断提高生产率。以前的生产量还是比较容易达到的。现在企业大都以销定产，批次多，每单的数量又不大，交货期往往还很短，对一线生产提出了挑战。

只有不断提升生产率，才能满足顾客日益增长的需求。生产率表示的是投入与产出之比，它综合地反映了资源的有效利用程度。影响生产率的因素有：员工的操作水平、设备的完好性和适应性、物料管理（物流管理）水平、技术和工艺的先进性、生产环境及信息管理的水平。生产率集中反映在标准工时这一参数上，标准工时是某一加工工序在标准的作业条件下中等熟练程度的作业人员以正常的努力完成一件工作的时间，单位为分·人/件（秒·人/件或小时·人/件）。

班组长要能够根据现场的具体实际，从生产六大要素 5M1E 分析入手，寻找提升标准工时的方法和途径，不断提高生产率。

13.1.2　树立责任意识和问题意识

班组长最重要的意识是责任意识，只有具备责任意识的班组长才能发现问题。没有一家企业是没有问题的，有问题并不可怕，可怕的是不解决问题，不仅让问题妨碍正常生产，人们在问题面前还相互推脱责任，遇到问题绕着走，最后企业就成了问题企业。员工从事岗位操作，进行作业生产，应该是在常态下进行工作，而班组长作为管理者，往往会遇到非常态的问题。班组长应把问题当作敦促自己进步的严师，树立正确的问题意识。

1．不要惧怕问题

人们都不喜欢问题出现，因为问题会带来麻烦和苦恼。但正像人活着就会生病一样，只要从事生产，问题就会不断袭来。发生了问题，说明我们还有工作做得不到位的地方，关键是要正视问题，及时分析和解决问题，不让同样的问题再度发生。

2．问题是机遇

问题会导致顾客的不满，但也可能给企业带来机会，改进工作，赢得新的市场。海尔的洗衣机曾在四川被农民用于洗地瓜造成下水不畅，开始销售人员埋怨农民素质低，不会正确使用洗衣机，但海尔的领导从问题中捕捉到了机遇，开发出了大排水量的洗地瓜专用洗衣机，大幅增加了洗衣机销量。

3．正确对待问题

只有正视问题才能解决问题。全面掌握生产现场的实际情况，平时多留心，关键时刻就会少一分犹豫，多一分自信。本着不断挑战自己的信念，平时多想一下如何改进工作，用问题意识激发改善意识，就会把现场的管理工作做得有声有色。

13.1.3　合理化建议活动

谁最熟悉生产现场？当然是一线员工。谁最能发现生产现场的问题？仍然是一线员工！设备的隐患、次品的产生、效率的低下，一线员工心里最清楚。但能否调动员工的积极性来解决这些问题，就要看企业的管理水平了。合理化建议活动是激发员工创造力，充分发挥员工人力资源作用最有效的管理活动。

1．积极发动

对生产环境的改善、材料的合理剪裁、动作的精简以及生产率的提升提出的合理化建议，对员工从事生产是有益的，员工具备一定的积极性，况且合理化建议实施后给予员工的表彰和物质奖励也对员工有一定的激励作用。合理化建议活动能否积极开展，就看企业高层的重视程度和发动的力度了。合理化建议活动开展比较好的企业一般都设置了合理化建议推进委员会，并按月度或季度进行合理化建议提案的评定。

2. 悉心指导

能够提出合理化建议的问题在生产现场层出不穷，但多数员工不会按照科学、合理的思路寻找解决办法，造成合理化建议活动的效果不够理想。企业要安排技术人员和专家对班组进行辅导。通过集体互动、个案辅导教会班组长和生产骨干如何从问题入手，寻找解决办法，并根据"现场、现物、现实"的具体条件实施。企业原有的优秀合理化建议提案是最好的案例和教材，它可以帮助员工尽快学会如何进行合理化建议提案。

3. 努力实施

合理化建议活动的价值在于解决问题、提升效率。开展合理化建议活动一定要讲求实效，重点引导提案人和相关人员去实施提案。对于暂时不能实施的提案要给提案人以回复和解释，但提案评审等级不能太高。例如，有人提出提案，建议对照明条件进行改造，达到既可以节能又可以提高照明效果的目的，但由于没有具体实施，灯具的布置始终没有固定的位置。类似的提案反反复复地递交，但最终都没有效果。这是合理化建议推进委员会应加以管理的内容：一个事项只接受一个提案，不实施的提案只能被评为初级提案。而实施的提案，以年度经济效益为参考值，按一定比例奖励给提案建议者和实施人员。

4. 科学评审

提案可按创造性、经济性、复杂性进行等级划分，等级较高的提案要提交合理化建议推进委员会复审。

5. 评比与表彰

合理化建议活动是员工参与度最广的活动，在评审后一定要大张旗鼓地宣传，让参与者感到光荣和兴奋，让未参与者产生积极参与的意愿。

13.2 交货期管理

13.2.1 应对市场变化的交货期管理

交货期（D）简称交期，它与质量（Q）和成本（C）一起被称为生产管理者最看重的三大管理指标。在竞争激烈的市场中，按时交付产品已经成为企业必

理念 现代经济，已经不再是大鱼吃小鱼，而是快鱼吃慢鱼

须遵守的最基本准则。交货期管理是综合的系统管理，其中包括采购、生产、销售、储运等多个管理环节。

生产计划是生产部门的管理手段，也是企业通过销售联结市场的纽带。销售与生产部门根据市场需求，向生产部门下达生产计划。生产计划不合理，企业内部就会产生混乱，例如，生产线安排不合理，有的工序工件加工不完，造成生产积压，有的工序则出现停机、停工等浪费现象。

为搞好交货期管理，企业要做好以下几方面的工作。

1. 市场预测

根据顾客的需求变化，对市场进行调研，对未来的销售量进行预估。正确的市场预测能够引领企业进行开发和生产，为生产平衡打下基础。

2. 产能计划

根据生产计划测算所需的设备与人员，以便生产部门和人力资源部门提早进行设备和人员的安排。

3. 负荷分析

负荷是指完成产销计划所需要的产能工时。负荷分析是对企业生产能力的一个评估。产能大于生产，会造成企业资源的浪费；产能不足，长期超负荷的生产运营，也会给企业带来安全隐患。保证企业的生产负荷不浪费，对于多出的生产任务，通过外协来调整，也是企业常用的平衡方法。

4. 物料计划

事前选择好供应商，将外部的采购管理纳入企业的物流管理系统，根据"五适"原则，保证企业的原材料供应，并尽可能少占用企业的流动资金。

5. 进度控制

平衡地进行生产安排，同时对质量（Q）、成本（C）进行有效的控制，确保在交货期（D）内顺利交货。

6. 绩效评估

通过对交货期管理效果的评估，不断完善相关的制度和流程，提高企业适应市场的综合能力。

13.2.2　生产作业管理

现代企业的生产班组主要靠管理好员工的生产作业来完成质量、成本、交货期的业绩指标。为应对市场变化，将原来的大批量、单规格的生产转变为小批量、多品种、多规格的生产，加上现在员工流动性增强，增加了作业管理的难度。因此，只有狠抓生产作业的标准化管理，才能有条不紊地进行生产作业。

1．工艺条件标准化

将生产的工艺条件和参数细化，如涉及压力、电流、脉冲数、电极材料、电极形状和尺寸等多项参数的点焊工艺，可以细化到彼此独立、互不牵涉的最终工艺参数。然后通过试验进行参数优化，最终固化下来形成工艺条件的标准。

2．作业动作标准化

员工操作的顺序、动作也要进行优化并形成标准。

3．作业配置标准化

员工作业的工作条件以及照明、检查等配置也要优化后形成标准。

4．机型切换标准化

机型切换具体包括刀具、模具、夹具等辅助用具的切换，其本身并不创造价值，但它们为创造价值的生产作业服务，也是必须进行的辅助作业，因此必须通过标准化管理不断缩短机型切换的时间。

13.3　现场改善活动

班组长的现场管理具有两项功能：维持生产和现场改进。而现场改进又可以分为创新性改进和现场改善两种。"维持"就是保持现有技术、管理及作业标准，使生产正常进行。而"改进"是以改进、提升现有标准为目标的活动。"创新"是变革性的改进；而"改善"是强调要以员工的努力、士气、沟通、训练、团队、参与及自律来达成目标的一种相对温和的改进。

进行现场改善活动，就是调动一线生产人员的积极性，进行创造性工作。但人们由于在长期固定的生产环境中工作，已经形成了固有的习惯，往往对周边的一切熟视无睹。为了开阔大家的思路，我们就要不加限制地让大家从多方面去观察事物和进行思考。头脑风暴法就是开启新思路最好的方法之一。

管理知识 13-1　头脑风暴法

头脑风暴法曾被译为脑力激荡法。它是采用会议的方式，引导参加会议的每个人围绕着某中心议题（如质量问题）广开言路，激发灵感，在自己的头脑中掀起思想风暴的一种集体创造性思维的方法。这种方法倡导每个人都能毫无顾忌、畅所欲言地发表独立见解。

　　头脑风暴法是 20 世纪 50 年代美国的 A.F.奥斯本为提出广告的新设想而创立的一种会议方式。简单地说，这种方法就是召集几个人，就"广告新设想"这个问题，在和谐氛围下，自由地、无拘无束地发表意见，进行讨论。也就是说，头脑风暴法有效地利用小组每一位成员连续不断地激发思想火花的连锁反应，从而起到集思广益的效果。

　　头脑风暴法可以用来识别存在的问题并寻求其解决的办法，还可以用来识别潜在的质量改进机会。因此，它在 QC 小组活动中，尤其在质量改进活动中用途很大。例如，在选择改进的课题、分析产生问题的原因和制定改进措施时就可运用这种方法。头脑风暴法的应用步骤可分为两大阶段。

　　1. 引发和产生创造性思维阶段

　　在这个阶段，质量管理的领导者、推进者，应熟悉并重温头脑风暴法的意义、精神实质和做法。搞头脑风暴法的目的，在于为与会者创造一个激发思想火花的氛围，让与会者都能积极发表自己的意见和看法，做到知无不言，言无不尽。在这个阶段，无论是领导者、推进者，还是一般的成员，都要共同遵守头脑风暴法的一些规则：

　　（1）领导者同与会者是平等的，无领导者与被领导者之分；

　　（2）明确头脑风暴会议的目的；

　　（3）与会的每位成员依次发表一条意见、一个观点；

　　（4）成员可以互相补充各自的观点，但不能评论、更不能批驳别人的观点；

　　（5）当面把每个成员的观点毫无遗漏地记录下来；

　　（6）会议持续到无人发表意见为止。

　　2. 整理阶段

　　将每个人的所有观点重述一遍，以使每个成员都知道全部观点的内容；去掉重复的、无关的观点；对各种见解进行评价、论证。最后集思广益，按问题进行归纳。

13.3.1　培养能进行改善的人才

　　改善并无绝招，只是非常踏实地将现场问题逐一发现并解决。进行改善活动是生产现场培养人才最有效的方式和方法。培养一线班组长和员工掌握改善的步骤和方法，在改善之后，确立新的工作标准，可以进一步促进工作。

　　班组长应该在改善活动中起带头作用，在改善活动中提升自己的才干。实施改善的过程，也是班组长自我成长的过程。

13.3.2 改善的切入点

要想进行现场改善，首先要发现问题，然后要分析问题，采取措施解决问题，最后形成新的标准，固化改善的成果。班组长可以从以下三方面发现问题。

1．从异常中发现问题

（1）在实行 6S 管理的同时发现问题。6S 管理是生产制造的基础，它不仅为员工提供一个舒适、高效的生产环境，还为员工及时发现问题提供了帮助。当员工进行日常的 6S 管理活动时，如果发现"跑、冒、滴、漏"等痕迹，就能找到问题点。

（2）从点检中发现问题。从班组的设备点检中，可以凭借人体的"五感"发现问题。

（3）从巡检中发现问题。班组长"三过硬"的第二条就是技术要过硬。在巡检时如果发现员工操作不正常，出现物料堆积、等待等现象时，班组长要能够找到背后的问题。

2．从管理的角度发现问题

班组长要学会从管理的角度去审视现场。首先从三大基础的管理出发去审视现场，即审视安全管理、6S 管理、设备管理三个方面有无不足。再从生产结果的三大指标，即质量管理、成本管理和生产率三个方面去审视现场，发现问题。

3．通过比对发现问题

常言道："不怕不识货，就怕货比货"。班组长抓现场管理，用这种简易的方法发现问题也是很灵的。去优秀的车间和班组看一看，然后进行比对，就能发现本班组的问题和不足。

13.3.3 改善就是要根除问题

班组长平时会发现很多问题，也解决了很多问题，如出现"跑、冒、滴、漏"现象，我们把阀门关了就以为没事了，但很多问题依然会再度出现，反复出现。根除问题，才是改善的意义所在。这时候就能充分体现团队的智慧和班组的管理水准。在管理水平高的班组，大家一起想办法、做方案，动手彻底解决问题，并用新标准固化改善成果。

如果总是在处理相同的紧急问题，说明这个班组长没有成熟，生产率没有提升，管理在原地打转，这家企业也不会有所提升。其实要培养根除问题的意识、提升管理水平很简单，只要在应急处理完问题之后，紧接着问自己一遍："这个问题还会再出现吗？如何才能根除这个问题？"这个时候我们就有了改善之心了。

13.3.4　改善的意义在于提升生产率

企业要讲效益，员工要讲收益，而面对外部的买方市场，也就是说价格由顾客决定之后，企业只能在提升生产率上面下功夫了。对于生产现场，最有效的办法就是进行现场改善，提高生产率。这类改善是挖潜式的，即在整条生产链上找出薄弱点，组织人力和物力进行突破，例如，哪道工序节拍太慢，影响了生产线的进度；哪个岗位的次品率太高，影响了产品的一次性通过率，找到这些问题点后实施改善。

13.3.5　"三不"备忘录

班组长在生产现场只要用心就能发现问题，但如果没有很好的记录和整理习惯，事后就会忘了，问题也不了了之。班组长要养成随时记录生产现场问题的好习惯，"三不"备忘录就是一个很好的方法，它能帮助我们记录和初步整理现场的问题。

"三不"是指不合理的现象（Unreasonableness）、不均衡的地方（Unbalanced）和不经济的环节（Uselessness），因此，"三不"备忘录也称 3U Memo。当我们遇到不公平、不公正的管理现象时，就可以把它记录下来。不要因为司空见惯，就对不合理的现象听之任之了，长流的水、长明的灯等都是不合理现象。在生产现场，有人忙得不可开交，他的下道工序却在那里闲得无事可做，这就出现了生产不均衡；由于缺乏事前联系和沟通，班组长领料时跑空趟、找人签字人不在，以及明明一人可办的事，却多人多次才能办成等都是生产不经济的表现。

班组长在生产现场要多关注人员扎堆的地方、人员闲置的时候、半成品积压的地方、远距离搬运的情况、准备时间过长的机台和人员，这些地方和情况往往最易出现"三多"问题。

13.3.6　8D 团队法

发现问题、解决问题还是有一定的套路可以仿效的，比较成熟的方式之一就是 8D 团队法。8D 团队法是由美国福特公司创造的，最早用于关键质量问题的分析与解决，D 是英文的 Disciplines 的首字母，表示必须严格遵守的固定步骤。

1. D1 组建团队

企业在改善过程中往往会发现，一个复杂的问题并非一个部门能够独立解决的。那么，我们就要根据问题的具体情况，组建一个跨部门的问题解决团队，来彻底解决问题。

关键点：成员的资格与经验，要有不同的专业和部门人员参加；把握好内部的分工与协调。

2．D2 把握现状

问题或许来自客户的投诉，或许来自一线生产事故。与客户沟通时我们要用客户明白的语言。通过沟通、调查，对问题给予客观的描述，找出问题本质，标准的状态应该是什么样，目前的实际状态如何，相比之下产生的偏差有多大？问题的范围、程度如何？描述尽量客观、具体，用数字、图表呈现。

关键点：要搞清楚到底是什么地方出了什么样的具体问题，客观地描述清楚。

3．D3 临时措施

为了让损失降到最小，首先要采取临时措施避免扩大负面影响。当问题有可能危害到客户的利益时，应十分坦诚地对客户通报相关的信息，保证客户在面对可能出现的问题时有一定的心理准备。对已经发生的不良情况，应采取基本的处置步骤：确定不良情况的范围、确定处置的方法、做出具体的安排、组织有效的实施。

关键点：措施一定要起到控制作用。

4．D4 分析原因

分析原因是整个过程中的关键。从生产的 5M1E 六大要素入手，并逐步按层级展开子级因素，一直到找到有可能的末端原因为止。

关键点：要对罗列出的原因一个一个地通过实测，加以排除和确认，最终找出真正的要因。

5．D5 采取措施

在对若干可能的因素进行排查之后，确定了主要因素，就可以有针对性地采取长远措施来解决问题，从流程、标准、人员等多方面实施改善。

关键点：长远措施要征求团队以外的专业人士、企业高管的意见。

6．D6 验证效果

实施改善后要对效果进行验证，要在一定时期内确保改善的效果，如果不理想或问题还有反复就要继续完善措施，直到达到目标为止。

关键点：组织相关部门共同进行效果评审，而不能只是团队自己评估成果。

7. D7 防止问题的再度发生

将有效的纠正措施纳入管理体系，将成功的经验规范化、标准化，使之固化，并进行推广，以防止问题的再度发生，也能为企业的其他部门提供相应的预防措施。

关键点：要让非团队的相关人员知晓新的措施，并配合实施。

8. D8 总结

团队内部要总结过程中的经验和教训，这些是参与人员的无价之宝。企业对 8D 团队取得的成果应该给予高度的重视，因为这些才是企业核心竞争力的源泉，是花多少钱都不可能从外部购买的。企业要从精神和物质两方面对 8D 团队给予表彰和奖励。

关键点：企业高层要为成果进行宣传，强调团队合作，及时给予团队表彰和奖励。

管理知识 13-2　班组绩效管理

企业要提高效益，提升生产率，班组就要提升管理能力。一个优秀的班组不仅能够很好地完成生产任务，而且班组内部和谐、团结，能够很好地贯彻企业的战略，为内外部客户提供良好的服务，所有员工在班组工作中都能够得到成长。

班组绩效管理的目的在于提高员工的能力和素质。绩效考核并不是绩效管理的全部，不能为考核而考核。一个完整的绩效管理周期由绩效计划、绩效实施、绩效检查和绩效改进 4 个步骤组成。选取绩效指标也应该相对全面，使得员工和整个班组在能力上能够全面提升。

1. 生产绩效指标

生产绩效主要指标为产量、质量、成本等经济指标。班组管理的好坏最终都反映在生产任务完成的结果上。

2. 管理绩效

班组要想持续发展，管理的基础必须不断提升，这类管理绩效指标有：安全、6S 管理、设备等。

3. 服务指标

不管是否直接对外部客户提供服务，一个班组都要对内提供服务，如对下道工序的服务，因此也应对内部客户服务的指标进行考核。

4. 成长指标

当今外部竞争异常激烈，员工、班组要想长期发展，必须提升员工的素质。

提倡建立学习型班组，班组的学习不同于在校生的学习，要围绕着企业的发展方向，理论联系实际，朝着改善现场生产能力的方向开展学习活动。成长指标主要有：人均合理化建议数、开展 QC 小组活动的考核结果、现场改善效果等。

📖 **延伸阅读 13-1**

白国周班组管理六法十八解[①]

白国周同志系中国平煤神马能源化工集团有限责任公司七矿开拓四队的班长，在 23 年的基层管理岗位中，他总结出"三勤"跑现场、"三细"保质量、"三到位"抓落实、"三不少"查隐患、"三必谈"聚亲情、"三提高"塑团队的班组管理方法，这六大方法非常符合企业基层管理的实际，对班组长有很大的启示作用。

13.4 技术创新与管理创新

创新是一个民族进步的灵魂，也是国家兴旺发达的不竭动力。中华民族要实现伟大复兴，必须借助科学技术的进步，通过创新振兴我们的经济，提升我们的管理水平，从而实现高质量发展。企业是创新的主体，班组作为企业的基层组织，不应该在创新的过程中被淘汰，而应该迎难而上，在技术创新与管理创新上有所作为。

13.4.1 技术创新

我们把"创新"二字分开来理解一下，"创"是创建、创造，讲求突破，"新"是指前所未有。技术创新就是对旧的、原有的材料、技术、工艺、环境进行主动变革，用新的取而代之。看一看电子技术的创新给我们的工作和生活带来的变化与影响。今天的手机里面都有 CPU，也就是中央处理器，甚至好的手机里还可能有双核、四核的 CPU。电子器件，从电子管、半导体、集成电路，这么一路发展过来，才有了今天的超大规模集成电路，才诞生了智能手机。今天智能手机创造出的新功能已经远远超出了通信的范畴，成为我们每人即时的信息处理器。在抗击新冠疫情的过程中，智能手机又变成大数据的采集器，为防疫做出了独特贡献。

在 IT 技术的推动下，企业现场的设备、装置、工具、工艺都在不断进步。班组长要带领员工努力适应这种变化，不断学习新技术、新方法。在此基础上，对于普通的基层员工来说，就是要创造性地开展工作，通过新的观念、新的思路、

---

① 国家煤矿安全监察局行管司等. 白国周班组管理六法十八解[M].北京：中国工人出版社，2010.

新的方法来改进自己的工作。

1. 模仿与移植

基层技术创新的重点是模仿与移植他人或其他行业的创新，在自己的现场加以应用。在这个过程中，最大的障碍就是已经固化的经验与习惯。如何突破固有思维呢？先看一个典故。一个在玩闹的小孩突然掉进储水的大缸里，一起玩的其他小孩一时慌了神，都不知所措，只想着去找大人帮他们把落水的同伴救出来。可时间不等人，眼看落水的同伴遇到了生命危险，机敏的司马光拿起地上的大石头，往水缸的底部狠狠地砸去，缸里的水流出来了，落水的同伴得救了。这个典故对我们抓住事物本质进行创新，变通解决办法有很好的启示作用。

现在到处都有共享单车，它就是移植了多项技术的新型交通工具：通过智能手机的定位功能解决开锁与计时的问题；将原来的充气轮胎改为无须打气的橡胶轮胎；为适应不同身高用户的需要，把调整座椅高度的螺钉锁紧改进成搬把锁。这里面没有一项技术是共享单车原创的，但是共享单车将多项技术移植过来，为我所用，综合在一起，诞生了变革性的创新成果。

2. 新型组合

风马牛不相及，是指事物之间毫无关联。但是，在连接这些不相关的事物时，会收获很多意想不到的创意。而固守所谓自有的发展方向，也有可能损失惨重。欧洲、美国和日本早于中国普及固定电话。为了提升通信档次，他们花大力气开发可视电话。这在技术上并没有太大障碍，但经济成本太高，他们本想大力推广，但被迅猛发展的手机彻底打脸。照相机、电话在过去是两个毫无关联的物品。现在，手机都有拍摄功能，可以随时拍照，人人都成了摄影师。今天的手机，彻底改变了人们原有的生活习惯和方式。

3. 互联网+

第三次工业革命是以移动互联网为标志的智能革命，这里要强调的是移动互联！在此之前，有没有互联网？有的。台式电脑已经把全世界连接在一起了。但是为什么在具备移动功能之后，互联网就发挥了如此强大的功能呢？这是因为无线连接的即时性。移动互联网把个人的即时需求通过互联网与整个世界进行无障碍连接，跨越了地域的限制。

中国航空油料集团是为各个机场的飞机供油的专业企业。首都机场等大型机场，加油接口就在飞机的停机坪上，加油系统很完善、先进，配备了充足的专业技术人员。新疆哈密机场是个小型机场，加油班只有三名员工，维护着加油车的运转。这三名员工都不是维修工，运油车坏了、加油泵坏了，怎么办？这在过去很麻烦，只能干着急，等着上级派专业的维修师傅过来维修。现在他们通过手机，就可以进行远程的诊断维修。比如加油泵坏了，他们就与供油企业的维修师傅联系，通过手机视频接受远程的指导。先拆什么，后拆什么，按顺序一一进行，找到受损的零件，进行更换，然后再重新一一装回。这大大提高了维修效率。这种流程的改变其实也是一种创新，用新的方式方法解决了过去难以解决的问题，这不是进步吗？班组的创新就是要从身边小事做起！

13.4.2 管理创新

适者生存，要想适应这个充满变革的时代，我们只能不断地改变自己，跟上时代的发展。在进行技术创新的同时，也要进行管理创新。

1. 管理方式的创新

随着科技的不断进步，我们有了更加科学的管理方式。以上下班考勤管理为例，刚开始是纸质打卡机，员工上下班时挤在车间门口、厂门口排队打卡。后来是门禁卡，方便了许多，但他人还是可以借用，外人拿到卡依然可以进出。现在有了指纹识别、人脸识别技术，出入管理更加严密，也更加安全可靠，不仅对上下班的打卡时间可以记录，对出入次数与时间也可以追查。

早期班组建设出墙报，要花很多的时间和精力，还不能及时更新，只能固定周期出一版，比如一周或一个月出一次。后来有了大屏幕显示器，可以连上电脑随时更新内容，但显示地点是固定的。现在很多企业都利用手机 App 进行班组建设，员工可以在个人的手机上看到即时更新的班组建设内容。

2. 管理制度的创新

借助 IT 技术，企业可以在流程、制度、管理体制上进行形形色色的创新。以财务报销审批为例，过去是报销人员填表，领导层层审批，相关人员不在，这个流程就会中断，不能及时报销。现在有的企业开发出了报销审批 App，无纸化、数据化，报销流程全部在手机 App 和企业网络上及时完成。根据不同类别与权限，设置不同的审批流程。所有数据都永久保存。还可以按一定比例进行审计抽查。个别员工如果因为私利购置了低质高价的物品也可以及时追责，大大减少了弄虚作假的机会。由于是在网上审批，同级的权力还可以互相监督。

3. 管理模式的创新

班组管理与班组建设是最具中国特色的管理模式。改革开放以后，各行业、各地方进行了很多有益的尝试，取得了很好的效果。

原来的优秀班组，就是一名好的班组长很朴素地、凭着自己对企业和国家的感情，直接地带领员工进行奋斗。这种管理经验能不能推广与传播呢？也许可能，也许不可能。当年王进喜 1205 钻井队的编制还在，他们现在依然在国外钻井，依然保持着世界纪录，这种传承是非常不容易做到的。如果我们要推广，就要把管理经验提炼成管理模式，把成功的关键要素提炼出来，制度化。我们要特别提到王海同志，在十几年的摸索中，他在自己的岗位上，不仅把自己的班组带好，也带出了 20 多名非常优秀的班组长。更可贵的是，他把自己的经验上升到理论，分享给所有的人，首先是给他们自己的企业做出样板然后在国资委、中石化乃至全国进行了推广。

电力行业搞的达标班组建设，其实也是一种管理模式创新，在基层管理上有很大的突破。所以我们说，达标班组建设也是我们班组建设中的一种创新方式，大家不要把创新看得太神秘，如果把创新束之高阁，就会失去我们前进的动力。

卓越班组模式，将全球的卓越企业系统和我们班组建设进行有机的结合。使之更加符合中国的管理实际，既加强了班组的管理，又为企业的持续经营奠定了基础 。

让我们在各自的岗位上，通过技术创新、管理创新，为中华民族的伟大复兴做出我们应有的贡献！

→ 本章小结

维持生产现场的平稳运转是班组长的基本任务。对现场实施改善，使其更安全、质量更有保障、效率更高、员工工作更方便舒适，也是一项创造性的工作。实施现场改善是一种挑战，这不仅能提升企业的竞争力，也能使参加改善活动的员工更有价值感。班组长有了创新意识，就能主动发现现场需要改善的问题，通过 8D 团队管理法调动更多员工参与到改善活动中来。

↳ 思考与实践

1. 实施现场改善的意义有哪些？
2. 班组长如何通过树立创新意识，去发现现场需要改善的问题？
3. 为什么说实施现场改善是一种挑战？这项创造性工作的意义有多大？
4. 如何将创新与现场改善活动结合起来？
5. 为什么说问题是机遇？

6. 班组长如何带头搞好合理化建议活动？

7. 如何通过实施现场改善来根除生产中的一些顽症？

8. "三不"备忘录能够帮助我们发现什么问题？

9. 如何让员工积极参与现场改善活动？

10. 如何应用 8D 团队法更有效地开展现场改善活动？